Réviser et s'entraîner
Cours + logiciel d'autoévaluation

Je me teste sur...

W0238650

Je me teste sur... Le BAC
Sciences Economiques et Sociales

Terminale ES - Enseignement obligatoire et de spécialité

ISABELLE GAUTIER, PROFESSEUR AGREGEE
DAVID HENAUX, PROFESSEUR AGREGE

www.techniquiz.com

éditions
techniquiz

Je me teste sur...

Maquette conception et réalisation : Editions techniquiz

ISBN 978-2-9536891-2-9

Mode d'emploi

Je me teste sur… Le BAC permet de :

- **Réviser l'ensemble du programme** avec le cours structuré.
- **Se préparer efficacement** avec les conseils méthodologiques et les sujets d'examen corrigés.
- **Se tester en profondeur** avec le logiciel d'autoévaluation doté de fonctionnalités avancées et contenant plus de 1700 questions corrigées renvoyant au cours.

Livre de révision

32 chapitres portant sur l'ensemble du programme de SES en Terminale ES et des conseils méthodologiques (24 chapitres pour l'enseignement obligatoire, 8 chapitres pour l'enseignement de spécialité)

- Cours structuré selon le programme officiel
- Notions clés et définitions à connaître
- 90 illustrations en couleur
- Conseils méthodologiques de l'épreuve (écrit et oral)

Logiciel d'autoévaluation

Plus de 1700 questions (QCM et questions à trous) avec corrections et références à l'ouvrage, 150 illustrations et 13 sujets d'examen corrigés

- Personnalisation des questions (choix du niveau de difficulté, des sujets, du chronomètre et du nombre de questions)
- Corrections détaillées avec références précises à l'ouvrage
- Historique et statistiques des résultats
- Fonction de recherche multicritères

- Téléchargement en ligne
- Utilisation nomade (sans connexion Internet)
- Sécurisation en ligne avec clé d'activation unique
- Mise à jour automatique du contenu en ligne
- Aide générale et aides contextuelles d'utilisation
- Compatibilité PC et MAC

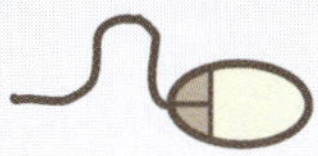

Bonnes révisions !

Présentation
Je me teste sur... Le BAC

Tous les ouvrages de la collection « Je me teste sur ... Le BAC » incluent un logiciel d'autoévaluation.

voir en dernière page la configuration minimale et la procédure d'installation.

➔ Le logiciel accompagne l'ouvrage de révision et vous permet en quelques minutes de valider et consolider vos connaissances. Cet outil, simple et efficace, vous aidera à aborder l'examen mieux préparé et plus confiant.

➔ La base de questions très complète et le cours sont conçus comme un ensemble cohérent. Cet ensemble comprend également 13 sujets d'examen corrigés et des conseils méthodologiques.

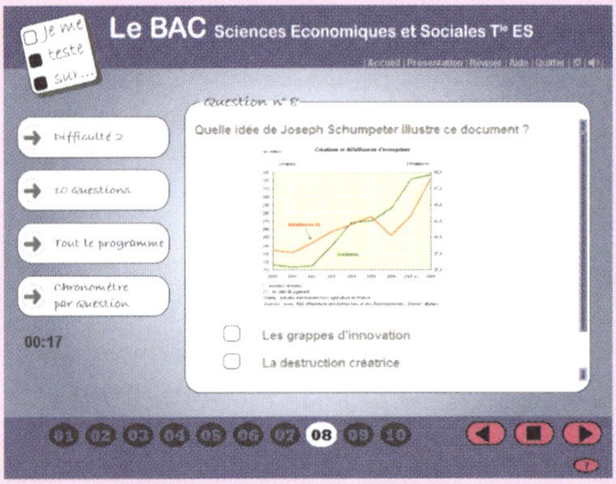

➔ Une base de **plus de 1700 questions sur le cours** couvre l'ensemble du programme de terminale ES en Sciences Economiques et Sociales.

➔ De nombreuses illustrations, textes et cartes géographiques.

➔ Des options stimulantes : choisissez le nombre de questions, la difficulté ou le type de chronomètre.

➔ Testez-vous sur l'ensemble du programme, sur une ou plusieurs parties, sur des thèmes transversaux, sur des mots-clés... Les questions sont générées aléatoirement et donc toujours différentes.

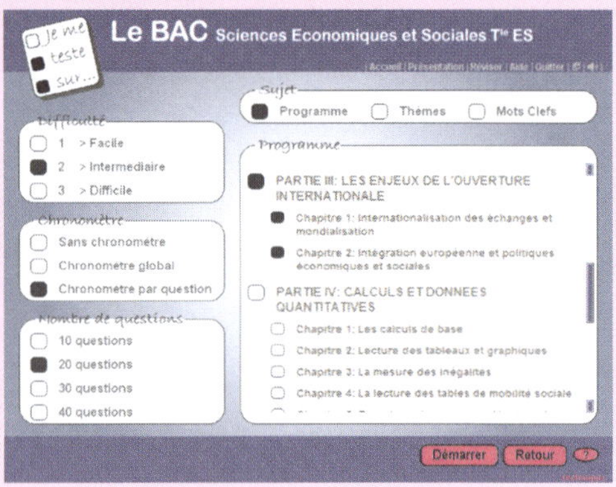

➔ Chaque question est accompagnée d'une correction détaillée. Un simple clic depuis la correction vous renvoie directement à la ou les pages concernées dans la version numérique du cours.

➔ La mise à jour automatique depuis Internet vous permet de bénéficier des dernières évolutions.

➔ Tous vos tests sont archivés pour les consulter ou les refaire plus tard.

➔ Pour revoir un point précis, vous pouvez effectuer une recherche multicritères parmi les questions qui vous ont déjà été posées.

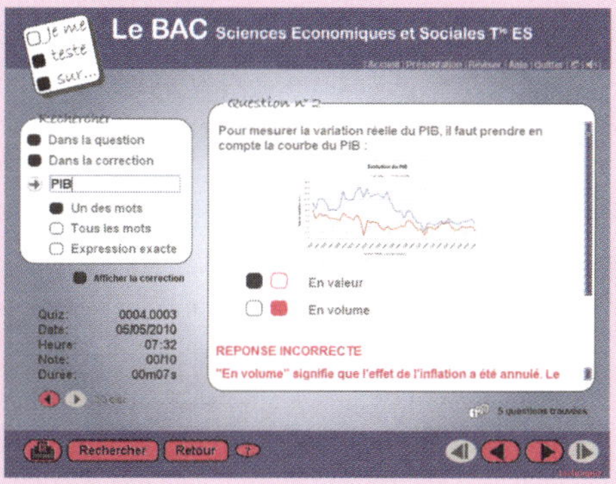

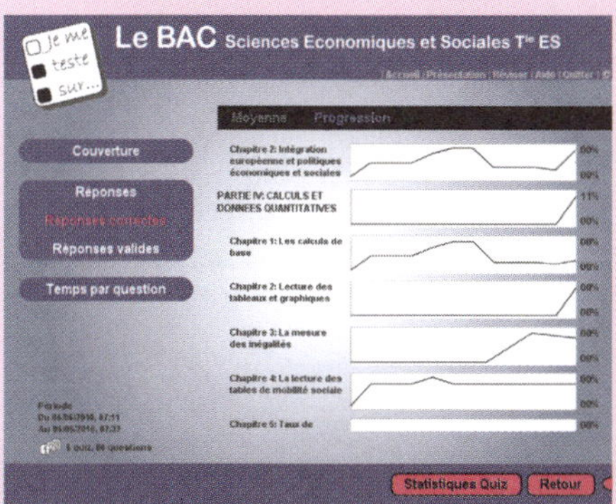

➔ Un tableau de bord présente vos progrès et votre avancement dans la base de questions.

➔ Simple comme bonjour ! Le logiciel est conçu autour de fonctions vraiment utiles pour réviser l'examen en profondeur. Ergonomique et rapide, il comporte une aide générale détaillée, ainsi que des aides contextuelles.

Sommaire

Sommaire enseignement obligatoire

Je me teste sur…

Sommaire enseignement obligatoire

Le sommaire suit les parties du programme officiel.

Sommaire enseignement de spécialité

Je me teste sur...

Le sommaire suit les parties du programme officiel.

1 Croissance et développement

Testez-vous sur ce chapitre avec l'option sujet/programme du logiciel.

Depuis deux siècles, l'humanité a connu une accélération des changements économiques et sociaux avec une amélioration du niveau de vie moyen des populations. La croissance économique et le développement ont permis ces améliorations. Quels sont leurs caractéristiques, leurs mécanismes et leurs liens ?

A. La croissance

1. Définir et mesurer la croissance

- La **croissance économique** est la hausse sur une longue période d'un **indicateur de production**. L'idée d'indicateur implique une mesure unique des différentes productions qui ne peuvent s'additionner sans passer par les prix (par exemple, un kilogramme de carottes ne peut pas directement être additionné avec une voiture).

- L'augmentation du total des productions ne signifie pas que tous les biens et services progressent de la même façon mais que les types de production changent : de nouveaux produits apparaissent, les consommations de nécessité stagnent et les consommations de confort progressent.

- La croissance se mesure en général par la hausse du **PIB (Produit Intérieur Brut)**. Le PIB est la somme des valeurs ajoutées des entreprises et des administrations, c'est-à-dire la richesse créée au cours d'une année, à l'intérieur des frontières d'un pays. Les services engendrés par les administrations, qui n'ont pas de prix n'étant pas vendus, sont calculés « au coût des facteurs de production » : le travail et le capital nécessaires pour les produire. De plus, le PIB est calculé « brut » c'est-à-dire sans compter l'amortissement du capital fixe.

2. La croissance apparaît à la fin du XVIIIe siècle

- La croissance est un phénomène nouveau apparu avec la révolution industrielle des XVIIIe et XIXe siècle :
    - Avant le XVIIe siècle, les taux de croissance annuels de la production étaient quasiment nuls ;
    - Au XIXe siècle, pendant la révolution industrielle, la hausse de la production est d'1 à 2 % en moyenne par an en France en termes réels (après élimination de l'inflation) ;
    - Entre 1945 et 1975, la hausse de la production est de 4,5 à 5 % en moyenne par an en France. Cette période de hausse exceptionnelle est appelée les **Trente Glorieuses** ;
    - Depuis 1970, la croissance moyenne est retombée à environ 2 % par an.

▪ Une différence de 2 ou 3 points de croissance a un effet considérable sur le long terme. Une hausse de la production de 2 % par an sur 100 ans correspond à une production multipliée par 7 : produire 7 fois plus permet de consommer 7 fois plus si la population n'a pas augmenté. Une hausse de la production de 5 % par an sur 100 ans correspond à une multiplication par 132 !

3. La croissance permet l'augmentation des niveaux de vie

▪ La croissance augmente les niveaux de vie si l'augmentation de la production est supérieure à celle de la population. Le **niveau de vie** est la quantité de biens et services dont dispose un ménage ou un individu. Il est mesuré par le PIB par habitant ou PIB par tête (égal à la division du PIB par le nombre d'habitants).

▪ Avant la révolution industrielle, les différences de niveau de vie entre régions du monde étaient faibles. Depuis, elles ont fortement augmenté du fait des croissances inégales des pays. Les pays actuellement développés, souvent appelés « pays du Nord », ont connu leur première révolution industrielle au XVIIIe ou XIXe siècle. Certains pays en développement, souvent appelés « pays émergents », connaissent une croissance très rapide depuis les années 1970 ou 1990 et sont en phase de rattrapage des pays développés.

▪ Les chiffres suivants appuient ceci : en 1500, l'Europe de l'Ouest avait un PIB par habitant moins de deux fois supérieur à celui africain. En 2006, il faut multiplier le PIB par habitant africain par 12,7 pour trouver le PIB européen.

Produit intérieur brut en millions de $ et PIB/habitant en $ de 1990 :

		1500	1600	1700	1820	1870	1900	1950	1970	2006
Europe de l'ouest	PIB	44 183	65 602	81 213	159 851	367 466	375 788	1 396 078	3 590 925	8 410 753
	PIB/hab	**772**	**889**	**997**	**1 202**	**1 960**	**2 892**	**4 568**	**10 162**	**21 048**
Etats-Unis	PIB	800	600	527	12 548	98 374	312 499	1 455 916	3 081 900	9 266 364
	PIB/hab	**400**	**400**	**527**	**1 257**	**2 445**	**4 091**	**9 561**	**15 030**	**29 956**
Amérique latine	PIB	7 288	3 763	6 346	14 921	27 311	71 911	415 328	1 139 998	3 643 753
	PIB/hab	**416**	**438**	**527**	**691**	**676**	**1 113**	**2 510**	**3 996**	**6 444**
Asie	PIB	161 317	217 089	229 671	412 477	425 638	556 845	991 393	3 205 349	20 131 403
	PIB/hab	**568**	**574**	**572**	**581**	**553**	**638**	**714**	**1 528**	**5 172**
Afrique	PIB	19 923	23 349	25 692	31 161	45 234	66 136	202 646	488 562	1 547 789
	PIB/hab	**414**	**422**	**421**	**420**	**500**	**601**	**889**	**1 335**	**1 662**
Monde	PIB	248 345	331 438	371 344	694 493	1 110 952	1 973 682	5 336 201	13 770 209	47 257 989
	PIB/hab	**566**	**596**	**615**	**667**	**871**	**1 262**	**2 109**	**3 727**	**7 215**

D'après Angus Maddison, http://www.ggdc.net/maddison, *Statistics on World Population, GDP and Per Capita GDP*, 1-2006 AD (Mars 2009), http://www.ggdc.net/maddison/Historical_Statistics/vertical-file_03-2009.xls

(Les dollars servant au calcul sont ceux de l'année 1990, il s'agit donc de dollars constants).

▪ La hausse du niveau de vie se traduit notamment par la hausse des taux d'équipement des ménages :

- Le réfrigérateur et la télévision se sont généralisés en France pendant les Trente Glorieuses ;

- Le téléphone, le congélateur et le lave-vaisselle se sont développés depuis les années 1970, mais seul le premier s'est généralisé.

▪ La hausse de la scolarisation et de l'accès à la santé font également partie de la progression des niveaux de vie. Ils n'incluent pas seulement les dépenses monétaires des ménages mais aussi l'accès aux biens collectifs.

B. Le développement

1. Définir et mesurer le développement

a) Exemple et définition du développement

▪ Une ville française comme Nanterre, en région parisienne, montre bien ce qu'est le développement. Petit village paysan au début des années 1950, elle est devenue un centre industriel puis une cité universitaire et de bureaux aujourd'hui. Les emplois qui changent, les transports qui sont mis en place, l'accès à des biens diversifiés et à des logements modernes font partie du développement.

▪ Le **développement** est la transformation des structures économiques et sociales liée à la croissance économique et permettant une amélioration de la vie humaine.

b) Mesure du développement : l'IDH

▪ Il est très difficile de mesurer l'amélioration de la vie humaine. Le PIB ne convient pas puisqu'il faut tenir compte du nombre d'habitants. Le niveau de vie (PIB/habitant) est meilleur mais n'est pas parfait : les pays pétroliers comme l'Arabie Saoudite ont un PIB par habitant très élevé qui ne correspond pas au réel niveau de vie de la population car les richesses sont inégalement réparties.

▪ Le **Programme des Nations Unies pour le Développement (PNUD)** mesure le développement par l'**indicateur de développement humain (IDH)** qui intègre :

- Le niveau de vie (mesuré par le PIB/habitant) ;
- L'éducation (mesurée par le taux d'alphabétisation et le pourcentage de jeunes scolarisés) ;
- La santé (mesurée par l'espérance de vie).

Cet indice, nombre sans unité, est compris entre 0 (absence de développement) et 1 (développement très élevé).

Il s'agit d'un indicateur limité qui ne prend pas en compte tous les aspects du développement, mais il se base sur des statistiques relativement fiables, disponibles pour un grand nombre de pays.

2. L'évolution du développement depuis 1975

▪ Un pays comme le Maroc, qui fait partie des pays moyennement développés, se distingue très nettement d'un pays développé comme la France : l'agriculture y est encore traditionnelle, elle utilise des outils et non des machines, les paysans choisissant les cultures selon les traditions et non selon leur rentabilité. Le niveau de vie reste faible : les biens de consommation durables, l'accès à la santé ou l'éducation ne sont pas généralisés.

▪ Depuis 1975, date où l'IDH est calculé par le Programme des Nations Unies pour le développement, la plupart des régions du monde se sont développées :

- L'Asie et les Etats arabes rattrapent leur retard par rapport aux pays à revenus élevés ;
- L'Afrique, qui subit de nombreuses guerres, l'épidémie du sida et une spécialisation agricole, se développe peu. Outre des écarts entre régions du globe, des différences ont lieu entre pays et, dans un même pays, entre régions.

3. La croissance s'accompagne-t-elle toujours du développement ?

a) La croissance et le développement sont généralement liés

▪ L'augmentation de la production, si elle est plus rapide que celle de la population, permet la hausse des niveaux de vie. Le statisticien allemand **Engel** a montré dès le XIXe siècle, avec la « loi » qui porte son nom, que les bas revenus consacraient la quasi-totalité de leurs ressources à l'achat de biens de nécessité. Les revenus plus élevés peuvent à la fois satisfaire leurs besoins vitaux (se nourrir, s'habiller et se loger) et accéder aux biens de confort, dits « de luxe ». La part des dépenses de nécessité diminue donc dans le revenu quand celui-ci progresse alors que la part des dépenses « de luxe » progresse.

▪ Les dépenses d'éducation ou de santé font partie des dépenses de luxe : les pauvres ne peuvent pas se passer du travail de leurs enfants ou payer un médecin. Elles sont, dans tous les pays, en partie financées par l'Etat et les impôts supportables sont plus faibles dans les pays pauvres que dans les pays développés. La construction d'écoles et d'hôpitaux sera donc limitée par le niveau de vie moyen du pays. Les politiques publiques visant à réduire la pauvreté, comme imposer un salaire minimum, mettre en place un système de soins ou d'enseignement gratuits, sont ainsi plus faciles et plus fréquentes dans les pays qui ont connu une croissance et une augmentation de leur niveau de vie car le développement y est plus élevé.

En retour, Le développement influence la croissance économique car une population en meilleure santé et plus instruite est bien plus productive et plus entreprenante.

Loi d'Engel :

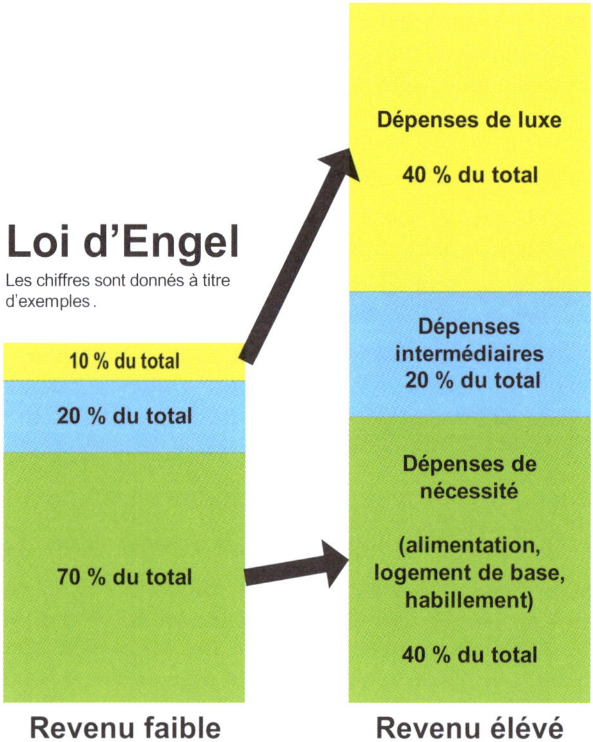

b) Mais dans certains cas, la croissance ne s'accompagne pas de développement

- Dans certains cas la croissance s'accompagne d'un « **mal-développement** » c'est-à-dire d'une augmentation des pauvres qui ne pourront plus accéder aux biens, à l'éducation et à la santé.

- Dans l'agriculture de nombreux pays en développement, l'amélioration de la productivité s'accompagne d'un exode rural car elle réduit les besoins de main - d'œuvre et diminue les prix, Les petits paysans ne pouvant pas produire plus, leurs revenus baissent; ils s'endettent pour survivre et finalement doivent quitter leurs terres. Ils sont nombreux à rejoindre les bidonvilles, ne pouvant accéder ni à une alimentation satisfaisante, ni à la santé. Le développement du pays est donc limité.

▪ La comparaison des revenus par habitant et de l'IDH de l'Arabie Saoudite et de la Thaïlande illustre le fait qu'un haut niveau de vie, atteint grâce à la croissance économique, ne correspond pas toujours à un haut niveau de développement : l'Arabie Saoudite dispose d'un PIB par habitant très élevé (environ 13 000 dollars en 2003), bien plus élevé que la Thaïlande (7 600 dollars). Toutefois, leur niveau de développement mesuré par l'IDH est identique (0,77). L'Arabie Saoudite dispose de revenus élevés car elle est le premier exportateur mondial de pétrole. Toutefois, les ressources tirées de cette richesse naturelle sont mal réparties au sein de la population. Les inégalités riches/pauvres ou hommes/femmes restent très fortes et la majeure partie de la population est exclue de cette manne pétrolière. A l'inverse, la Thaïlande fait un effort de scolarisation de ses enfants (garçons et filles) et développe un système de soins qui s'adresse à toute la population, ce qui favorise le développement malgré un niveau de vie moyen plus faible.

2 Les interactions entre la croissance, le développement et le changement social

Testez-vous sur ce chapitre avec l'option sujet/programme du logiciel.

Croissance et développement sont liés aux changements sociaux. Les modifications économiques bouleversent les comportements humains et les transformations sociales peuvent soit impulser, soit bloquer le développement.

A. Le développement modifie les structures sociales et les modes de pensée

1. Les évolutions des classes sociales

- La croissance économique a modifié les structures de la production :
  - Jusqu'au XIXe siècle, dans tous les pays, c'était l'agriculture qui dominait. Les progrès techniques ont d'abord été simples : mise en réserve de fourrage pour alimenter le bétail l'hiver, épandage des engrais naturels, utilisation de socs de charrue plus profonds, par exemple.
  - Au XXe siècle sont apparus les tracteurs et les engrais chimiques. Ces améliorations ont permis une augmentation de la productivité du travail. En fait, la production a augmenté plus vite que la population totale du pays alors que, selon la **loi d'Engel**, la consommation alimentaire progresse peu lorsque le niveau de vie augmente. Une offre supérieure à la demande conduit donc à la baisse des prix mais également à la faillite des paysans. En effet, ces derniers ne suivent pas les modernisations et quittent leur terre pour aller travailler d'abord en usine, puis, dans la deuxième moitié du XXe siècle, dans le tertiaire.

- Ces changements d'emplois ont modifié les classes sociales. La croissance industrielle a créé la **classe ouvrière**. Le regroupement de grandes masses d'ouvriers dans les usines a favorisé la constitution d'une culture commune et d'une conscience de classe :
  - Dans les années 1950, les ouvriers étaient fiers de l'être : les valeurs de solidarité et de travail manuel bien fait, leur importance dans la reconstruction du pays après la Seconde Guerre mondiale et les améliorations de la condition ouvrière qui leur permettaient d'accéder à la société de consommation, poussaient la majorité des ouvriers à vouloir que leurs enfants fassent le même métier qu'eux.
  - Le ralentissement de la croissance après 1975 et la concurrence internationale grandissante de pays à main d'œuvre bon marché ont non seulement diminué le nombre d'ouvriers, mais aussi poussé à une mobilité sociale, facteur de diminution des habitudes de groupe.

2. Les changements démographiques

La transition démographique :

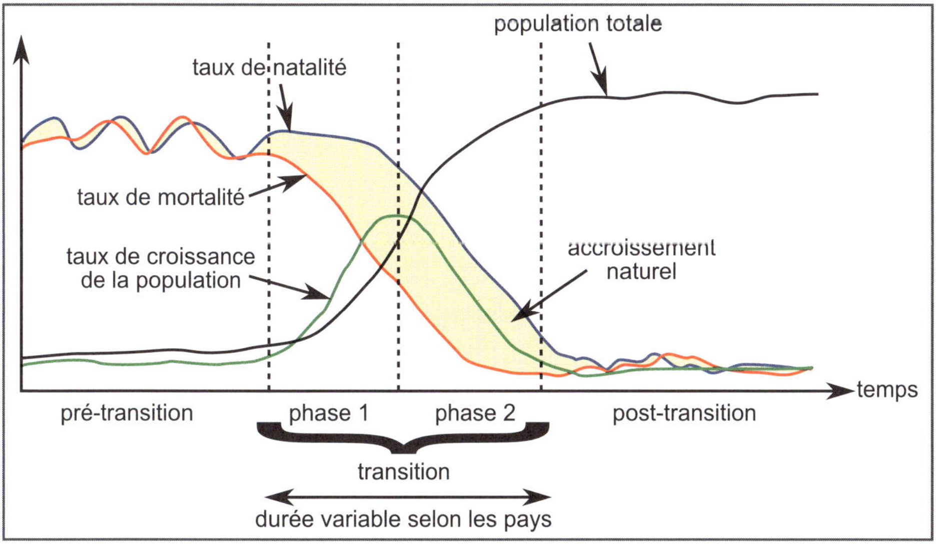

Source : http://fr.wikipedia.org/wiki/Transition_d%C3%A9mographique

- Le développement entraîne des changements sociaux dans les naissances et la mortalité :
  - Au Moyen Age, en France, une femme avait en moyenne 7 enfants mais le taux de mortalité infantile était élevé. Les familles désiraient avoir de nombreux enfants car la plupart n'atteignaient pas l'âge adulte alors qu'ils aidaient au travail agricole ou artisanal. Les maladies aujourd'hui bénignes, comme la rougeole, étaient souvent mortelles. Le manque d'hygiène et une mauvaise alimentation étaient des causes de mortalité. Au total, la forte natalité était compensée par la forte mortalité et la croissance démographique était très faible. On parle de phase de « **pré-transition** » ou régime démographique traditionnel.
  - A la révolution industrielle (première phase de la transition démographique), la mortalité diminue grâce à une meilleure alimentation, une meilleure hygiène et au développement de la médecine. La natalité ne diminue pas encore car les mentalités évoluent lentement. Au total, la croissance démographique explose : c'est la **transition démographique**.
  - Dans la deuxième phase de la transition démographique, le taux de natalité se met à diminuer et le taux de mortalité continue sa baisse jusqu'à se stabiliser. La croissance démographique reste forte.

- La phase de « **post-transition** », ou régime démographique moderne, est caractérisée par une croissance démographique faible, le taux de natalité faible compensant le taux de mortalité également bas. Les pays développés et les pays émergents sont dans cette phase aujourd'hui.

▪ La faible natalité que l'on constate dans la plupart des pays développés aujourd'hui s'explique par :

- La nécessité de donner une bonne éducation aux enfants et de leur payer des études ;
- La recherche croissante du confort qui peut limiter le nombre d'enfants souhaité ;
- L'augmentation du travail féminin (les femmes qui travaillent ont en moyenne moins d'enfants que les autres) ;
- L'allongement de la durée des études ;
- L'envie de se consacrer à sa carrière et profiter davantage de sa jeunesse;
- Les moyens de contraception qui permettent aux parents de choisir.

▪ Dans certains pays en développement, des politiques antinatalistes ont été mises en place pour accélérer la transition démographique. En Chine, par exemple, un seul enfant par famille est autorisé.

3. La montée de l'individualisme

▪ Les sociétés anciennes « communautaires » encadrent fortement l'individu. Les sociétés modernes « individualistes » permettent à l'individu d'exister en dehors des groupes d'encadrement. L'**individualisme** est le fait que l'individu se définit par rapport à lui-même et non plus par rapport à sa famille, son village ou sa tribu. Ainsi, le citoyen a ses propres opinions alors que l'entrepreneur a ses propres objectifs commerciaux. Ils peuvent agir par eux-mêmes indépendamment de toute influence communautaire.

▪ Les analyses sociologiques de l'individualisme diffèrent. Selon certains, l'individu se libère du poids des contraintes (Bentham, Marx et Spencer) alors que selon d'autres, il développe aussi son égoïsme (Taine et Coleridge) ou se replie sur lui-même (Tocqueville).

B. Certaines structures sociales bloquent le développement

▪ Les inégalités entre femmes et hommes sont importantes dans le monde et en défaveur des femmes. Dans les pays en développement, elles sont, en moyenne, moins scolarisées. De plus, la mortalité post-infantile est plus élevée dans les pays pauvres pour les filles que pour les garçons. Les préjugés anti-féminins entraînent, en effet, une moindre attention vis-à-vis des maladies ou des soins de base des petites filles. Ces différences correspondent à une moindre importance donnée aux femmes, souvent peu considérées dans les sociétés anciennes : l'homme est censé faire vivre sa famille et la femme, s'occuper de la maison.

▪ Pourtant, les études de l'ONU montrent que les femmes ont un rôle essentiel dans le développement. En effet, l'éducation des femmes favorise le développement car :

- Elles ont les moyens intellectuels de limiter la mortalité infantile (connaissance de l'hygiène et du rôle des médicaments);
- Elles donnent plus d'importance aux petites filles, limitant le poids des traditions qui donnent un rôle inférieur à la femme;
- En travaillant, elles augmentent le niveau de vie de la famille et la production du pays.

C. La démocratie et le développement sont-ils liés ?

1. Définir la démocratie

Une **démocratie** est un système politique dans lequel les citoyens élisent et contrôlent des représentants qui exerceront le pouvoir.

2. L'autoritarisme peut être une étape préalable à la démocratie

▪ La Corée du Sud, l'Argentine, le Brésil et le Chili de la fin du XXe siècle sont des exemples qui pourraient montrer que des régimes autoritaires ont permis de mettre en place la croissance économique. Par exemple, en Corée du Sud, l'interdiction de faire grève ou de manifester a incité les firmes transnationales à investir dans ce pays. En créant des emplois et en important des techniques sophistiquées, elles ont participé à la croissance. L'augmentation progressive des niveaux de vie et l'intervention de l'Etat pour améliorer l'éducation et la santé ont permis un développement.

▪ Cependant, le développement s'accompagne d'une complexification importante de la société et de l'économie. Il nécessite des relations de plus en plus denses entre les individus et les groupes d'individus qu'aucun régime autoritaire n'aurait la capacité de contrôler. Soit il les muselle et le développement ne progresse plus, soit il les laisse s'épanouir mais il perd le contrôle de la situation et s'efface au profit d'institutions démocratiques. L'autoritarisme ne doit donc être que temporaire.

3. La démocratie et le développement vont souvent ensemble

▪ La démocratie est favorable au développement pour trois raisons principales :

- La démocratie accorde des libertés civiles et politiques qui favorisent le développement car les individus peuvent librement créer des entreprises et innover. La croissance peut être plus rapide, de nouveaux produits apparaissent permettant la diversification de la consommation et la hausse des niveaux de vie. L'individualisme est favorisé et permet la mobilité sociale. Les jeunes peuvent choisir une profession différente de celle de leurs parents et augmenter leurs revenus.

- La démocratie accorde la liberté de penser et de s'exprimer. Le dialogue social, entre patrons et salariés, est plus ouvert. Les salariés peuvent s'organiser en syndicats pour défendre leurs droits et obtenir des hausses de salaires favorables à la hausse des niveaux de vie. L'éducation peut se développer, avec une intervention publique, pour assurer « l'égalité des chances ».
- Lorsque les individus s'organisent, ils font pression sur le gouvernement pour avoir des réponses à leurs problèmes. Les famines, dans les pays pauvres, sont certes liées à un manque de production mais surtout à une mauvaise distribution des richesses. Par exemple, si les paysans ruinés d'une région en difficulté manifestent, ils pourront obtenir une aide pour survivre. De la même manière, si, par la suite, une autre région est touchée, ils pourront à leur tour aider ceux qui en ont besoin. Les dictatures ne favorisent pas la résolution de ces problèmes car les gouvernements ne sont pas mis en cause (ils ne risquent pas d'être renversés par un vote défavorable). Or, la lutte contre les famines et l'existence d'autres solidarités, favorisent le développement en permettant à tous d'améliorer leur bien être. La mise en place de la protection sociale va aussi dans ce sens. Elle améliore l'état de santé des populations qui seront alors plus productives. Cependant, toutes les démocraties ne luttent pas également contre les inégalités. Les Etats-Unis, par exemple, ont un système médical gratuit pour les plus pauvres mais payant pour les autres, les salaires bas et moyens n'y ont que difficilement accès et près d'un tiers de la population n'est pas protégée par des assurances contre la maladie, que ces assurances soient publiques ou privées.

- Inversement, le développement favorise la démocratie :
  - Avec des revenus plus élevés, les habitants acceptent plus facilement de payer des impôts, ce qui étend le rôle de l'Etat en mettant en place des solidarités comme la protection sociale ou l'éducation.
  - Les jeunes, mieux formés, sont sensibilisés à la citoyenneté. Pour comprendre les débats politiques, pour s'organiser et voter, des connaissances sont effectivement nécessaires.
  - Les femmes éduquées ont moins d'enfants que celles qui ne le sont pas. Ceci permet d'accélérer la transition démographique qui accompagne le décollage de la croissance. Alors que les taux de mortalité et de natalité sont élevés dans les pays non développés, l'amélioration de l'hygiène et

l'accès à la médecine diminuent le taux de mortalité. Sans changement des mentalités, le taux de natalité reste élevé et la croissance démographique est forte. Elle peut limiter le développement en diminuant le niveau de vie moyen (la même production des adultes est divisée entre une population plus nombreuse). La baisse de la natalité rapide peut avoir lieu par des politiques publiques, comme l'enfant unique en Chine, ou par la prise de conscience des femmes qu'en ayant moins d'enfants, elles les élèveront mieux. Passer à un régime démographique moderne renforce le développement et permet aux individus de participer à un régime démocratique en ayant plus de temps libre et en vivant suffisamment longtemps pour devenir des citoyens à part entière.

Principaux changements économiques et sociaux des 2 derniers siècles :

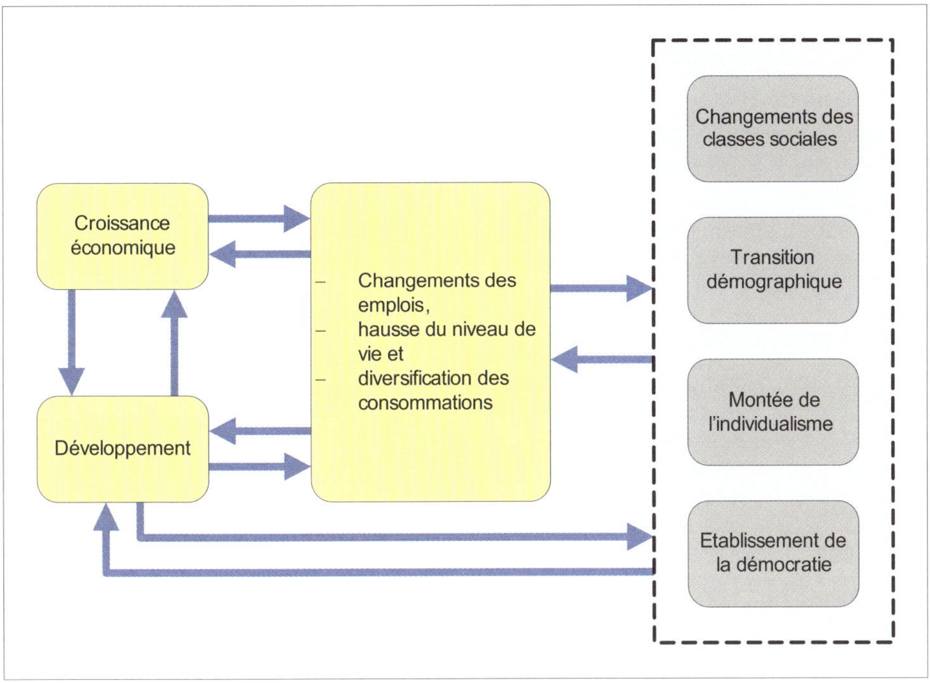

3

Croissance, capital et progrès technique : sources et limites de la croissance économique

Testez-vous sur ce chapitre avec l'option sujet/programme du logiciel.

La **croissance** provient de l'augmentation des facteurs de production utilisés ou des gains de productivité. En deux siècles, depuis « **la révolution industrielle** », grâce à un taux de croissance annuel moyen de 2 %, le niveau de vie des Français a été multiplié par 20 et les biens et services se sont diversifiés (apparition des voitures, des télévisions, des téléphones, etc.). Si la croissance est positive car elle augmente le niveau de vie, elle présente des limites.

1. Les diverses sources de la croissance

a) Une utilisation des facteurs de production extensive ou intensive

▪ La production peut augmenter du fait de l'augmentation des quantités de main-d'œuvre, de capital et de ressources naturelles utilisées. Il s'agit alors d'une **croissance extensive** :

- Au XIXe siècle, la croissance fut souvent extensive: ce fut le cas de la Grande-Bretagne qui disposait de ressources naturelles importantes (minerais) et d'une main-d'œuvre abondante libérée par l'exode rural.
- Dans les années 1993-2002, la croissance fut également de ce type en France : la productivité n'a contribué qu'à 0,39 point de croissance. En effet, l'essentiel de l'augmentation de la production provenait de la hausse des quantités de capital et de travail utilisées qui expliquait 81 % de la croissance ((1,14 + 0,54) / 2,07).

Contributions à la croissance française :

	Taux de croissance annuel moyen du PIB, en %	Contribution à la croissance, en points de croissance		
		Travail	Capital	Productivité globale des facteurs
1950-1974	5,37	0,15	1,51	3,71
1975-1992	2,34	- 0,10	1,31	1,13
1993-2002	2,07	0,54	1,14	0,39

Source : Luis MIOTTI et Frédérique SACHWALD, *La Croissance française 1950-2030, Le défi de l'innovation*, Paris, Ifri, 2005

▪ Une **croissance intensive** est due à une plus grande efficacité des facteurs de production c'est-à-dire à une hausse de la **productivité** (production par travailleur ou par unité de capital). Cette croissance est différente d'un pays à l'autre :

- Le Japon, ne s'est industrialisé qu'à partir du XXe siècle. Il a profité des innovations technologiques réalisées par la Grande-Bretagne et d'une main-d'œuvre disciplinée et relativement qualifiée. Sa croissance a été intensive et plus rapide que celle de la Grande-Bretagne. En effet, importer des technologies est souvent plus rapide que de les inventer. De plus, un bon niveau de formation permet aux travailleurs d'intégrer les progrès techniques et d'augmenter la productivité du travail et du capital (une machine mal utilisée a une productivité faible). C'est donc un facteur de la croissance intensive.

- En France, la croissance a été intensive pendant les Trente Glorieuses. La productivité globale des facteurs contribuait à 3,71 points de croissance. Le PIB ayant augmenté en moyenne chaque année de 5,37 %, la productivité explique, sur cette période, plus des 69 % de la croissance (calcul d'après le tableau sur les contributions à la croissance française : 3,71 / 5,37 = 69 %). Une croissance intensive permet d'atteindre des taux plus élevés qu'une croissance extensive.

▪ Les **gains de productivité** correspondent à l'augmentation de la **productivité**, c'est-à-dire de la production par unité de facteur de production utilisée. On distingue trois types de productivité :

- La **productivité du travail** qui est la production par heure de travail ou par travailleur (en un an). Elle peut être calculée en nombre de produits par heure ou travailleur, ou en valeur (euros produits par heure de travail ou par travailleur). La productivité du travail n'est qu' « apparente » car elle est aussi liée à l'augmentation du capital.
- La **productivité du capital** qui est la production réalisée par unité de capital. Sa mesure en valeur est en euro par euro de capital. Par exemple, si une machine produit pour 100 milliers d'euros par an et coûte annuellement 50 milliers d'euros, sa productivité sera de 2 euros de production par euro investi.
- La **productivité globale des facteurs** qui est la production en euros divisée par le coût des facteurs de production (coût du travail + coût annuel du capital), en euros produits par euro dépensé.

b) Le progrès technique au cœur de la croissance

▪ Les gains de productivité proviennent des progrès techniques :

- Produire plus par travailleur peut provenir des nouvelles machines, d'une meilleure organisation du travail ou d'une qualification plus élevée du personnel ;
- Produire plus par unité de capital dépensé peut avoir pour origine des technologies plus efficaces, la réduction des gaspillages ou l'accroissement de la durée d'utilisation du capital.

▪ La hausse de la productivité peut être utilisée de différentes manières et peut produire plusieurs effets.

Les effets possibles des gains de productivité :

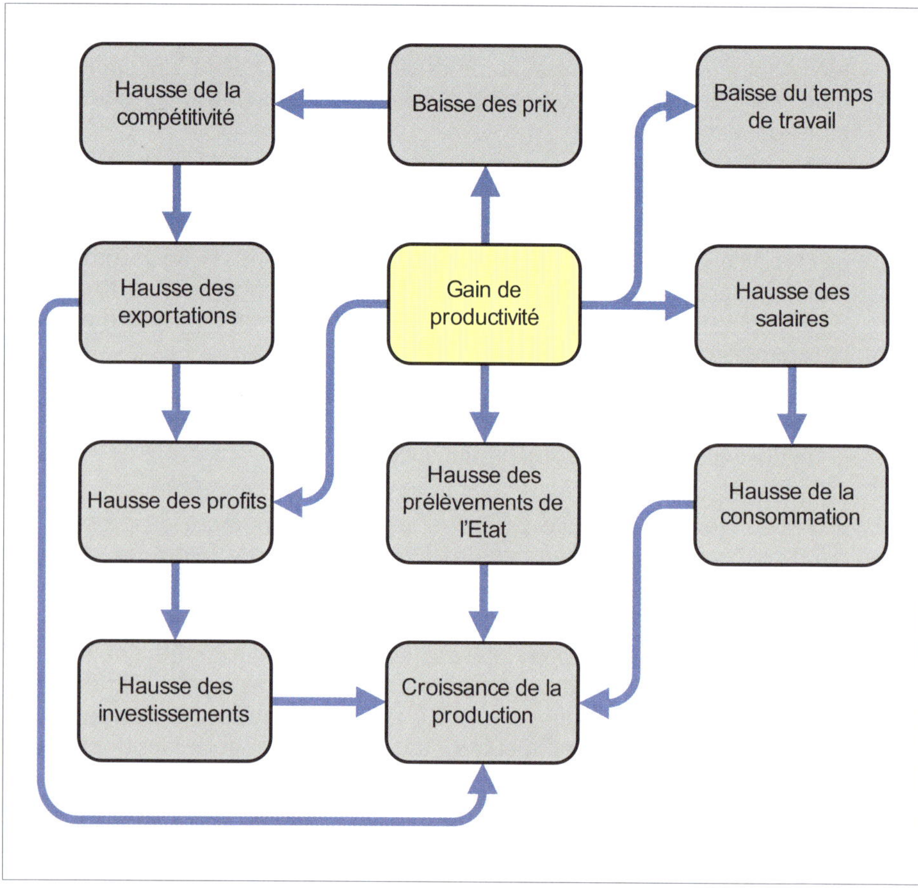

- Par exemple :
  - L'augmentation de la productivité du travail (chaque travailleur produit plus en une heure) diminue le coût unitaire des produits fabriqués si cette productivité n'est pas due à une hausse du coût des machines ou si cette augmentation du coût du capital est moins élevée que la baisse du coût du travail permise.
  - Face à cette baisse du coût, l'entreprise peut diminuer les prix ou le temps de travail, augmenter les profits unitaires ou les salaires.
  - Dans l'ensemble de l'économie, les gains de productivité ont un effet sur la demande et sur l'offre. La **demande de biens et services** est l'ensemble des achats ; elle inclut la consommation des ménages mais aussi

l'investissement privé, les exportations et la demande publique. Une hausse des salaires ou une baisse des prix permettent aux ménages de consommer plus. De même, la baisse des prix permet aux entreprises d'être plus compétitives, c'est-à-dire de vaincre la concurrence extérieure et donc de vendre plus grâce aux exportations.

- Ces hausses de la demande permettront à leur tour des économies d'échelle. Lorsque les entreprises produisent en plus grande quantité, elles répartissent les coûts fixes (comme les bâtiments ou les machines) sur un nombre plus important de produits, ce qui réduit le coût unitaire.
- Les pouvoirs publics peuvent profiter des gains de productivité car la hausse des ventes et des revenus est imposée. Ces impôts servent au financement des dépenses publiques, comme construire des routes ou des écoles. Il s'agit d'une demande de biens et services qui pousse à la production nationale s'il ne s'agit pas d'importations.
- L'investissement permet d'intégrer les nouveaux progrès techniques et donc d'améliorer la production à long terme.
- La baisse des prix améliore la compétitivité-prix.

▪ La baisse du temps de travail a été considérable sur une longue période : les français travaillaient en moyenne 4000 heures par an au XIXe (13 heures par jour, 6 jours par semaine) et, aujourd'hui, environ 1700 heures annuelles. Ceci a amélioré les conditions de vie des français mais aussi leur efficacité productive. Utilisation du capital, amélioration des conditions de travail et hausse des qualifications expliquent que chaque travailleur produit aujourd'hui 10 fois plus par an qu'au XIXe.

▪ Le progrès technique a des effets externes positifs : des effets d'une production sur un agent économique non concerné qui ne produit pas et ne consomme pas le bien ou service produit. Il profite bien sûr à l'entreprise qui l'a mis au point (ses ventes et sa production vont augmenter) mais il a aussi des effets sur les autres entreprises. Il peut ainsi se diffuser dans l'économie en montrant ce qui peut être fait. Il favorisera la croissance générale. Par exemple, la miniaturisation des têtes de lecture des disques durs a permis les MP3, les petits ordinateurs portables ou les appareils photo numériques.

c) Un environnement social et politique favorable à la croissance

▪ L'environnement politique est important pour la croissance. L'Etat a trois rôles possibles :

- L'**allocation des ressources** : l'Etat peut influencer l'utilisation des facteurs de production (travail et capital) pour favoriser les productions jugées collectivement utiles, comme l'école ou la justice, et limiter celles ayant des effets externes négatifs, comme la pollution. Son action principale est l'établissement de lois qui encadrent le marché pour plus d'efficacité. Ainsi, la démocratie favorise la croissance parce qu'elle accorde la liberté d'entreprendre, ce qui permet le développement de la production et l'innovation. L'Etat protège l'innovation par l'existence des brevets et établit des règles pour le financement des entreprises, comme, par exemple, la création du capital risque pour les petites entreprises.

- La **régulation** : elle permet principalement d'éviter l'inflation et le chômage. Les économistes néoclassiques insistent sur la lutte contre l'inflation, les keynésiens font alterner politiques de relance contre le chômage et politiques de rigueur contre l'inflation.
- La **redistribution** : c'est le prélèvement sur les revenus primaires (liés à la production) pour un versement d'aides en fonction de critères sociaux. Elle lutte contre les inégalités, et, pour les keynésiens, en favorisant les bas revenus, elle stimule la consommation et la croissance puisque les personnes qui ont un faible revenu en consomment une plus grande part.

▪ Les valeurs religieuses peuvent influencer la croissance. **Max Weber**, au XIXe siècle, a montré que le protestantisme calviniste avait favorisé le développement du **capitalisme**, c'est-à-dire l'organisation de la production où une grande partie des moyens de production sont la propriété d'individus. Les calvinistes considéraient qu'ils accéderaient au paradis en réussissant sur terre. Ils cherchaient donc à économiser le temps, l'argent et le travail pour produire le plus possible, ce qui faisait d'eux de bons capitalistes et travailleurs. Au contraire, les catholiques espéraient le pardon de leurs péchés grâce à la confession et aux bonnes œuvres ; l'efficacité du travail était secondaire. Le développement est donc basé pour Weber sur un changement des valeurs.

▪ Les relations sociales sont un facteur de la croissance. Sous le terme de relations sociales sont inclus un grand nombre de phénomènes qui ne sont pas purement économiques et mettent en jeu les interactions entre individus. Citons quelques exemples :

- Les entraides entre populations immigrées issues du même pays d'origine favorisent la création d'entreprises et l'intégration de populations souvent marginalisées. Par exemple, au début du XXe siècle, les arméniens, qui avaient fui les pogroms et immigré en France, se sont entraidés pour monter des entreprises dans le textile.
- La solidarité concerne aussi les salariés : les syndicats, par exemple, ont obtenu des augmentations de salaires qui ont favorisé la consommation de masse donc les ventes des entreprises et la croissance. Les associations, pour intégrer les sans domiciles fixes ou pour favoriser la recherche médicale, peuvent jouer positivement sur la croissance.

- L'existence d'un réseau relationnel important entre les individus facilite les échanges. Par exemple, grâce aux dons et contre-dons, la Silicon Valley aux Etats-Unis est particulièrement efficace : les soirées sont une occasion de se faire des relations qui permettront d'échanger des informations sur le progrès technique futur, sur ce que vendent les différentes entreprises ou sur la volonté de départ de certains salariés. Ces effets expliquent en partie le développement de « pôles de compétitivité » spécialisés dans un domaine dans une région donnée.

2. Les limites de la croissance

a) La mesure de la croissance est imparfaite

▪ La **croissance** est l'augmentation d'un indicateur de production, le plus souvent le **produit intérieur brut (PIB)**.

▪ Cette mesure pose plusieurs problèmes :

- Pour comparer des voitures avec du blé, il faut utiliser la monnaie. Le problème de la comparaison dans le temps peut être résolu par l'utilisation des prix constants, et celui de la comparaison dans l'espace par l'utilisation des taux de change de **parité de pouvoir d'achat (PPA)**, calculés à partir des valeurs dans les différents pays d'un même panier de biens et services. Un problème ne peut pas être résolu : les monopoles peuvent faire augmenter artificiellement le prix, il est alors contestable que la valeur du bien ou du service représente la valeur réelle du produit.
- Un calcul monétaire privilégie les biens et services marchands qui ont un prix. Il oublie et sous-estime les productions gratuites comme le travail ménager ou l'activité des associations caritatives. Les comparaisons de périodes et pays différents deviennent alors problématiques car les structures productives évoluent.
- Le PIB progresse lorsque les effets nocifs des maladies, des accidents de la route ou des destructions de l'environnement sont réparés, sans que les destructions occasionnées ne soient retranchées. Ceci montre que le PIB est un bon indicateur de la production marchande, mais qu'il mesure mal le bien-être des populations. Par exemple, une tornade qui détruit des maisons et occasionne des morts, ne sera comptabilisée qu'en positif pour les reconstructions (éventuellement partielles) et le coût des soins aux blessés.

b) Des conséquences néfastes sur l'environnement

▪ La croissance a trois types d'effets négatifs sur l'environnement :

- La **pollution** : par exemple, Bangkok connaît une croissance forte mais les canaux sont pollués par les entreprises qui y rejettent leurs déchets toxiques et par la population qui ne dispose pas d'un système d'égouts.

Les ouvriers, aux salaires bas, vivent près des entreprises et consomment l'eau polluée, ce qui entraîne une mortalité infantile élevée. L'écosystème est dégradé, d'où une diminution de la taille des moules qui réduit les revenus des pêcheurs et la croissance.

- L'**utilisation d'énergie et de matières premières non renouvelables** : en effet, les énergies, comme le pétrole, ne sont pas illimitées. Leur utilisation intensive conduit à leur disparition et posera problème lorsqu'il faudra les remplacer.
- Le **réchauffement climatique** : bien que les effets de l'activité humaine sur le réchauffement climatique soient controversés, certains scientifiques estiment qu'au cours des deux derniers siècles, l'industrie, les transports et le chauffage des maisons ont augmenté d'1,5 degré la température moyenne du globe. La poursuite du réchauffement climatique entraînera la fonte des glaces du pôle nord, l'augmentation du niveau de la mer et un risque de disparition de certaines villes des terres côtières. De plus, certains insectes tropicaux porteurs de maladie arriveront en Europe. Enfin, les fortes précipitations conduiront à des glissements de terrains en montagne et à des inondations en plaine. Les cyclones et les tempêtes seront plus fréquents. Le coût de réparation de ces dégâts et la destruction des moyens de production réduiront la croissance.

c) Croissance et développement durable sont-ils compatibles ?

▪ Le **développement durable** est l'ensemble des changements structurels économiques, sociaux et politiques qui répondent aux besoins humains présents sans compromettre la capacité des générations futures à répondre à leurs propres besoins.

▪ Les non-écologistes considèrent que les effets de la croissance sur l'environnement ne sont pas si graves et pensent que l'innovation technique résoudra tous les problèmes. L'homme sait s'adapter à son environnement et inventer des solutions. Les Etats doivent laisser agir la liberté individuelle et les marchés.

▪ Pour les écologistes radicaux partisans de la décroissance, toute production entraîne un « désordre écologique » fortement destructeur des ressources naturelles. L'économie de marché contribue à transformer en marchandises tous les biens naturels et à produire sans cesse plus pour augmenter les profits. Cette croissance productiviste n'est pas soutenable. La **décroissance** veut faire décroître rapidement la consommation d'énergie fossile ou de matières premières non renouvelables grâce à une réorientation du système productif. Cela suppose des investissements massifs et un changement radical du comportement des consommateurs et des producteurs.

Cette position pose deux problèmes : les populations accepteront-elles de payer plus cher ? Si les inégalités s'accentuaient, avec notamment l'augmentation des coûts et de l'alimentation, seraient-elles acceptées ?

- Les écologistes modérés considèrent que la croissance reste nécessaire pour lutter contre les problèmes sociaux (chômage et pauvreté), mais il faut rechercher une autre croissance qui substitue aux biens matériels des services, remplacer les matières premières non renouvelables par celles renouvelables. L'agriculture biologique non polluante doit être développée (elle représente aujourd'hui environ 14 % de l'agriculture française). Ayant un coût plus élevé, il faut habituer progressivement les consommateurs à payer plus.

- Au niveau international, le **protocole de Kyoto** vise à réduire les gaz à effets de serre. Plusieurs moyens sont utilisés : chaque pays a un quota d'émissions de CO_2 qu'il répartit entre les entreprises. La France doit maintenir son niveau de 1990 malgré l'augmentation de la production. Si une entreprise n'utilise pas tout son quota, elle peut le vendre à une autre sur le marché des droits à polluer. C'est une incitation à faire des aménagements pour limiter la pollution. Au contraire, si une entreprise dépasse son quota, elle doit acheter des droits à polluer : ses coûts augmentent. Le protocole permet aux pays en développement d'augmenter leurs émissions parce qu'ils sont en retard dans leur développement.

- Les gouvernements en France encouragent les populations à se préoccuper du problème environnemental par :
    - Des manifestations comme la journée sans voiture ;
    - La mise en place de transports non polluants comme les vélib' à Paris ;
    - Les écotaxes, comme la taxe carbone, et la taxe sur les produits pétroliers pour limiter la consommation des énergies fossiles en augmentant leur coût ;
    - Les subventions à la mise en place de production d'énergies renouvelables, comme les éoliennes, ou de dispositifs économisant l'énergie, comme l'isolation des maisons.

4 Croissance, capital et progrès technique : accumulation du capital, progrès technique et croissance

Testez-vous sur ce chapitre avec l'option sujet/programme du logiciel.

Le **progrès technique** et l'**investissement** sont au cœur de la croissance. Il est donc important de comprendre leurs causes pour les favoriser, sans oublier de se demander si certains de leurs effets peuvent être néfastes.

1. Le progrès technique

- L'**invention** est une idée nouvelle : la conception d'un nouveau produit ou d'un nouveau processus de production.

- L'**innovation** est l'exploitation de cette idée à des fins productives et commerciales. Le progrès technique, au sens économique, correspond aux innovations.

a) Ses causes

- Entrepreneurs, grandes entreprises et Etats sont à l'origine du progrès technique :
  - Certaines trouvailles ne sont qu'anecdotiques mais les « **innovations de rupture** », celles qui modifient profondément les marchés, sont souvent le fait d'inventeurs géniaux. Par exemple, la carte à puce a été inventée par Roland Moreno en 1974. Il était journaliste et « bricoleur » passionné d'électronique. Ce fut également le cas de l'automobile à la fin du XIXe siècle ou de la micro-informatique dans les années 1970. Pour **Joseph Schumpeter**, économiste autrichien du début du XXe siècle, « l'entrepreneur- innovateur » est la figure marquante du capitalisme ; c'est lui qui prend des risques et innove, alors que les « capitalistes » propriétaires des moyens de production sont plutôt routiniers et utilisent des moyens de gestion traditionnels.
  - Aujourd'hui, les innovations les plus nombreuses proviennent de la recherche-développement, de travaux de création entrepris de manière méthodique en vue d'accroître les connaissances et permettre leur utilisation dans la production. La multiplication des chercheurs favorise l'intensité des innovations.

De plus, les grandes entreprises ont à la fois tendance à favoriser les innovations grâce à leurs moyens financiers importants et à les freiner par l'utilisation de moyens anticoncurrentiels (pression sur les vendeurs pour ne pas mettre en rayon les produits concurrents, rachat des petites entreprises innovatrices, publicité pour attacher les consommateurs...). Ce double-mouvement est encore vrai aujourd'hui, mais la concurrence, y compris des petites entreprises, pousse aussi les grandes entreprises à innover.

- La recherche peut également être publique. Par exemple, Albert Fert, récompensé, en même temps que l'allemand Peter Grünberg, en 2007 par un prix Nobel, travaille au Centre National de Recherche Scientifique (CNRS). Il a étudié dans les années 1980 la magnétorésistance géante qui est, notamment, à l'origine de l'élaboration de têtes de lecture magnétique extrêmement performantes, utilisées aujourd'hui dans tous les disques durs. Ceci a permis leur miniaturisation, donc d'inventer les lecteurs MP3, les petits ordinateurs portables, les appareils photos numériques, les téléphones portables, les GPS... La recherche fondamentale est souvent financée par l'Etat car elle met du temps à être rentabilisée.

- Le progrès technique permet un « surprofit » de monopole. On distingue :
  - Les **innovations de produit** : lorsqu'une entreprise crée un nouveau bien ou service, elle est en situation de monopole car elle est seule à le vendre. Elle peut donc vendre à un prix élevé par rapport au coût de production. Son profit unitaire (par produit vendu) sera alors élevé : un profit élevé est appelé un **surprofit** ou **rente de monopole**.
  - Les **innovations de procédé** : selon la classification de Joseph Schumpeter, elles incluent les nouvelles techniques de production et de vente, les machines ou les nouvelles organisations du travail. Les entreprises les utilisent si elles permettent de diminuer les coûts de production. Elles peuvent alors baisser le prix pour vendre davantage, ce qui augmentera le profit total, ou maintenir son prix initial pour avoir un profit unitaire plus élevé. La stratégie choisie dépend de la concurrence sur le marché et de l'**élasticité-prix**, égale au taux de croissance de la demande divisé par le taux de croissance du prix. Lorsque la demande est élastique, c'est-à-dire qu'elle progresse rapidement quand le prix baisse, il est intéressant de vendre davantage car le chiffre d'affaires progresse. Au contraire, si la demande est inélastique (élasticité-prix de la demande comprise entre 0 et -1), réduire le prix abaissera le chiffre d'affaires et n'augmentera pas le profit total.
  - Les **innovations organisationnelles** sont les nouvelles structures de marché comme autrefois les monopoles et, plus récemment, les franchises. Elles peuvent permettre d'augmenter les prix et/ou d'augmenter les ventes. Contrairement à Schumpeter, certains économistes contemporains classent les nouvelles organisations du travail dans ces innovations organisationnelles et non dans celles de procédé.

- Cependant, le profit de monopole est incertain et temporaire. L'idée peut effectivement ne pas plaire au consommateur, les concurrents peuvent mettre au point un produit similaire avant l'entreprise et le coût exact du produit futur ne peut pas être prévu à l'avance. Même en cas de réussite, après une première phase de monopole, des concurrents apparaissent conduisant à une baisse des prix et des profits, profitable aux consommateurs.

4

Croissance, capital et progrès technique : accumulation du capital, progrès technique et croissance

- Tous les pays ne font pas les mêmes efforts de recherche :
  - Le Japon est le pays qui fait le plus d'efforts en dépensant 3,2 % de son produit intérieur brut (PIB) en recherche-développement (en 2005, sur 100 yens produits, 3,2 sont consacrés à la RD) ;
  - La France est dans la moyenne des pays développés : elle dépense environ 2,1 % de son PIB pour la RD. L'objectif affiché dans l'Union européenne est pourtant d'atteindre les 3 % du PIB.

Dépenses de recherche-développement (RD) et nombre de brevets déposés à l'Office Mondial de la Propriété Intellectuelle (OMPI) :

En 2007	Dépenses de RD milliards de $ de PPA courants	RD en % du PIB	% de la RD financée par l'Etat	Nombre de brevets à l'OMPI
États-Unis	343,7	2,7	34,7	45 111
Japon	138,8	3,3	16,2	25 145
Allemagne	66,7	2,5	28,4	15 870
Union Européenne à 27	242,8	1,8	34,7	
France	41,4	2,1	38,4	5 522
Royaume-Uni	35,6	1,8	31,9	5 115

Sources : OCDE (2008), « Principaux indicateurs de la science et de la technologie 2008-1 », Chiffres clés (http://www.oecd.org/dataoecd/49/45/24236156.pdf) et Office Mondial de la Propriété Intellectuelle (http://www.wipo.int/pressroom/fr/articles/2008/article_0006.html)

- Plus les dépenses sont élevées, plus le nombre de brevets déposés est important mais certains pays sont plus efficaces que d'autres, en particulier l'Allemagne et le Japon. Il y a trois explications à cela :
  - Dans ces deux derniers pays, les entreprises moyennes (de 50 à 499 salariés) sont plus nombreuses qu'en France et elles investissent plus dans la recherche-développement que les petites (moins de 50 salariés).
  - La part de l'industrie est plus importante en Allemagne et au Japon que dans les autres pays. Or, l'industrie fait plus de recherche-développement et crée plus de nouveaux produits que le tertiaire. L'industrie allemande est davantage spécialisée dans les industries de haute technologie qui ont plus d'avenir que les industries anciennes.
  - Les relations privé-public sont plus importantes en Allemagne et au Japon qu'en France, ce qui favorise le lien entre la **recherche fondamentale** et la **recherche appliquée**. La recherche fondamentale inclut les recherches scientifiques sans objectif économique immédiat, contrairement à la recherche appliquée qui vise la production. Le développement des **pôles**

de compétitivité a pour but de résoudre ce problème. Ce sont des espaces où existent des grandes et des petites entreprises de haute technologie, une université et des centres de recherche. Le but est de développer la recherche fondamentale dans un secteur particulier et de faciliter son passage aux applications dans la production. Ceci favorise la croissance et les exportations. Regrouper les entreprises permet de développer les relations marchandes entre elles mais aussi intensifie les transferts informels d'informations qui permettront l'apparition de nouveaux produits et leur financement. Le gouvernement français favorise la création des pôles de compétitivité en donnant des aides financières aux entreprises (subventions, baisses d'impôts ou crédits bon marché), en construisant des infrastructures (routes, écoles) et en finançant les universités.

b) Les conséquences du progrès technique sur la croissance et le développement

- Les innovations soutiennent la croissance :
  - Le progrès technique favorise l'augmentation de la production grâce à la création de nouveaux produits. La **croissance** n'est pas la multiplication des mêmes biens et services, elle implique une diversification des productions et des consommations. Les nouvelles techniques permettent de diminuer les prix donc d'utiliser une plus faible partie du revenu dans certaines consommations et d'en financer de nouvelles.
  - Les découvertes dans un secteur entraînent d'autres innovations dans le même secteur ou dans d'autres. Ainsi, dans les années 1970, l'apparition des micro-ordinateurs a entraîné des recherches pour les imprimantes, les écrans, les logiciels, le minitel, les supports de données, internet, les GPS... C'est pourquoi **Joseph Schumpeter** parle **d'innovations « en grappes »**. Elles provoquent des vagues de croissance. De plus, les Trente Glorieuses (1945-1975) ont connu une augmentation de la production d'environ 5 % en moyenne par an. Elles se sont appuyées sur le pétrole, la chimie, l'aéronautique et les biens d'équipement ménager. De nouveaux emplois sont apparus, liés aux nouvelles technologies. Les innovations de procédé ont permis des baisses de prix et des augmentations de salaires qui ont augmenté le pouvoir d'achat et la consommation.
- Cependant, la croissance est cyclique :
  - Le progrès technique a un aspect destructeur : les anciens produits concurrencés par les nouveaux sont moins achetés, leurs prix ont tendance à diminuer, les entreprises productrices doivent modifier leur production ou font faillite et certains emplois disparaissent. Quand les

innovations ont un effet plus destructeur que créateur, donc quand elles sont en nombre insuffisant, la **récession** se développe : une baisse de la production réduit l'emploi, les revenus et donc la consommation. Un cercle vicieux s'enclenche. Pour sortir de la crise il faudra une nouvelle vague d'innovations. **Joseph Schumpeter** a nommé ce double processus de création et de destruction « la **destruction créatrice** ».

- Toutes les crises ne s'expliquent certainement pas par un manque de progrès technique. La croissance faible qui a débuté dans les années 1970 est liée à la fin de la révolution industrielle des Trente Glorieuses, mais elle aurait dû s'arrêter vers l'an 2000, ce qui n'est pas le cas. Pour les keynésiens, le chômage important lié à une croissance faible limite la consommation et les ventes des entreprises. Par contre, pour d'autres économistes, les pays développés ont une croissance faible car ils ont perdu de leur compétitivité, leur coût du travail est trop élevé par rapport à celui des pays émergents.

▪ Certaines innovations sont néfastes. L'invention de la bombe atomique est un exemple de progrès technique qui ne favorise ni la croissance, ni le développement. De même, la maladie de la « vache folle » fut liée à la diminution de la température de traitement des carcasses et déchets d'animaux intégrés aux aliments des bovins pour obtenir une source de protéine moins chère.

Les effets d'une innovation ne sont pas toujours prévisibles : aux États-Unis, l'invention des « subprimes », des prêts aux ménages pour le logement, avec un taux d'intérêt faible puis variable, et garantis sur le bien immobilier, a conduit, en 2008-2009, à une crise financière et à la plus forte récession mondiale depuis 1929. Pourtant, dans un premier temps, les subprimes avaient favorisé la croissance par la multiplication des constructions immobilières

▪ Le progrès technique modifie les modes de vie en étant souvent facteur de développement. Un **mode de vie** est une façon de vivre caractérisée par des pratiques culturelles et sociales.

Par exemple, le développement de l'urbanisation a été permis par la révolution agricole des XVIII-XIXe siècles. A cette époque, les innovations concernaient les engrais naturels qui permettaient de supprimer la jachère, la conservation de fourrage l'hiver pour nourrir les bêtes et des socs de charrues plus profonds. Elles ont permis des gains de productivité et une baisse des prix agricoles. Pour survivre, les paysans devaient produire plus, concentrer les terres ou s'exiler en ville pour travailler en usine. L'urbanisation développe l'usage de la monnaie, elle permet une spécialisation accrue du travail, ce qui renforce les possibilités de recherches et d'innovations. L'augmentation des marchés permet les **économies d'échelles**, c'est-à-dire la réduction des coûts unitaires grâce à la répartition des coûts fixes sur une plus grande production.

Croissance, capital et progrès technique : accumulation du capital, progrès technique et croissance

4

- Le progrès technique a des effets sur les secteurs d'activité. Un **secteur** regroupe les entreprises ayant la même activité principale. Contrairement aux catégories socioprofessionnelles, il mélange des métiers différents. Les **activités primaires** sont l'exploitation des ressources naturelles : agriculture, pêche, forêts, mines, gisements. Les **activités secondaires** transforment les matières premières. Le **secteur tertiaire** regroupe les entreprises dont l'activité principale est la production de services marchands ou non. Un ouvrier peut être dans le secteur primaire s'il travaille dans une ferme, dans le secondaire quand il est dans une entreprise automobile, ou dans le tertiaire lorsqu'il a un emploi dans un lycée. Ainsi, les emplois se sont transformés :
    - Alors qu'au XVIIIe siècle, 90 % des emplois en France étaient dans le secteur primaire, en 1997, les emplois concernant l'agriculture, la sylviculture et la pêche ne concernaient plus que 0,9 million de personnes, soit 3,6 % du total (dans le graphique ci-dessous : 0,9 millions / 25 millions).
    - Dans un premier temps, jusqu'en 1973, les emplois secondaires et tertiaires ont progressé puis, aujourd'hui, seul le tertiaire est en augmentation. Les ¾ des emplois sont tertiaires aujourd'hui.

L'emploi par grands secteurs entre 1954 et 2005, en millions :

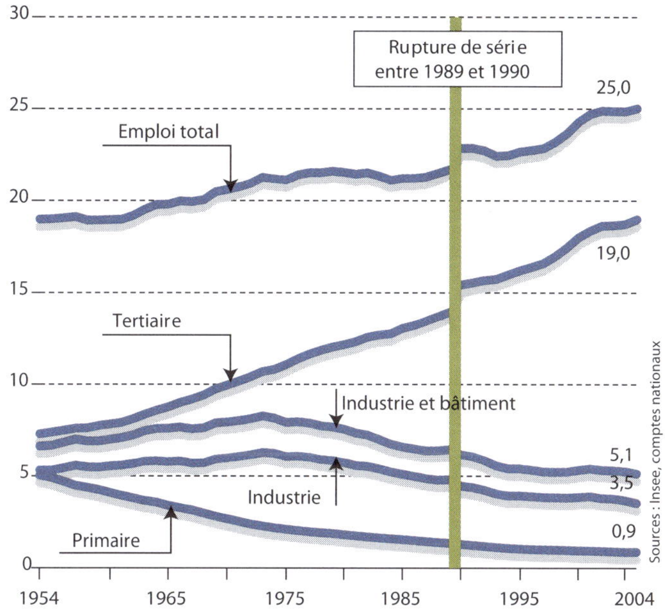

Source : Alternatives économiques – Pratique n°32 – Janvier 2008, © Alternatives économiques

L'évolution de l'emploi dépend des gains de productivité et de l'évolution de la demande. Alors que les secteurs primaire et secondaire ont connu des progrès techniques intenses qui ont permis de produire beaucoup plus avec moins d'hommes, les services connaissent des gains de productivité plus faibles et la consommation progresse rapidement (l'emploi nécessaire augmente).

▪ Le progrès technique modifie les relations sociales. Les nouvelles technologies en sont un exemple :

- Elles permettent plus de communication avec les amis éloignés mais, paradoxalement, le développement des relations virtuelles tend à réduire les relations directes, notamment au sein de la famille où chacun se retrouve devant son propre équipement : l'individualisme se développe.
- Les jeunes utilisent plus facilement les nouvelles technologies, ce qui peut remettre en cause la transmission du savoir. Ce ne sont plus les plus âgés qui ont les connaissances et qui les transmettent aux jeunes mais l'inverse.
- Il faut de l'argent et des compétences pour utiliser les nouvelles technologies, les catégories sociales favorisées y accèdent plus facilement, ce qui accroît les inégalités sociales.

▪ Cependant, tout progrès technique n'est pas favorable au développement. Ainsi, la révolution agricole et l'exode rural ont été favorables au développement dans les pays riches contrairement à certains pays en développement (dans les bidonvilles, le niveau de vie moyen de la population est inférieur à celui des campagnes).

2. L'investissement

a) Qu'est-ce que l'investissement ?

▪ L'**investissement** est l'acquisition de biens permettant la production et durant plus d'un an. Il ne faut pas le confondre avec:

- Les **consommations intermédiaires**, c'est-à-dire, l'achat, à une autre entreprise, de biens et services servant à la production mais durant moins d'un an, comme une matière première.
- Le **placement** qui est l'utilisation d'un capital pour qu'il rapporte un revenu mais sans qu'il soit utilisé pour produire, par exemple, acheter une action à la bourse.
- L'**amortissement** qui est l'argent mis de côté chaque année pour permettre le rachat de la machine lorsqu'elle sera usée.

▪ L'INSEE mesure l'investissement par la **formation brute de capital fixe (FBCF)** qui inclut les machines, les bâtiments, les biens servant à la production durant plus d'un an et les logiciels. La recherche et la publicité ne sont pas incluses, elles font partie des investissements immatériels qui sont donc en grande partie oubliés alors qu'ils ont pourtant un rôle important aujourd'hui.

- Les entreprises, qui produisent des biens et des services non financiers, appelées des « **sociétés non financières** » en comptabilité nationale, font plus de la moitié des investissements français. Les ménages arrivent en deuxième position avec ¼ de l'investissement national. Les administrations publiques investissent lorsqu'elles construisent des bâtiments ou des routes; elles ont réalisé 14 % de l'investissement total en 2008.

Répartition de la FBCF par secteur institutionnel, en 2008 :

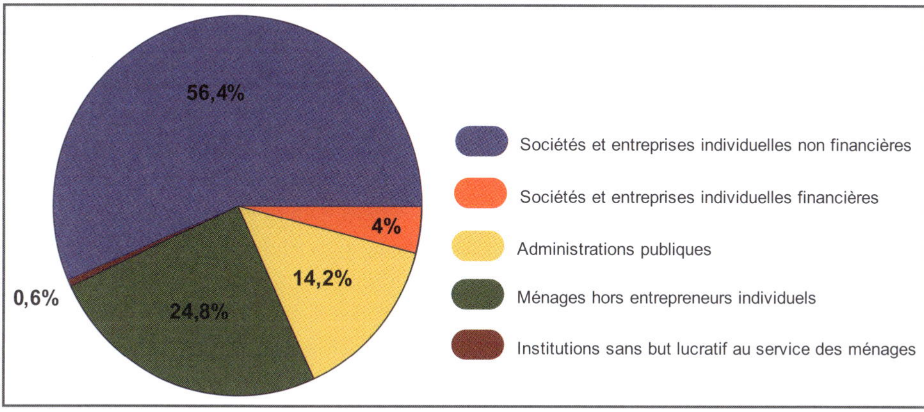

Source : D'après Comptes nationaux - Base 2000, Insee (http://www.insee.fr/fr/themes/comptes-nationaux/tableau.asp?id=1.403)

b) Pourquoi investir ?

- Les différents acteurs économiques investissent pour des motifs différents.

- Pour les ménages, la comptabilité nationale ne retient que le logement comme investissement. Ils ont deux motivations possibles : se loger en évitant de payer un loyer, ou louer le logement acheté pour obtenir un revenu complémentaire (revenu de la propriété). L'achat dépend des revenus, du prix de l'immobilier, du taux d'intérêt et des possibilités d'emprunt.

- Les administrations publiques investissent (on parle d'investissements publics) pour satisfaire leurs trois fonctions :
  - L'allocation des ressources afin de produire les services publics jugés nécessaires et que le privé produirait mal, ce qui nécessite des infrastructures (routes, bâtiments, écoles...) et du matériel (chaises, tables dans les lycées par exemple) ;
  - La redistribution qui est faite par les organismes de sécurité sociale et nécessite une gestion avec des bâtiments et du matériel ;

- La régulation afin de relancer l'activité économique en période de crise, l'Etat subventionne les investissements des entreprises et investit lui même, par exemple, pour construire et améliorer des bâtiments universitaires.

▪ Les entreprises investissent pour plusieurs raisons :

- Le renouvellement des machines et des bâtiments parce qu'ils sont usés ou obsolètes (dépassés technologiquement) ;
- La modernisation en vue d'améliorer la qualité des produits ou diminuer les coûts (investissements de productivité), ce qui permet à l'entreprise de rester compétitive ;
- L'amélioration de la sécurité et de l'environnement, l'augmentation des capacités de production et la mise en place des nouveaux produits sont aussi fréquents.

▪ L'entreprise n'investit que si cela est rentable. La **rentabilité** est le fait de dégager des **profits** (chiffre d'affaire supérieur aux coûts de production).

Pour comparer différents investissements, l'entreprise calcule le **taux de rentabilité** attendu ou **taux de profit**. Pour cela, elle divise le profit attendu par le coût de l'investissement. Le calcul est difficile car les futures quantités vendues futures sont incertaines, les prix possibles également et il nécessite d'actualiser les profits futurs, ce qui intègre une prévision de l'inflation et des taux d'intérêt. L'investissement dépend de ce fait de l'optimisme ou du pessimisme des entreprises.

▪ Les actionnaires s'intéressent à la **rentabilité financière**, appelée aussi **profitabilité**, c'est-à-dire au profit obtenu, qu'ils comparent aux capitaux propres qu'ils ont apportés. Ils ne prennent pas en compte les prêts accordés par les banques. Le **taux de rentabilité financière** est égal à la différence entre le profit et les intérêts versés, divisée par les capitaux propres :

- Si le **taux de profit** est supérieur au taux d'intérêt réel, un emprunt augmente le taux de rentabilité financière, c'est ce qu'on appelle « **l'effet de levier** ». C'est pourquoi un faible taux d'intérêt favorise l'investissement. Le **taux d'intérêt** est un pourcentage : la part du capital emprunté que l'emprunteur devra verser au créancier chaque année en plus du remboursement du capital.
- Si le taux de profit est inférieur au taux d'intérêt, un emprunt diminue le taux de rentabilité financière, « l'effet de levier » est alors négatif.

▪ L'entreprise dispose de plusieurs moyens pour financer l'investissement :

- L'**autofinancement** ou **financement interne** est l'investissement financé par l'épargne des entreprises. L'**épargne** est la partie non utilisée de leurs recettes passées.

Lorsque les entreprises font des profits, elles ont tendance à augmenter leur investissement car elles ont de l'argent pour le faire et elles sont optimistes pour le futur. Les profits passés favorisent l'investissement. Cependant, les statistiques ne montrent pas de corrélation stable entre le taux d'épargne et le taux d'investissement : les profits ne sont pas une condition suffisante à l'investissement.

- Le **financement externe** provient soit de l'augmentation du capital social par appel à de nouveaux associés ou par émission d'actions sur les marchés financiers si l'entreprise y est cotée, soit des emprunts bancaires ou obligataires.

Pour une entreprise, l'avantage de l'augmentation du capital est de ne pas verser d'intérêts fixes mais une part des profits. Si elle est en déficit, elle ne verse pas de dividendes et elle ne rembourse pas cet argent (sauf si l'entreprise ferme). L'inconvénient est le risque pour les propriétaires de l'entreprise de perdre le contrôle de celle-ci s'ils n'ont plus la majorité des actions. Dans les années 80, le rôle de la bourse s'est accru dans tous les pays développés. Alors que son poids était minoritaire dans le financement des investissements en France à la fin des années 1970, elle finançait près de 60 % des investissements au début des années 1990. Les taux d'intérêts avaient fortement augmenté au début des années 1980 du fait de la politique de lutte contre l'inflation aux États-Unis et en France, le financement par la bourse revenait donc moins cher.

Les emprunts se font auprès des banques mais aussi par l'émission d'**obligations** sur les marchés financiers qui ne sont pas des parts de propriété de l'entreprise. Ces obligations reçoivent un intérêt annuel.

Les crédits aujourd'hui ont retrouvé une place importante dans l'investissement car les taux d'intérêt ont baissé au cours des années 1990. On dit que le financement de l'investissement est davantage intermédié. Les grandes entreprises y accèdent plus facilement que les petites car elles offrent plus de garanties de remboursement.

- La **demande anticipée** est l'ensemble des ventes prévues par l'entreprise : l'investissement n'aura lieu que si la demande dépasse les capacités de production existantes et qu'elle est jugée durable. Cette hausse de l'investissement sera supérieure en valeur absolue à celle de la production : en effet, une production annuelle donnée, par exemple un million d'euros, nécessite un capital fixe supérieur, par exemple 4 millions d'euros, amortis sur plusieurs années. Keynes appelle « l'accélérateur », le fait que les variations de l'investissement soient plus fortes que celles de la demande.

c) L'investissement favorise la croissance sous certaines conditions

- L'investissement, mesuré par la FBCF, favorise la demande, mesurée par le PIB (en effet, le PIB mesure à la fois ce qui est vendu et ce qui est acheté). Les croissances de la FBCF et du PIB varient dans le même sens ensemble. Il existe une corrélation positive entre les deux :

- En France, la chute de l'investissement (courbe rouge pointillée) en 1975, 1993 ou 2002 va de pair avec une baisse du PIB (1975 et 1993) ou un ralentissement de la croissance du PIB (2002) ;
- Inversement, la hausse de l'investissement en 1976, 1988, 1998 et 2007 est corrélée avec une augmentation de la croissance du PIB ;
- La corrélation n'est pas parfaite puisqu'en 1982 l'investissement baisse de 2 % alors que la PIB croît de 2 %, mais elle est dominante.

Evolutions de la FBCF et du PIB en volume, en France :

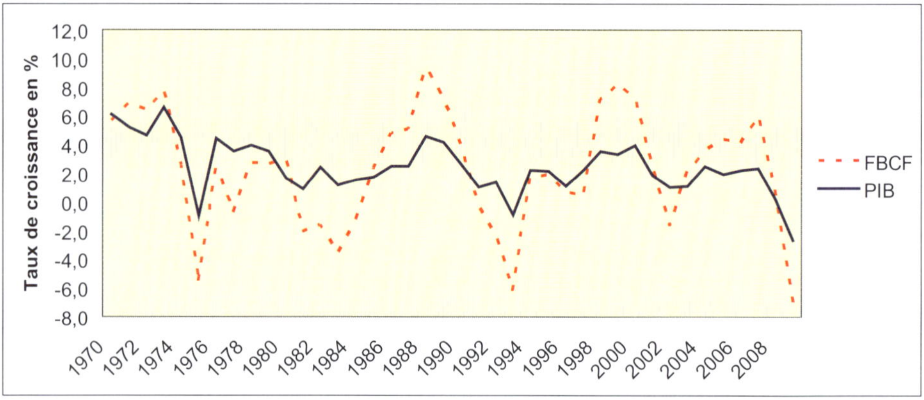

Source : Comptes nationaux - Base 2000, Insee

- Directement, l'investissement est une demande : les entreprises achètent des machines, des biens d'équipement, des logiciels, des bâtiments... du capital fixe. Ces biens devront être produits et augmenteront donc la production nationale.

- Indirectement, l'investissement augmente la production par le multiplicateur étudié par **Keynes**. Un investissement est un achat de machines qu'il faut produire et des revenus sont donc distribués (salaires, cotisations sociales, impôts, intérêts et profits). Une partie des revenus est épargnée, ce qui pour Keynes, n'a aucun rôle dans la croissance. L'autre partie est consommée et sert à acheter de nouveaux biens qu'il faut produire. De nouveaux revenus seront distribués dont une partie augmentera encore la production du fait de la consommation... Au total, sur plusieurs périodes, la production générée par l'investissement initial sera un multiple de celui-ci. Le coefficient multiplicateur est égal à l'inverse de la part marginale du revenu qui est épargné.

- L'utilisation des gains de productivité générés par l'investissement peut augmenter la demande. Lorsque l'entreprise augmente la production par heure de travail, elle peut réduire ses prix car chaque produit coûte moins cher en salaire. Cette baisse des prix ou une augmentation des salaires pourront faire progresser le pouvoir d'achat et donc les ventes dans le pays et à l'extérieur. Les entreprises auront besoin de produire davantage.

- Les investissements dans la publicité favorisent les ventes. Cet investissement immatériel, qui n'est pas comptabilisé dans la **FBCF (formation brute de capital fixe)**, est essentiel pour faire connaître le produit et la marque. Il augmente les besoins et les ventes.

- L'investissement améliore l'offre, la production :
  - L'**investissement en recherche-développement** favorise la mise au point des innovations.
  - Les **investissements de productivité** permettent de diminuer les prix. Les forts gains de productivité dans les secteurs agricoles et industriels ont permis la généralisation des consommations comme la viande ou les réfrigérateurs. Ces dernières années, les technologies de l'information et de la communication ont augmenté la productivité dans l'industrie, avec par exemple, les machines à commandes numériques, et, dans les services, avec l'informatisation du secrétariat ou de la comptabilité.
  - Les investissements de capacité augmentent la production possible.

- Cependant, certaines conditions doivent être satisfaites pour que l'investissement favorise la croissance :
  - L'investissement doit favoriser la demande : si l'entreprise place ses profits à la banque ou si les actionnaires font de même, la demande ne progressera pas et il n'y aura pas d'effet multiplicateur. Or, depuis les années 1980, la part des revenus distribués aux propriétaires du capital dans la valeur ajoutée augmente dans tous les pays développés, l'investissement favorise donc moins la croissance qu'autrefois. Lorsque les investissements de productivité suppriment plus d'emplois qu'ils n'en créent, la demande globale diminue.
  - Les consommateurs français ne favorisent la croissance en France que s'ils consomment des produits français. Toutes les importations favorisent la croissance des autres pays.
  - La hausse des impôts ne favorise la croissance que si l'Etat redistribue ou dépense, donc s'il ne rembourse pas la dette publique (même s'il est évidemment nécessaire de rembourser cette dette).

Croissance, capital et progrès technique : accumulation du capital, progrès technique et croissance

Résumé des causes et des effets sur la croissance du progrès technique et de l'investissement :

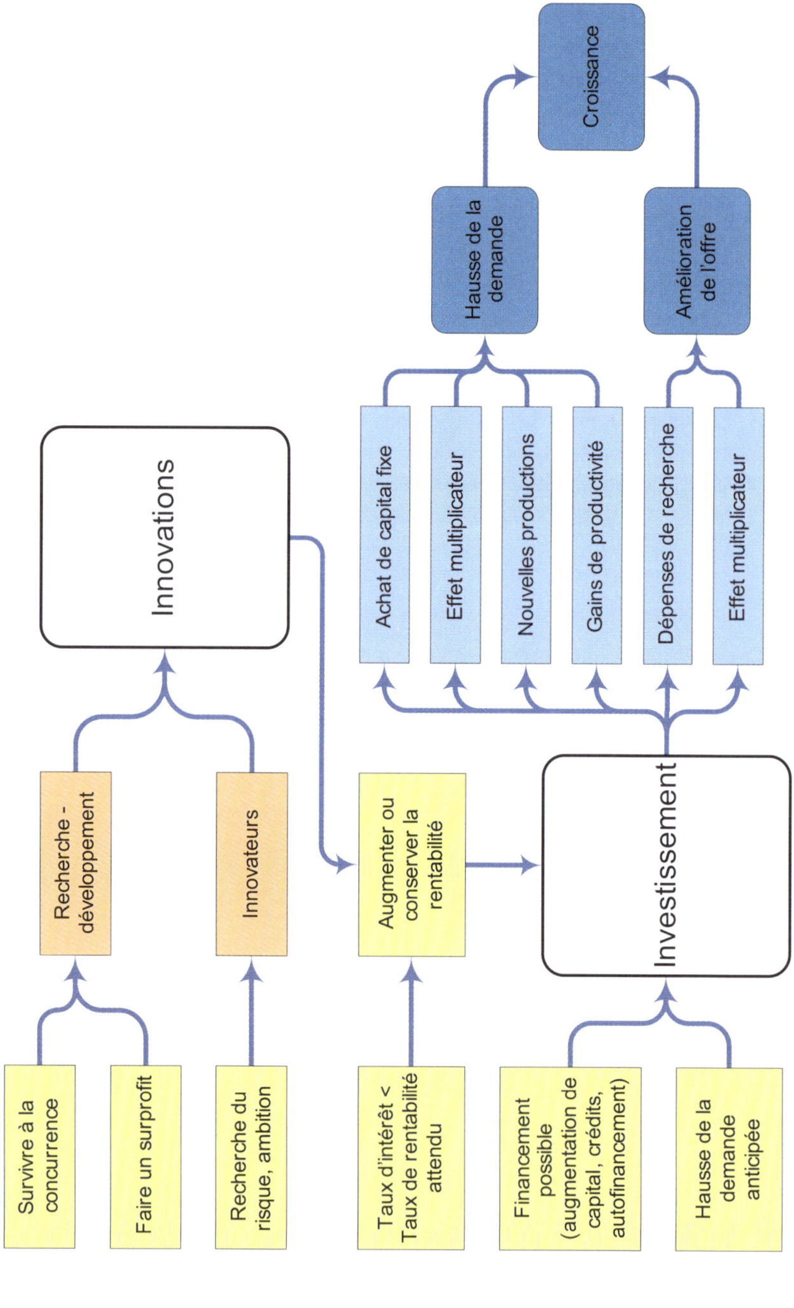

Travail et emploi : organisation du travail et croissance

5

Testez-vous sur ce chapitre avec l'option sujet/programme du logiciel.

L'**organisation du travail**, c'est-à-dire la définition des tâches nécessaires pour faire un produit et leur éventuelle répartition entre les travailleurs, s'est fortement modifiée au cours des trois derniers siècles :

- Au Moyen Age, le paysan ou l'artisan organisait le travail mais ne le divisait pas ou peu : un producteur pouvait réaliser seul l'ensemble du produit ;
- La première **division technique du travail**, décrite par Adam Smith, répartit les tâches simples entre les ouvriers. Elle fut utilisée tout le long du XIXe siècle ;
- Après la crise de 1929, le **fordisme** s'est généralisé, dans les pays développés, approfondissant la division du travail et ajoutant l'augmentation des salaires permettant la consommation de masse ;
- De nos jours, les usines ultramodernes, propres et silencieuses, sont équipées de robots contrôlés par ordinateurs que les hommes surveillent.

1. Quels sont les liens entre la mise en place de la division du travail et la croissance ?

a) Le passage à la division du travail a été un facteur de croissance

- Les manufactures apparaissent dès le Moyen Age. Elles regroupaient, en un même lieu, des artisans qui, au départ, apportaient eux-mêmes leurs outils. Les patrons s'occupaient des achats de matières premières et des ventes. Au XVIIIe siècle, se met en place une division simple du travail : la répartition des tâches entre les producteurs.

Adam Smith, économiste classique écossais, l'a étudiée dans une manufacture d'épingles : le travail est réparti en 18 opérations distinctes (le premier ouvrier tire le fil, le deuxième le dresse, le troisième le coupe, etc.) La **première révolution industrielle** des XVIII-XIXe siècles concernait le textile et le chemin de fer dans lesquels la division du travail se met aussi en place. La division simple du travail a permis une hausse de la productivité du fait de trois effets positifs étudiés par Adam Smith :

- Un gain de temps car l'ouvrier n'a pas à changer d'outils ;
- Une habileté accrue car chacun ne fait qu'une tâche qu'il peut mieux connaître ;
- L'invention possible de machines car elles ne seront conçues au départ que pour une opération simple et non pour faire un produit en entier.

- Pour **Karl Marx**, l'augmentation de la productivité provient aussi de l'asservissement des ouvriers obligés d'obéir aux contremaîtres et de la diminution de leurs salaires, permise par la déqualification du travail.

- L'augmentation de la productivité conduit à la croissance du fait de la baisse des prix des biens, de l'augmentation des profits et/ou de la hausse des salaires.

Jusqu'en 1870, en France, les salaires ne progressent pas. Avec une forte concurrence entre des entreprises de petite taille, la première période historique de croissance, la **révolution industrielle**, entre 1780 et 1840, est due à la baisse des prix et à l'augmentation des profits investis. Du fait du pouvoir d'achat limité des salariés, la production devient supérieure à la consommation et des crises de surproduction apparaissent régulièrement : la croissance est fortement cyclique, ce qui réduit le taux de croissance annuel moyen sur longue période. Au cours du XIXe siècle, la production augmente en moyenne de 1 % par an. Des crises ont lieu, en France, en 1810, 1816, 1825, 1936, 1848, 1857, 1866, 1873, 1882, 1891, 1900, 1907... 1933.

b) La croissance a été facteur d'intensification de la division du travail

- La croissance a plusieurs effets positifs qui permettent l'amélioration des entreprises et de l'organisation du travail. Augmenter la production nécessite la distribution de revenus supplémentaires utilisés à la consommation et à l'investissement. Pour répondre à cette demande, les capacités des artisans du Moyen Age ne suffisaient pas : former un artisan prenait des années et faire un travail de très bonne qualité revenait cher et était lent. Au contraire, les entreprises qui utilisaient la division du travail pouvaient diminuer leurs prix et éliminer leurs concurrents. La taille des entreprises a augmenté, des machines ont été inventées et la division du travail s'est intensifiée, tout au long du XIXe siècle.

- **Frédéric Winslow Taylor**, ouvrier puis ingénieur et consultant, a, à la fin du XIXe siècle, décrit les principes de ce qu'il a appelé **l'organisation scientifique du travail (OST)** en étudiant la manutention des lingots de fonte ou des minerais. Ces principes serviront de modèle d'organisation du travail dans de nombreuses industries. Ce sont :
  - La **division verticale du travail** qui est la séparation du travail intellectuel et du travail manuel ;
  - La **division horizontale du travail** ou parcellisation extrême des tâches, qui est la simplification des tâches et leur répartition entre les ouvriers. Ces derniers deviennent « spécialisés », c'est-à-dire non qualifiés ;
  - La lutte contre la « flânerie ouvrière », c'est-à-dire supprimer tout geste inutile, donc filmer les ouvriers pour étudier chaque mouvement et choisir ceux qu'il faut garder, donner des ordres aux ouvriers sur la façon de travailler ;
  - Le chronométrage des temps permettait de rémunérer l'ouvrier au rendement pour l'inciter à plus de productivité ;
  - La mise en place d'un environnement matériel approprié à chaque atelier.

▪ Ainsi, la division du travail fut une des causes de la croissance car elle a permis les premiers gains de productivité et favorisé la mécanisation. Inversement, la croissance de la révolution industrielle a renforcé la division du travail et conduit au taylorisme. Cependant, ce dernier a accéléré l'écart entre la production et la consommation conduisant à la crise de 1929. La généralisation du fordisme a permis de trouver un nouveau régime de croissance.

2. Le passage au fordisme a accéléré la croissance

a) Le fordisme favorise la croissance par un cercle vertueux

Le **fordisme** a trois caractéristiques qui améliorent l'offre mais aussi la demande:

- Au taylorisme s'ajoute le travail à la chaîne (déplacement mécanisé de l'objet travaillé d'un ouvrier à l'autre). L'amélioration continue des gestes et la mécanisation ont permis une hausse exceptionnelle de la productivité.
- Une hausse régulière des salaires permet d'assurer des débouchés à la production.
- Les produits sont standardisés. Avec la Ford T a été inventée le produit unique, la « monoculture ». Alors que la voiture était auparavant encore très personnalisée avec, par exemple, les sièges réalisés par des artisans du cuir, Ford décide que tous les éléments seront identiques d'une voiture à l'autre. Ajoutée à la hausse des salaires, la standardisation, permet de vendre la production en grande quantité à prix faibles (c'est la « société de consommation ») grâce aux économies d'échelles : en produisant plus, les coûts fixes sont répartis sur plus de produits et leur coût unitaire se réduit, permettant la baisse de prix et de nouvelles ventes.

b) Le rôle de l'Etat et le passage à la société salariale

▪ Le fordisme n'est pas seulement une organisation du travail, il caractérise un mode de régulation de l'économie qui démarre aux États-Unis après 1933 et en Europe après 1945 jusqu'en 1970.

▪ Pour résoudre la crise de 1929, Roosevelt met en place une politique de grands travaux qui correspond aux relances keynésiennes (même si le terme n'était pas encore utilisé). L'Etat fait jouer le multiplicateur keynésien : tout investissement dans un barrage ou une route est un achat de biens d'équipement qu'il faut produire; l'emploi augmente et, avec lui, la masse salariale (le total de salaires distribués). Une partie sera consommée, ce qui nécessitera une hausse de la production de biens de consommation et donc des revenus pour les producteurs, qui, à leur tour, pourront acheter. Au total, la hausse de la production est un multiple de l'investissement initial.

▪ L'Etat américain impose aussi des régulations permettant la hausse et la sécurité des salaires avec une négociation obligatoire des salaires par les syndicats et les chefs d'entreprise dans chaque entreprise (négociation décentralisée). En France, ceci prit la forme des conventions collectives par branche (négociation centralisée) après guerre. Elles modifient la forme du salariat : un salarié travaille pour une entreprise en échange d'un salaire, somme fixée à l'avance (un indépendant a un revenu variable en fonction de ses ventes). Les lois ont défini le contrat de travail, engagement oral ou document écrit qui précise les conditions de travail, comme les horaires ou le salaire. Alors qu'au XIXe siècle, tous les droits sont donnés à l'entreprise qui embauche, ceux de salariés ont progressivement augmenté avec le droit de grève, les congés payés, la retraite ou les remboursements maladies. Ceci a rendu les salaires plus sûrs et réguliers. Alors que la condition salariale était, au XIXe siècle, difficile, elle est apparue au XXe siècle comme plus avantageuse que celle des petits indépendants. Seul un Etat, à l'intérieur de ses frontières, pouvait imposer ces améliorations sans s'opposer à la compétitivité des entreprises : des conditions identiques pour toutes permettaient une concurrence équitable tout en améliorant la demande. La société salariale, une économie où les salariés sont nombreux et où ils possèdent des droits sociaux, est facteur de croissance car les entreprises y gagnent des ventes régulières et la rentabilisation de leurs investissements.

3. Quels sont les liens entre le passage au post-taylorisme (ou toyotisme) et la croissance ?

a) La croissance explique-t-elle le passage au post-taylorisme ?

▪ La croissance a permis d'augmenter les niveaux de vie et a développé la concentration des entreprises. Ces facteurs sont des causes économiques et sociales de la « crise du fordisme », aussi appelée « crise du taylorisme » (terme qui est pourtant moins approprié).

▪ Les causes économiques sont le changement de demande et l'internationalisation :

- Dès la fin des années 1960, la hausse des revenus a diversifié les achats et la demande de renouvellement, plus irrégulière, a remplacé celle de premier équipement. Les petites voitures pour la ville, les familiales pour les enfants, les 4x4 pour la montagne ou celles haut de gamme, satisfont des segments de la demande différents. Les entreprises doivent s'adapter, offrir une gamme variée tout en gardant des prix compétitifs. La chaîne de production fordiste ne le permet pas : elle ne peut produire qu'un seul modèle et il faut la démonter pour en produire un nouveau.
- L'internationalisation croissante des économies, liée aux stratégies des firmes qui veulent vendre à l'étranger, renforce les variations de la demande, car le consommateur peut choisir du jour au lendemain de ne plus acheter un produit national.

▪ La crise du fordisme fut aussi sociale. Dès le début des années 1960, devant l'ennui et la difficulté du travail à la chaîne ou le sentiment d'exploitation, les ouvriers ont cherché à changer de travail (« turn-over »), se sont absentés, ont « coulé » les cadences, ont même saboté le travail. Les grèves d'ouvriers spécialisés se sont multipliées. Les coûts ont donc augmenté ou au moins ont ralenti leur baisse.

▪ Les entreprises ont mis en place plusieurs stratégies pour résoudre cette crise du fordisme :

- La **recomposition des tâches** est l'inverse de la division du travail, il est donné à un groupe d'ouvriers l'ensemble du produit à réaliser sans spécialisation des tâches. Bien que cette organisation, pour la construction des moteurs Renault à Douai, par exemple, ait montré son efficacité, peu d'entreprises l'ont utilisé.
- La **délocalisation**, vers les pays en développement à faibles salaires, des productions utilisant une main d'œuvre non qualifiée nombreuse permet, dans de nombreux cas, la diminution des coûts.
- L'**automation** qui est l'utilisation de robots flexibles informatisés, capables de faire un grand nombre d'opérations. Ils permettent de produire plusieurs modèles ou des options différentes d'une voiture sur l'autre sur une même chaîne : ils s'adaptent à une demande variée. L'automation est fréquente dans les entreprises où le travail humain peut être fortement remplacé, comme dans l'automobile, mais, lorsque Renault a fabriqué une voiture bon marché pour les pays émergents (la logan), elle a eu recours aux délocalisations, très fréquentes dans le textile, où l'outillage (c'est-à-dire les machines à coudre) a peu évolué.

▪ le taylorisme s'est mondialisé. Il n'est donc pas totalement abandonné mais est remplacé dans certaines entreprises par de nouveaux principes qui fondent le post-taylorisme.

b) Le toyotisme peut-il relancer la croissance ?

▪ Le **toyotisme** ou **système Ohno**, du nom de l'ingénieur de l'entreprise Toyota qui l'a conçu, est un mode d'organisation du travail intégrant trois principes :

- Le « **juste-à-temps** » (ou « **flux tendus** ») : il inverse l'idée tayloriste qu'il faut organiser la production de l'amont vers l'aval (des matières premières vers le produit final et la vente). Ici la demande décide de la mise en route des productions. Chaque poste de travail doit pouvoir prélever sur celui qui précède les seules pièces dont il a besoin. Le poste amont ne produit donc que les pièces nécessaires. Les stocks sont supprimés.

Chez Toyota, l'organisation des années 1960-1970 a pour base de simples fiches cartonnées (les « **kanbans** ») alors que dans les systèmes automatisés postérieurs, l'ordinateur calcule toutes les quantités de pièces nécessaires.

- Le concept de qualité ou « **kaizen** » : c'est une amélioration permanente de la production et des produits par le salarié ou par les cercles de qualité ; ces derniers réunissent les salariés pour améliorer l'organisation de la production. Il s'agit de se rapprocher des 5 zéros : zéro stock, zéro délai, zéro papier, zéro défaut et zéro panne.
- L'**auto-activation de la production** : c'est l'équipement des machines en dispositif d'arrêt automatique en cas d'anomalie. Cela permet à un ouvrier de surveiller simultanément plusieurs machines.

Une usine automatisée :

▪ La culture japonaise favorise ce système, car elle s'appuie sur le groupe. Elle sanctionne très fortement par l'ostracisme (le rejet) les comportements individuels qui s'y opposent. Le salarié est donc poussé à accepter ces normes pour la réussite de l'entreprise. Ceci ne veut pas dire qu'il n'y a pas de concurrence entre les salariés. Les promotions se font au mérite et l'intérêt individuel est d'accepter les règles (rigueur dans le travail, cadences élevées, amélioration permanente des résultats, acceptation inconditionnelle des heures supplémentaires ou des changements de postes).

▪ Le toyotisme remet en cause, partiellement, la division du travail et la spécialisation traditionnelles, car l'ouvrier change de tâche selon les besoins de l'entreprise, il devient polyvalent et travaille souvent, mais pas toujours, en équipe. Cependant, la division du travail est loin de disparaître car :

- Les entreprises peuvent concilier taylorisme et flux-tendus comme à Mc Donald qui produit selon la demande en divisant les tâches ;
- Entre entreprises, une division des processus productifs a lieu : la fabrication des avions Airbus en est un exemple, puisque des entreprises de quatre pays différents y participent, chacune spécialisée dans certains composants qui sont ensuite transportés et assemblés à Toulouse.

- Le post-taylorisme a plusieurs avantages :
  - Il permet de nouvelles sources de gains de productivité : l'amélioration de la qualité des produits au moment même de la production permet d'éviter les coûts de contrôle et de réparation de défauts. La suppression des stocks entraîne l'élimination des coûts qui y étaient liés (locaux, personnel).
  - Avec l'adaptation à la demande, la diversification des produits a stimulé la consommation tout en limitant les coûts : dans les années 1970, le Japon, premier pays à généraliser ce système, a connu une croissance exceptionnelle. La très forte augmentation de la productivité lui permettait de diminuer les prix et d'augmenter ses exportations, facteur d'emplois et de croissance.
  - L'augmentation des qualifications et des connaissances des travailleurs a favorisé, dans certains cas, l'augmentation des salaires. Ce phénomène n'est pas général car, en particulier dans les nouveaux emplois, les savoirs ne sont pas toujours valorisés.

Le post-taylorisme est donc nécessaire pour les entreprises qui veulent produire et croître en restant compétitives.

- Cependant, la croissance s'est ralentie au Japon et en Europe. En France, elle est tombée à 2-3 % en moyenne par an sur les 30 dernières années. Le post-taylorisme remet en cause le cercle vertueux de la croissance fordiste. Les cinq zéros et la chasse aux gaspillages concernent les matières premières mais aussi le temps de travail, donc l'emploi. La flexibilité de la demande entraîne une diminution des emplois et des salaires lorsque les ventes se réduisent : la consommation est alors réduite et accroît la baisse de la production. La croissance est redevenue cyclique.

Enfin, l'internationalisation signifie que les producteurs et les consommateurs ne sont pas forcément situés dans les mêmes pays : l'entreprise ne considère plus que les salaires qu'elle verse alimentent ses ventes. Les Etats nationaux ne peuvent plus imposer les mêmes contraintes à l'ensemble des firmes et leur capacité à réguler la demande est fortement fragilisée.

5 Travail et emploi : organisation du travail et croissance

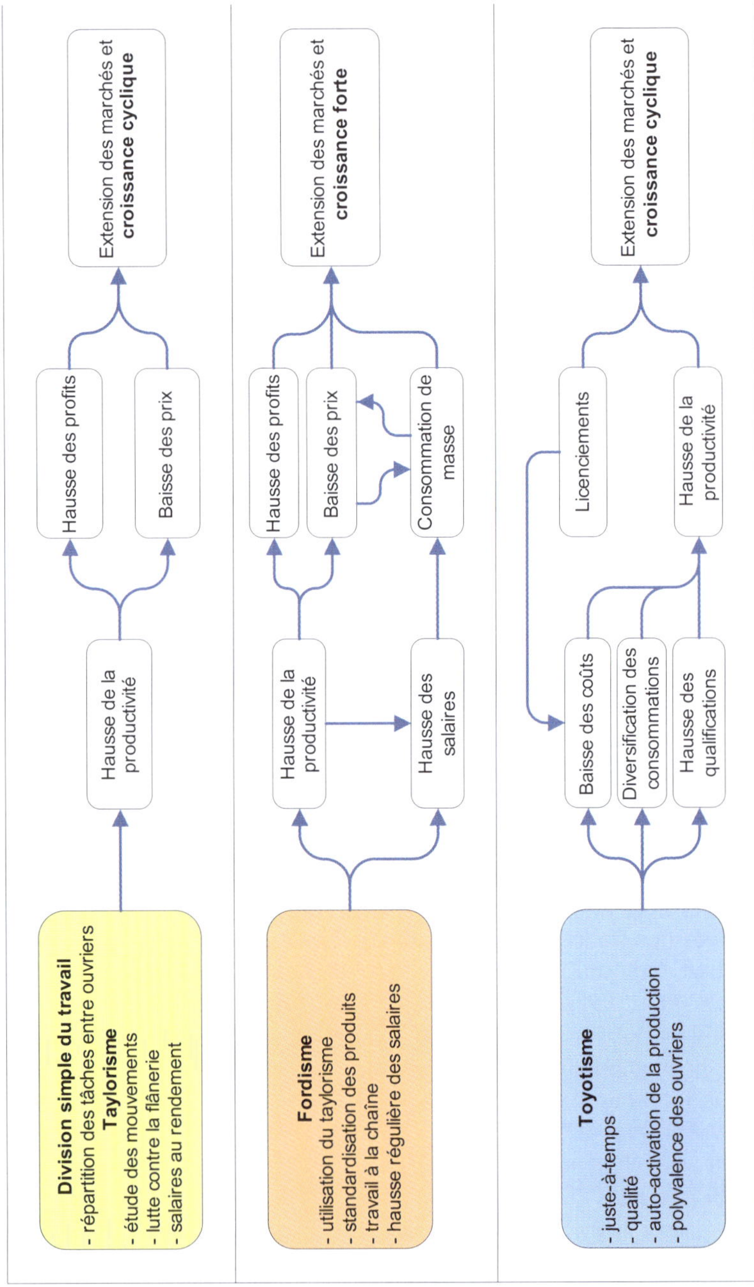

Travail et emploi : croissance, progrès technique et emploi

Testez-vous sur ce chapitre avec l'option sujet/programme du logiciel.

Les **Trente Glorieuses** ont connu une vague de progrès technique intense. Les tracteurs se sont généralisés dans les campagnes françaises, ce qui a permis de produire plus avec moins d'hommes, l'**exode rural** a été particulièrement important. Durant la même période, dans l'industrie, les innovations ont, au contraire, multiplié les emplois, par exemple, pour produire plus de voitures ou de biens d'équipements ménagers.

1. A quelles conditions le progrès technique est-il positif pour l'emploi ?

a) Les faits

Évolutions de la valeur ajoutée, de l'emploi, de la durée et de la productivité horaire du travail en France (taux de croissance annuels moyens en %) :

	1950 - 1974	1975 - 1989	1990 - 2007
Valeur ajoutée	**5,3**	**2,4**	**1,9**
Productivité horaire	5,6	3,1	1,7
Durée annuelle du travail	- 0,8	- 0,9	- 0,6
Emploi	0,5	0,2	0,9

Source : Insee, « Soixante ans d'économie française : des mutations structurelles profondes » (http://www.insee.fr/fr/themes/document.asp?ref_id=ip1201)

- Depuis 1950, l'emploi et la productivité n'ont cessé d'augmenter. Ceci confirme que le progrès technique, qui est à l'origine des gains de productivité, n'est pas l'ennemi de l'emploi.
- Cependant, il n'y a pas de proportionnalité entre les taux de croissance de l'emploi et de la productivité. Des gains de productivité élevés peuvent créer plus d'emplois que des gains faibles. Par exemple, l'emploi a plus progressé durant la période 1990-2007 (de 0,9 % par an) qu'en 1975-1989 (+ 0,2 %) alors que la productivité par heure de travail avait moins augmenté.
- Une relation mathématique est vérifiée lorsque les taux de croissance ne sont pas trop élevés : le taux de variation de l'emploi est égal à celui de la valeur ajoutée (du produit intérieur brut) moins celui de la productivité horaire moins celui de la durée annuelle du travail.

b) Les causes de l'effet positif sur l'emploi

- **Alfred Sauvy**, économiste français, parle de « déversement des emplois » :
  - Les emplois agricoles diminuent depuis le XVIIIe siècle ;
  - Les emplois industriels ont progressé jusqu'en 1970, puis ont baissé ;
  - Les emplois tertiaires, eux, progressent ;

- Les emplois, d'abord agricoles, sont devenus industriels et, aujourd'hui, tertiaires ;
- Lorsque les agriculteurs ou leurs fils deviennent ouvriers, c'est rarement parce qu'ils considèrent la vie ouvrière comme meilleure. Ce sont les progrès de la productivité et la stagnation de la demande agricole qui les y obligent. Les prix relatifs agricoles diminuent les revenus et conduisent à la faillite certains exploitants.

▪ Pour que des emplois se créent, il faut que des demandes nouvelles apparaissent. Trois mécanismes sont en jeu :

- Le progrès technique nécessite des chercheurs pour inventer les nouveaux produits et procédés. Il faut ensuite produire les machines, les entretenir et les réparer. Ceci crée des emplois.
- Les gains de productivité peuvent servir à augmenter les salaires et baisser les prix. Ceci permet d'augmenter le pouvoir d'achat, les quantités achetées, ce qui oblige à produire davantage et à embaucher quand la hausse de la demande est supérieure à la hausse de la productivité. Par exemple, la baisse des prix des téléphones portables et des ordinateurs a récemment permis la hausse des ventes de ces produits et des services qui y sont liés comme les satellites.
- Sur certains marchés, comme les marchés agricoles, du fait de la loi d'Engel, les baisses de prix augmentent peu la demande et l'emploi. En effet, lorsque le revenu augmente, les dépenses de nécessité progressent peu. On dit que la demande est inélastique. La baisse des prix permet alors de libérer une partie du pouvoir d'achat pour d'autres dépenses : ce sont les secteurs nouveaux ou de luxe ou de loisir qui progressent.

La variation de l'emploi dépend de l'évolution de la demande et de celle de la productivité :

Secteur	Primaire	Secondaire	Tertiaire
Evolution de la demande	stagne	+	+ +
Evolution de la productivité	+ +	+ +	stagne
Evolution de l'emploi	- -	-	+ +

c) Les limites de l'effet positif sur l'emploi

▪ Les emplois doivent être modifiés du fait du progrès technique :

- Les emplois peu qualifiés se transforment même si leur nombre total reste stable : le nombre des ouvriers peu qualifiés est en forte baisse alors que celui des employés peu qualifiés (ne demandant pas d'étude ou des études courtes) progresse, comme, par exemple, assistant maternel, aide à domicile ou aide-soignant. Les reconversions ne sont pas toujours possibles. Par exemple, un ouvrier sidérurgiste de 53 ans reprendra difficilement des études, de 10 mois, pour devenir aide-soignant. De plus, les changements d'emplois nécessitent souvent de quitter sa région d'origine, d'abandonner sa maison, difficilement vendable s'il n'y a plus d'emplois. Du fait de ces problèmes, un chômage qui pourrait n'être que frictionnel (le temps de retrouver un nouvel emploi) devient structurel, c'est-à-dire durable.

- Les emplois qualifiés se développent et sont principalement pris par les jeunes, plus à mêmes de faire des longues études et de s'adapter aux changements.

▪ L'affectation des gains de productivité doit favoriser la demande. Lorsque la hausse de la productivité sert à diminuer les prix, augmenter les salaires ou investir, la demande progresse: il faut produire plus et donc embaucher. Ce fut le cas pendant les Trente glorieuses. Cependant, si les gains de productivité servent uniquement à augmenter les profits reçus par les propriétaires des entreprises, l'épargne va progresser et une surproduction risque d'arriver, amenant une crise et des licenciements. Depuis les années 1980, dans les pays développés, le pouvoir d'achat des salariés continue d'augmenter et le partage de la valeur ajoutée favorise les actionnaires et limite la demande, créant du chômage. Ce phénomène est renforcé par les délocalisations.

▪ Les emplois progressent si les emplois supprimés par le progrès technique sont compensés par des créations dans le même pays. Acheter des machines allemandes pour supprimer des ouvriers français crée du chômage en France. Acheter des téléphones portables japonais à la place de produits agricoles français a le même effet. Il faut donc développer la recherche et les productions nationales pour que l'emploi progresse.

En règle générale, un progrès technique intense, conduisant à de forts gains de productivité, permet plus de créations d'emplois qu'un progrès technique faible. Cependant, lorsque le progrès technique ne respecte pas certaines conditions, il crée moins d'emplois qu'il n'en détruit.

2. Chômage et précarisation

a) Malgré une hausse de l'emploi, le chômage se développe depuis 1970 en France

▪ Un **actif** est une personne qui a une activité rémunérée ou qui en cherche une. Un **actif occupé ou en emploi** est une personne qui a une activité rémunérée.

▪ Un **chômeur** est une personne n'exerçant aucune activité rémunérée, disponible pour travailler et à la recherche d'un emploi.

▪ Le **taux de chômage** est la proportion de chômeurs par rapport à la population active totale.

6 Travail et emploi : croissance, progrès technique et emploi

- Le **taux d'activité** est la proportion d'actifs par rapport à la population en âge de travailler
- Le **taux d'emploi** est la proportion d'actifs occupés par rapport à la population en âge de travailler.

Actifs, emplois et chômeurs en France, en milliers :

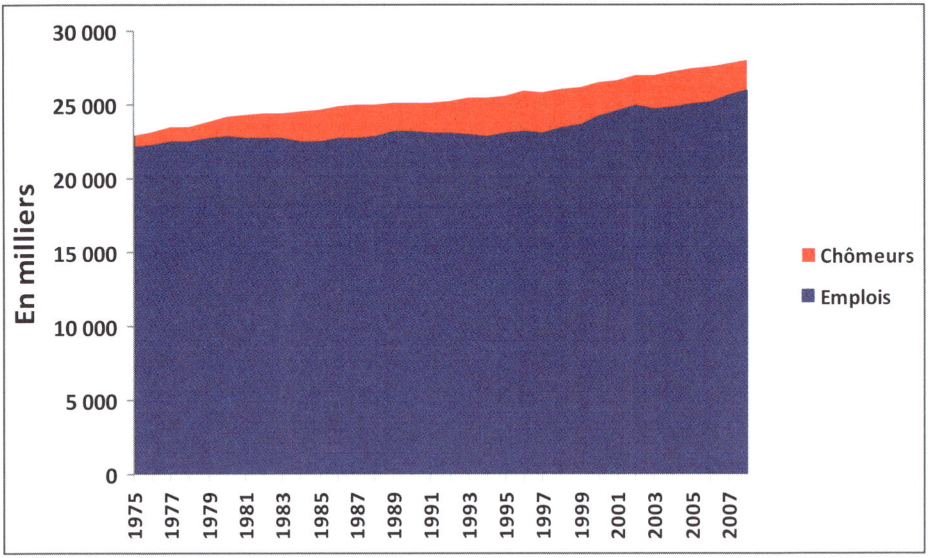

Source : D'après l'Insee (http://www.insee.fr/fr/ppp/bases-de-donnees/irweb/MARTRA08/dd/excel/MARTRA08_t301.xls et http://www.insee.fr/fr/ppp/bases-de-donnees/irweb/MARTRA08/dd/excel/MARTRA08_t201.xls)

- Alors que pendant les Trente Glorieuses l'emploi progressait lentement et que le taux de chômage stagnait en France autour de 3 % de la population active, depuis 1970, ce dernier a augmenté. Les emplois se développent mais moins vite que les actifs. L'augmentation des personnes souhaitant travailler est liée à la croissance démographique 20 ans auparavant : les bébés du baby boom des années 1950 sont arrivés sur le marché du travail dans les années 1970. Le travail féminin a progressé à partir du milieu des années 1960, notamment du fait de l'émancipation des femmes et du développement du secteur tertiaire qui leur offrait des emplois jugés plus adaptés que ceux industriels car moins salissants.

On pourrait cependant attendre d'une économie qu'elle crée suffisamment d'emplois pour sa population : aux États-Unis, la population a augmenté plus rapidement qu'en France, et les emplois ont suivi.

b) Comment résoudre le chômage ? Les politiques de flexibilité en débat

▪ En France et dans les pays développés, la flexibilité du marché du travail se développe du fait de l'internationalisation et des politiques publiques. La **flexibilité** est l'adaptation à un environnement. Pour une entreprise, c'est s'adapter aux conditions du marché des biens et des services et donc à la concurrence et à la demande. Pour un salarié, il s'agit de s'adapter aux changements techniques, aux demandes du client (toyotisme) et aux conditions du marché du travail.

▪ Un marché du travail est flexible si la législation et les habitudes des acteurs économiques permettent une variation du salaire et des quantités de travail échangées lorsqu'un déséquilibre entre l'offre et la demande existe. Les entreprises réclament de plus en plus de flexibilité depuis une trentaine d'années du fait de la concurrence internationale.

▪ Il existe plusieurs formes de flexibilité: une flexibilité interne ou externe et qualitative ou quantitative.

Les types de flexibilité en matière d'emploi :

Types de flexibilité	Quantitative	Qualitative
Interne	Variation du temps de travail et du salaire (modulation, annualisation, temps partiel, etc.).	Développer la polyvalence et la mobilité du personnel à l'intérieur de l'entreprise (toyotisme).
Externe	Licencier quand la demande baisse, embaucher quand elle augmente; les emplois précaires sont donc privilégiés.	Licenciement des salariés dont les qualifications ne sont plus utiles et recours à l'externalisation du personnel (intérim, sous-traitance) ou aux emplois précaires.

Les politiques publiques ont modifié le droit du travail par la création des contrats à durée déterminée, la suppression de l'autorisation administrative de licenciement, et la création d'emplois aidés par l'Etat pour l'embauche par les entreprises privées de catégories très touchées par le chômage (par exemple, les « emplois jeunes » ou les personnes disposant du revenu de solidarité active dit RSA).

▪ La comparaison entre les Etats-Unis et la France (FRA) est souvent utilisée en faveur de la flexibilité. est souvent utilisée en faveur de la flexibilité. Aux Etats-Unis, en 2003, la flexibilité de l'emploi était forte (la rigidité, qui en est l'inverse, mesurée par l'OCDE, était à l'indice 0,5 pour un maximum de 4,0) et le taux de chômage était faible (sur 100 actifs moins de 6 étaient au chômage). En France, la flexibilité était faible (une rigueur forte de presque 3) et le taux de chômage élevé (9 %).

Taux de chômage et rigueur de la politique de l'emploi :

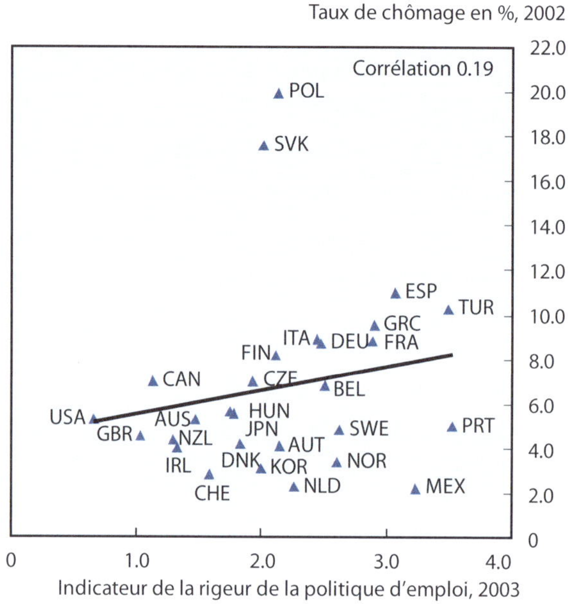

Source : *Perspectives pour l'emploi*, © OCDE, 2004

▪ Les économistes néoclassiques expliquent que la flexibilité crée des emplois en utilisant plusieurs arguments :

- Le chômage s'explique par un coût du travail trop élevé. Le marché du travail, lieu de rencontre entre l'offre de travail des travailleurs et la demande de travail des entreprises, est un marché comme un autre où les quantités échangées dépendent du prix, ici le salaire.
- Il y a chômage lorsque l'offre des travailleurs est supérieure à la demande de travail des entreprises, ce qui arrive quand le salaire est supérieur au salaire d'équilibre. Il faut alors diminuer le coût du travail en baissant les salaires. Les mécanismes du marché vont entraîner une baisse des salaires réels qui diminuera le coût du travail.
- La flexibilité est un des moyens de diminuer le coût du travail : les travailleurs précaires ne bénéficient pas de salaire à l'ancienneté et les indemnités de licenciement n'existent pas.

- La rigidité a un effet psychologique négatif : un contrat à durée indéterminée implique un coût de licenciement qui est dissuasif pour l'entreprise qui hésitera à embaucher en période de hausse temporaire de la demande.
- Le développement technologique dans le cadre de la concurrence internationale est impératif: les entreprises doivent pouvoir licencier les employés dépassés et embaucher des jeunes mieux formés.

Les courbes d'offre et de demande de travail néoclassiques :

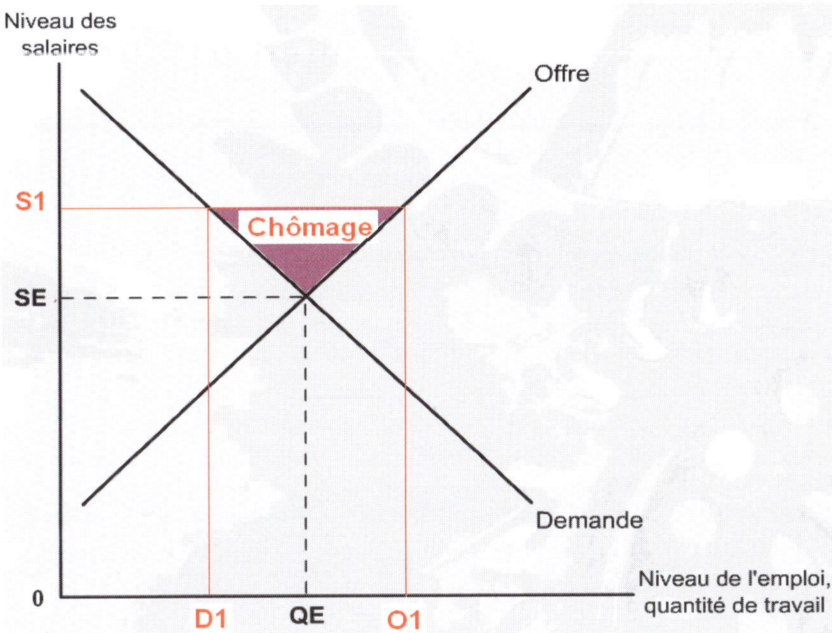

- Cependant, les faits ne prouvent pas que la flexibilité diminue forcément le chômage. En effet, la corrélation entre le niveau de flexibilité des pays et leur taux de chômage est très faible. Le graphique (« Taux de chômage et rigueur de la politique de l'emploi ») indique que le coefficient de corrélation est égal à 0,19 ce qui est très peu. Par exemple, la Norvège, la France et la Belgique ont presque le même niveau de rigidité (indice entre 2,5 et 3 pour un maximum de 4) et des taux de chômage très différents : moins de 4 actifs sur 100 sont au chômage en Norvège en 2002, 9 sur 100 en France et 7 sur 100 en Belgique.

De plus, les courbes ne prennent en compte que la flexibilité externe alors qu'il existe aussi une flexibilité interne.

- Les économistes keynésiens critiquent la flexibilité. **John Maynard Keynes**, économiste anglais de la première moitié du XXe siècle, s'est opposé à l'analyse néoclassique : la demande de biens et de services détermine ce que veulent produire les entreprises et le nombre de travailleurs nécessaire, donc l'emploi. Le chômage provient d'un manque d'achats. Réduire les salaires aggravera le problème puisque la consommation diminuera. En période de chômage, l'Etat doit favoriser l'investissement par la baisse des taux d'intérêt et par les dépenses publiques ; la consommation progressera grâce aux aides sociales, car les bas revenus consomment la plus grande part de leurs ressources.

La flexibilité peut donc être une cause de chômage, car elle permet aux entreprises de licencier très facilement en période de baisse de la demande. Or, diminuer la masse salariale, c'est réduire la consommation et la demande. Au contraire, la rigidité, qu'entraînent les indemnités de licenciements, limite le chômage en période de crise, car les entreprises hésitent à licencier et payer ces frais lorsqu'elles pensent que le ralentissement ne va pas durer.

- Est-il possible de concilier consommation et compétitivité ? C'est ce que proposent la flexibilité interne et la flex-sécurité danoise:
    - La flexibilité interne modifie les postes de travail et les qualifications des travailleurs en fonction des besoins de l'entreprise. Elle évite les licenciements en réduisant le temps de travail : l'entreprise s'adapte mais n'augmente pas le chômage.

La flex-sécurité danoise est composée d'un subtil dosage entre la sécurité pour le salarié et la flexibilité pour l'entreprise. Pour l'entreprise, les embauches et les licenciements sont libres. En cas de licenciement, le salarié touchera 90% de son ancien salaire pendant 4 ans au maximum. Un conseiller de l'agence pour l'emploi l'aidera à trouver un nouveau travail. Cependant, le chômeur n'a pas le droit de refuser plus de deux emplois. La sécurité du salarié permet d'éviter la baisse de la consommation en période de récession, elle limite donc le chômage.

c) Faut-il baisser le coût du travail pour créer des emplois ?

Le taux de chômage des travailleurs non qualifiés est très élevé en France. Par exemple, en 2007, 37% des jeunes sortis depuis un à quatre ans de leurs études sont au chômage lorsqu'ils n'ont pas de diplôme ou le brevet.

Taux de chômage selon le diplôme des actifs sortis depuis 1 à 4 ans de formation initiale :

Diplôme	2003	2004	2005	2006	2007
Supérieur	10	10	10	10	9
2e cycle du secondaire	15	17	18	18	14
Brevet ou pas diplômés	33	37	38	41	37
Ensemble	15	17	17	17	16

Champ : France métropolitaine ; actifs sortis de formation initiale. Diplômes de l'enseignement supérieur : DEUG, licence, maîtrise, master, DEA, DESS, doctorat, école supérieure, DUT, BTS, diplôme paramédical et social (infirmière, assistant social, etc.),... Diplômes du 2e cycle de l'enseignement secondaire : Bac et équivalents, CAP-BEP et équivalents, ...

Source : Insee, *La France en fait et en chiffres*, statistiques du chômage 2007 (http://www.insee.fr/fr/themes/tableau.asp?reg_id=0&ref_id=NATnon03314)

- La baisse du **coût salarial** des bas salaires a permis de créer des emplois, dans les années 1990 en France. L'entreprise embauche effectivement plus quand les salaires sont bas, car il y aura davantage de salariés rentables, c'est-à-dire dont la productivité sera supérieure au **coût du travail**. Le coût salarial inclut le salaire et les cotisations sociales patronales. Lors des 30 dernières années durant lesquelles le chômage s'est développé, le salaire minimum versé aux salariés (salaire net) n'a pas diminué: d'une part, des grèves ont empêché cette baisse, d'autre part, la loi, représentative d'un accord social sur ce sujet, oblige à sa revalorisation en fonction de l'inflation. Ce sont les cotisations sociales patronales qui ont diminué sur les bas salaires pour réduire le coût salarial total. On estime que 400 000 emplois ont ainsi été sauvés dans les années 1990 avec cette politique. Cependant, il n'est pas possible de supprimer complètement les cotisations patronales car elles financent l'assurance maladie, les retraites et les indemnités chômage.

Salaire minimum et taux de chômage :

En 2007	Salaire minimum	Part des salariés au salaire minimum	Taux de chômage
Royaume-Uni	1361 €	1,8 %	5,3 %
France	1254 €	16,8 %	8,4 %
États-Unis	676 €	1,3 %	5,1 %
Espagne	666 €	0,8 %	8,7 %
Hongries	258 €	8,0 %	7,5 %

Source : Eurostat, 2007, © European Union, 1995-2010

- Les allocations chômage sont souvent critiquées. Elles permettent à certains de vivre sans chercher réellement du travail, ni en accepter. Pour limiter ce problème, un chômeur ne peut pas refuser aujourd'hui plus de deux emplois et les indemnités sont limitées dans le temps. Pour les néoclassiques, les supprimer obligerait les chômeurs à accepter les bas salaires et le chômage serait supprimé.

- Cependant, quand on compare différents pays, il n'y a aucune corrélation entre le salaire minimum et le taux de chômage. D'autres éléments sont donc à prendre en compte. Le taux de chômage global ne dépend pas que du salaire minimum, mais de l'ensemble des salaires. Dans une optique keynésienne, les bas salaires consomment une plus grande partie de leur revenu: en limitant les écarts de revenus, la consommation, la production et l'emploi sont favorisés. De même, il ne faut pas diminuer les cotisations sociales qui financent la redistribution (maladie, indemnités de chômage et retraites) ce qui assure la sécurité du revenu en cas de problème personnel ou économique et maintient la demande en période de crise. L'emploi dépend, pour Keynes, de la demande prévue par les entreprises (c'est-à-dire de la consommation et de l'investissement anticipés par les entreprises) même si, bien sûr, les entreprises doivent rester rentables.

La hausse des salaires n'augmente pas toujours le chômage, elle peut même le réduire. Par exemple, Ford augmentait le salaire de ses ouvriers pour les fidéliser et qu'ils puissent accéder à la société de consommation. De même, une étude économique américaine a montré qu'une hausse de 19 % du salaire minimum dans le New Jersey en 1992 avait augmenté les emplois dans la restauration rapide de 9 %, alors qu'en Pennsylvanie le salaire minimum n'avait pas changé et les emplois dans le même secteur avaient baissé de 3 %.

- Les marxistes insistent sur le fait que la concurrence, en période de chômage, permet aux entreprises d'exploiter davantage leurs travailleurs, mais que cela ne crée pas forcément des emplois, ce sont les profits qui progressent.

Progrès technique, emploi et chômage :

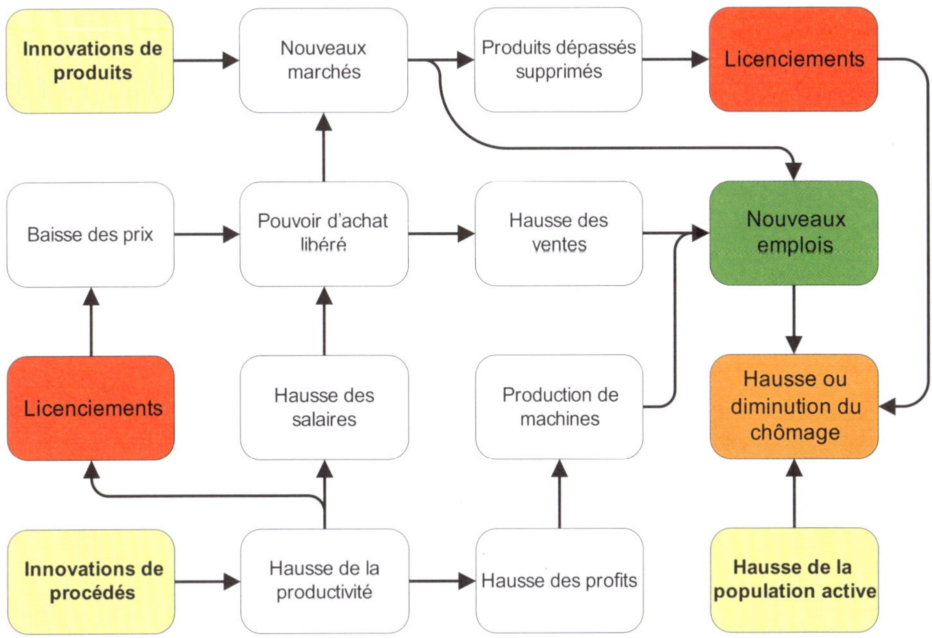

7 Stratification sociale et inégalités : la dynamique de la stratification sociale

Testez-vous sur ce chapitre avec l'option sujet/programme du logiciel.

Nos sociétés sont fondées sur un idéal démocratique qui repose sur une certaine dose d'égalité : égalité des droits, bien entendu, mais aussi égalité des chances, voire égalité des situations. Les transformations économiques et sociales qu'ont connues les sociétés des pays industrialisés au XXe siècle ont favorisé une diminution des inégalités. Or, celles-ci semblent progresser à nouveau depuis une trentaine d'années.

1. Inégalités et stratification sociale

a) Toutes les sociétés sont stratifiées

- Une **inégalité** est une différence qui procure des avantages ou des désavantages dans l'attribution des ressources socialement valorisées.

- La **stratification sociale** peut être définie comme le fait, pour une société, d'être composée de groupes sociaux différenciés et hiérarchisés.

- Dans toutes les sociétés, les ressources et les positions sociales sont attribuées de façon inégale, ce qui implique une certaine hiérarchie sociale. Cette stratification peut cependant prendre de multiples formes, selon l'époque ou encore le type de société. Certaines sociétés ont connu une stratification légale où la loi octroyait des droits et imposait des devoirs aux individus, selon le groupe auquel ils appartenaient. La société indienne ou la France de l'Ancien Régime ont connu ce type de stratification (les castes en Inde et les Ordres en France). Ces privilèges ont progressivement été abolis, si bien qu'aujourd'hui, dans la plupart des pays, la stratification n'est plus instituée par les autorités.

- Si les sociétés contemporaines ne sont plus officiellement fondées sur une hiérarchie où certains groupes bénéficieraient de privilèges, la stratification sociale n'a pas pour autant disparu. Les groupes sociaux sont devenus moins étanches et l'on constate une certaine circulation entre ces groupes, mais les inégalités restent fortes.

b) Comment représenter la stratification sociale ?

- Pour tenter de représenter la stratification sociale, les chercheurs en sciences sociales doivent créer des catégories, dans lesquelles ils regroupent des individus censés occuper la même position sociale.

- Au XIXe siècle, plusieurs auteurs ont utilisé le concept de classe sociale pour représenter la stratification sociale. C'est à **Karl Marx** que l'on doit la théorie la plus célèbre des **classes sociales**. Il y voit beaucoup plus qu'une simple catégorie sociale. Les membres ne se contentent pas de partager des conditions d'existence, ils ont aussi une véritable **conscience de classe** et s'organisent pour lutter contre les autres classes.

- Si cette vision de la stratification sociale semble correspondre assez bien aux sociétés du XIXe siècle, c'est beaucoup moins le cas aujourd'hui. Si bien que le concept de classe sociale a peu à peu été délaissé, au profit d'autres instruments. L'**INSEE** utilise aujourd'hui un outil original : la **nomenclature des professions et catégories socioprofessionnelles (PCS)** :
  - Les catégories socioprofessionnelles ont été construites avec un objectif principal : réunir les individus dans des groupes ayant une certaine proximité sociale, de façon à pouvoir étudier leurs évolutions, leurs modes de vie ou encore les inégalités. Il ne s'agit pas seulement de se baser sur le revenu, mais de prendre en considération plusieurs critères : la profession, la nature de l'employeur (privé ou public), la taille de l'entreprise, le secteur d'activité, le statut indépendant/salarié, etc. Ces groupes sont censés présenter une certaine homogénéité sociale, être composés d'individus susceptibles d'avoir le même genre de comportements (par exemple vis-à -vis de la fécondité, des opinions politiques, des pratiques de loisirs, etc.).
  - On distingue 8 groupes socioprofessionnels, dont 6 groupes d'actifs (les 6 premiers). Chaque groupe est lui-même composé de plusieurs catégories plus fines, les **catégories socioprofessionnelles (CSP)**. Par exemple, le groupe 6 des ouvriers contient la CSP 64 des chauffeurs.
  - Les deux derniers groupes sont composés d'inactifs ou de chômeurs n'ayant jamais travaillé, auxquels on ne peut attribuer un groupe d'actifs.
  - Bien sûr, cet outil est très imparfait et les choix effectués par l'INSEE sont parfois controversés (par exemple, la distinction entre employés et ouvriers n'est pas toujours évidente dans la pratique).

Nomenclature des PCS :

1	Agriculteurs exploitants
2	Artisans, commerçants et chefs d'entreprise
3	Cadres et professions intellectuelles supérieures
4	Professions Intermédiaires
5	Employés
6	Ouvriers
7	Retraités
8	Autres personnes sans activité professionnelle

2. Des inégalités multidimensionnelles et cumulatives

a) Les inégalités sont multidimensionnelles

Ces inégalités qui sont présentes dans l'ensemble des dimensions de la société sont d'abord des **inégalités économiques**. On distingue les inégalités de revenus et de patrimoines :

- Le **revenu** correspond à l'ensemble des ressources gagnées sur une période donnée, alors que le **patrimoine** correspond à ce que possède un individu (ou un ménage) à un moment donné. Cela comprend les actifs réels, comme les biens, les actifs financiers, comme les actions, ainsi que les dettes.
- Les inégalités de revenus ne se limitent pas aux écarts de salaires. Il existe aussi des revenus du capital, comme les dividendes d'actions. De la même manière, les inégalités économiques ne se réduisent pas aux inégalités de revenus. Il faut aussi prendre en compte les patrimoines.
- Les statistiques de l'INSEE nous permettent de mesurer les inégalités économiques en France. Les 10 % des ménages les moins bien payés ont un niveau de vie moyen de seulement 7 494 euros en 2006 contre plus de 50 000 euros pour les 10 % les mieux rémunérés. Cet écart n'a cessé de progresser depuis 2002, ce qui traduit une hausse des inégalités de revenus en France.

Niveaux de vie moyens* par déciles, en euros 2006 :

Niveau de vie	2200	2003	2004	2005	2005**	2006**
Inférieur au 1er décile	7 555	7 495	7 492	7 540	7 305	7 494
Entre le 1er et le 2e décile	10 395	10 410	10 474	10 568	10 800	10 968
Entre le 2e et le 3e décile	12 227	12 264	12 301	12 422	12 838	13 030
Entre le 3e et le 4e décile	13 852	13 901	13 920	14 096	14 589	14 866
Entre le 4e et le 5e décile	15 490	15 508	15 492	15 755	16 375	16 661
Entre le 5e et le 6e décile	17 294	17 297	17 259	17 540	18 295	18 621
Entre le 6e et le 7e décile	19 377	19 356	19 407	19 575	20 491	20 879
Entre le 7e et le 8e décile	22 044	21 992	21 990	22 171	23 412	23 893
Entre le 8e et le 9e décile	26 400	26 236	26 112	26 468	28 346	29 074
Supérieur au 9e décile	42 122	42 160	42 176	42 895	48 392	50 552
Ensemble	18 675	18 656	18 661	18 901	20 083	20 603
Rapport entre les 10% les mieux et les moins bien payés	5,58	5,62	5,63	5,69	6,62	6,75

Source : Insee, *Enquêtes Revenus fiscaux 2002 à 2005*, *Enquêtes Revenus fiscaux et sociaux 2005 et 2006* (http://www.insee.fr/fr/themes/tableau.asp?reg_id=0&ref_id=NATnon04249)

(* Le niveau de vie correspond au revenu disponible par unité de consommation.

** A partir de 2005, l'INSEE a changé de mode de calcul du revenu disponible, pour mieux prendre en compte les prestations sociales et les revenus des produits financiers).

- Un autre outil statistique, appelé **courbe de Lorenz**, permet de mesurer la concentration des revenus et des patrimoines. Les inégalités de patrimoines sont plus importantes que les inégalités de revenus. En France, les 10 % des ménages les plus riches perçoivent 23 % de l'ensemble des revenus mais possèdent à eux-seuls près de la moitié du patrimoine total. La courbe des patrimoines est plus éloignée de la diagonale que la courbe des revenus, ce qui traduit une plus forte concentration des patrimoines (et donc de plus fortes inégalités).

Courbe de Lorenz des revenus et des patrimoines, en 2003

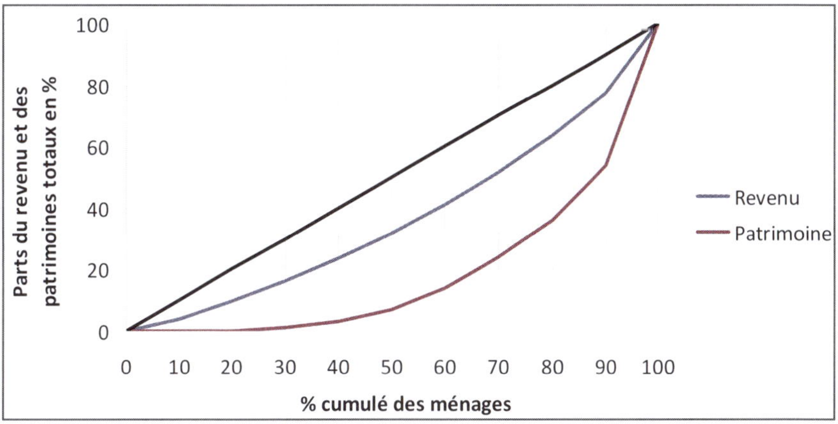

Source : Insee, *Enquête Revenus fiscaux 2003*, *Enquête Patrimoine 2004* (http://www.insee.fr/fr/themes/document.asp?ref_id=ip1266&page=graph#graphique5)

▪ Les inégalités sont aussi sociales (accès aux soins, au logement…), et culturelles (accès à l'éducation, fréquentation des musées…). Dans ce domaine, l'école se révèle particulièrement discriminante, puisque les chances d'accès aux études les plus prestigieuses sont fortement liées à l'origine sociale.

▪ Le niveau des inégalités est variable en fonction des pays. Certains Etats, à tradition libérale comme les pays anglo-saxons, se caractérisent par un degré élevé d'inégalités économiques. D'autres, comme les pays scandinaves à tradition plus interventionniste, connaissent des niveaux d'inégalités beaucoup plus faibles.

b) Les inégalités sont aussi cumulatives

▪ Les inégalités sont cumulatives dans le sens où elles ont tendance à être liées les unes aux autres : les inégalités de revenus favorisent les inégalités de patrimoines qui elles-mêmes génèrent de nouvelles inégalités de revenus. En effet, un actif ayant d'importants revenus peut accroître son patrimoine en investissant dans l'immobilier, en achetant des actifs financiers qui lui procureront des revenus (loyers, dividendes d'actions, etc.). Cela ne s'arrête pas là : les inégalités économiques entraînent les inégalités sociales et culturelles qui elles-mêmes favorisent les inégalités économiques. La pauvreté ne permet pas d'accéder au logement, de se soigner correctement, ce qui réduit les chances d'accéder à l'emploi et donc de sortir de la pauvreté.

- En quelque sorte, on peut dire que les inégalités forment un système : elles s'entraînent et se renforcent mutuellement, si bien que les mêmes populations ont tendance à cumuler l'ensemble des handicaps. Les ouvriers, par exemple, ont des revenus plus faibles que les autres PC. Ils sont plus souvent au chômage ou en emploi précaire, ont une espérance de vie plus courte, leurs enfants réussissent en moyenne moins bien à l'école, etc. Les inégalités tendent par ailleurs à se perpétuer de générations en générations, processus que l'on désigne souvent par l'expression « **reproduction sociale** ».

3. Les mutations des inégalités : moyennisation ou polarisation ?

a) Une moyennisation jusqu'au milieu des années 1980

- On peut définir la **moyennisation** comme un processus de croissance des catégories moyennes, de diminution des écarts entre les groupes sociaux, et de rapprochement des modes de vie.

- On observe, au cours du XXe siècle, une diminution des inégalités économiques, les niveaux de vie des différents groupes ayant eu tendance à se rapprocher. Plusieurs facteurs se conjuguent pour expliquer ces évolutions : développement du syndicalisme, mise en place d'un Etat providence avec des politiques de redistribution, salarisation de la population active, développement du fordisme qui génère des gains de productivité exceptionnels, à l'origine de la hausse des salaires et de la baisse des prix, tout en permettant la production et la consommation de masse. Les bas revenus ont progressé plus rapidement que les hauts revenus, provoquant une baisse sensible des inégalités.

La courbe de Kuznets :

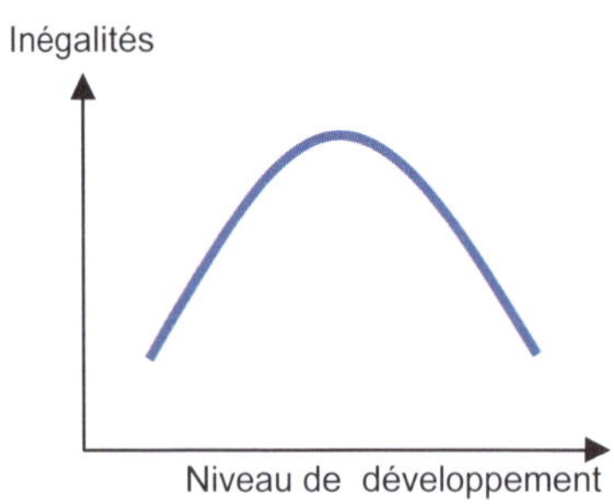

- Selon l'économiste américain **Simon Kuznets**, les inégalités de revenus seraient partout appelées à connaître la même évolution au cours du processus d'industrialisation : elles commenceraient par croître, puis elles diminueraient fortement dans une seconde phase. Selon cette théorie, largement remise en cause aujourd'hui, les inégalités diminueraient mécaniquement au cours du processus de développement.

- Par conséquent, les couches sociales intermédiaires se développent, les modes de vie s'homogénéisent et les frontières entre les groupes sociaux deviennent plus floues. Cela fait dire au sociologue **Henri Mendras** que les classes sociales ont disparu. Pour cet auteur, la structure sociale de la France prend la forme d'une toupie, caractéristique d'une société moyennisée.

La « **classe moyenne** » serait peu à peu devenue centrale, en absorbant une part de plus en plus importante des actifs. Aux extrêmes de la hiérarchie sociale, on trouve l'élite et la pauvreté qui ne constituent plus qu'une infime partie de la population.

b) Une nouvelle polarisation

- On peut définir la **polarisation** comme un processus d'augmentation des inégalités économiques et sociales qui tend à accroître les écarts entre les groupes sociaux.

- On constate un retour des inégalités économiques depuis le milieu des années 1980. Les revenus et les patrimoines des plus favorisés augmentent plus vite que ceux des autres catégories de la population. Les écarts semblent se creuser à nouveau, sous l'effet de l'expansion des revenus du capital, de la diminution de la progressivité de l'impôt, ainsi que d'une évolution du partage de la valeur ajoutée des entreprises, favorable aux profits. La dégradation du marché du travail que l'on observe à partir des années 1980 tend à stopper le processus de moyennisation. Les catégories populaires sont frappées de plein fouet par la hausse du chômage et de la précarité, ce qui met un coup d'arrêt au processus d'amélioration de leurs conditions de vie. Certaines inégalités sociales et culturelles semblent croître également. L'accès aux grandes écoles, par exemple, est de plus en plus difficile pour les enfants d'ouvriers qui y sont nettement sous-représentés. Il semble aussi plus difficile de s'élever dans la hiérarchie sociale aujourd'hui qu'il y a quelques décennies.

- La vision d'une société bipolarisée retrouve une certaine pertinence. Certains auteurs, comme le sociologue **Louis Chauvel**, y voient même le signe d'un retour des classes sociales. Avec la reprise des inégalités à partir des années 1980 (hausse des inégalités économiques, blocage de l'« ascenseur social »), les contours de classes seraient même devenus plus nets qu'à la fin des Trente Glorieuses. Il considère par exemple qu'on peut aujourd'hui distinguer des classes populaires (en ajoutant les ouvriers et les employés) qui, à défaut de posséder une forte conscience de classe, partagent objectivement des conditions d'existence identiques.

8

Stratification sociale et inégalités : les enjeux et déterminants de la mobilité sociale

Testez-vous sur ce chapitre avec l'option sujet/programme du logiciel.

Les sociétés démocratiques se distinguent des sociétés aristocratiques par une mobilité sociale importante. Les positions sociales ne sont plus attribuées sur la base de l'hérédité, mais selon les mérites individuels. La **mobilité sociale** est donc au fondement de l'**égalité des chances**. L'enjeu est important, les inégalités sont d'autant mieux acceptées par la population qu'il est possible de changer de position sociale.

La société française, comme la plupart des sociétés à niveau de développement comparable, a connu une progression assez nette de la mobilité sociale au cours du XXe siècle. Cependant, celle-ci reste limitée, et tend même à diminuer depuis une vingtaine d'années.

1. Les enjeux de la mobilité sociale

a) Qu'est-ce que la mobilité sociale ?

▪ On peut définir la **mobilité sociale** comme la circulation des individus d'une société donnée entre des positions sociales différentes. On distingue plusieurs formes de mobilité :

- La mobilité peut être **ascendante** ou **descendante**, selon que l'individu s'élève ou pas dans la hiérarchie sociale. Bien sûr, cela implique qu'il existe une hiérarchie sociale explicite entre les différents groupes socioprofessionnels, ce qui n'est pas toujours évident. Un employé qui devient cadre peut être considéré comme ascendant. Cependant, qu'en est-il d'un agriculteur qui devient commercial pour une entreprise de nourriture pour animaux ou d'un fils d'ouvrier dans le bâtiment qui devient employé de commerce ? Les flux de mobilité sociale ascendante et descendante sont donc difficiles à mesurer dans la pratique.
- On parle de mobilité **intergénérationnelle** lorsqu'un individu change de position sociale par rapport à ses parents, et de mobilité **intragénérationnelle** lorsqu'il change de position sociale au cours de sa vie. Le contraire de la mobilité sociale est appelé l'**immobilité sociale**. Dans des cas extrêmes, les positions sociales sont figées, et la société se reproduit quasiment à l'identique d'une génération à l'autre (par exemple, le système de castes en Inde).

▪ On devine immédiatement les difficultés auxquelles se heurte le chercheur qui voudrait mesurer la mobilité sociale : quel parent choisir, le père ou la mère ? Comment appréhender la position sociale d'un individu : par sa profession, son groupe socioprofessionnel, sa classe sociale ?

b) Le lien entre égalité et mobilité sociale

▪ Une société caractérisée par l'égalité des chances parfaite laisserait la possibilité à chacun d'accéder à toutes les positions sociales, sans que le milieu social n'influence les chances de réussir. Cela suppose donc que la mobilité intergénérationnelle est forte. Dans l'idéal, en effet, il n'y a aucune raison pour qu'un enfant de cadre ait plus de chances qu'un enfant d'ouvrier de devenir cadre à son tour. Seuls le mérite individuel et les efforts accomplis doivent entrer en ligne de compte. On parle alors souvent de « **méritocratie** ».

Toutefois, une hausse de la mobilité sociale ne signifie pas que toutes les inégalités reculent. Il est nécessaire de distinguer deux formes d'égalité :

- L'égalité des chances ;
- L'égalité des situations qui implique que les écarts entre les différentes positions sociales sont faibles. Or, on peut très bien avoir de fortes inégalités de situation (parce que les richesses sont très inégalement réparties entre les groupes socioprofessionnels) et une forte mobilité sociale (parce qu'il est facile de changer de position sociale). D'ailleurs, s'il n'y avait pas d'inégalités de situation, la mobilité sociale serait impossible.

c) La France, une société mobile ?

▪ Cette question est essentielle. La mobilité sociale est à la base de l'égalité des chances qui est elle-même au fondement de l'idéal républicain.

▪ L'analyse des **tables de mobilité** permet de mettre en évidence les principales caractéristiques de la mobilité sociale en France :

- Sur la diagonale de la table de destinée (en rouge), on trouve les fils qui ont la même position sociale que leur père. On constate que ces nombres sont plus élevés que s'il y avait une situation de parfaite égalité des chances et qu'il existe donc une certaine tendance à la reproduction sociale. Par exemple, 52 % des fils de **CPIS (Cadres et Professions Intellectuelles Supérieures)** sont devenus CPIS eux-mêmes (contre seulement 10 % des fils d'ouvriers).
- La mobilité sociale est plus souvent ascendante (cases jaunes) que descendante (cases vertes). Ceci est lié au fait que la part des emplois qualifiés dans la population active a beaucoup augmenté.
- Une partie de la mobilité sociale, mesurée par l'INSEE, est horizontale. C'est le cas, par exemple, du fils d'ouvrier qui devient employé (et inversement). On peut estimer que ces deux positions sociales sont très proches et se situent à peu près au même niveau de la hiérarchie sociale. Cette mobilité sociale ne favorise donc pas l'égalité des chances.
- Les nombres les plus élevés se situent à proximité de la diagonale, ce qui reflète le caractère court des trajectoires. Le fils d'ouvrier devient plus

facilement profession intermédiaire que cadre. Inversement, le fils de cadre a plus de chance de devenir profession intermédiaire, qu'employé ou ouvrier.

La société française apparaît donc relativement peu mobile, excepté pour les couches intermédiaires de la population. Certains groupes se caractérisent par une forte hérédité sociale, comme les CPIS ou les ouvriers, et d'autres, par un autorecrutement important. Par exemple, près de 9 agriculteurs sur 10 sont fils d'agriculteurs, près de 60 % des ouvriers sont fils d'ouvrier.

Table d'origine (ou de recrutement) :

Fils / Père	Agriculteur	Artisan, commerçant, chef d'entreprise	Cadre et profession intellectuelle supérieure	Profession intermédiaire	Employé	Ouvrier	Ensemble
Agriculteur	88	12	8	11	13	18	16
Artisan, etc.	2	29	14	12	10	9	12
CPIS	1	6	24	9	5	2	8
Prof interm.	1	10	20	16	9	6	11
Employé	1	7	11	11	14	7	9
Ouvrier	7	36	23	41	49	58	43
Ensemble	100	100	100	100	100	100	100

Table de destinée :

Fils / Père	Agriculteur	Artisan, commerçant, chef d'entreprise	Cadre et profession intellectuelle supérieure	Profession intermédiaire	Employé	Ouvrier	Ensemble
Agriculteur	22	6	9	17	9	37	100
Artisan, etc.	1	21	22	24	9	24	100
CPIS	0	6	52	26	6	9	100
Prof interm.	0	8	33	33	9	17	100
Employé	0	7	22	28	17	26	100
Ouvrier	1	8	10	23	12	46	100
Ensemble	4	9	19	24	11	34	100

Source : Insee – « Enquête Formation et qualification professionnelle en 2003 » (http://www.insee.fr/fr/themes/detail.asp?ref_id=ir-fqp03&page=irweb/fqp03/dd/fqp03_ir3.htm#FQP03_IR3P1)

Champs : hommes actifs âgés de 40 à 59 ans en 2003 selon leur PCS et celle de leur père en %.

d) La mobilité peut être mal vécue

- La mobilité sociale est presque toujours présentée de façon positive. Perçue comme un facteur essentiel de l'égalité des chances, elle fait rarement l'objet de critiques.

▪ Pourtant, il existe de nombreux cas où elle peut être mal vécue par les individus :

- D'abord, en permettant à chacun de s'élever dans la hiérarchie sociale, la mobilité sociale génère beaucoup de frustration et un sentiment d'échec individuel chez ceux qui n'y parviennent pas. Rater sa scolarité dans une société où chacun peut accéder à tous les diplômes est plus difficile à vivre que dans les sociétés où l'accès aux diplômes est réservé à une élite. En outre, ne perdons pas de vue que la mobilité n'est pas seulement ascendante, elle peut aussi être descendante ce qui génère souvent beaucoup d'angoisse, de frustration, voire de violence. Dans ce cas, on parle de « **déclassement social** ».
- Ensuite, la mobilité sociale exacerbe la compétition entre les individus. Elle peut donc nuire aux plus fragiles et, plus généralement, aux solidarités collectives.
- Enfin, le changement de position sociale peut générer des tensions fortes entre le milieu d'origine et le milieu d'arrivée. Le « mobile » peut avoir le sentiment d'être bloqué à la frontière entre les deux mondes, sans vraiment appartenir à l'un d'entre eux. Un travailleur immigré peut, par exemple, ne pas parvenir à trouver sa place dans le pays d'accueil tout en se sentant étranger dans son pays d'origine. Il peut alors éprouver un sentiment de culpabilité, voire de trahison à l'égard de ceux qu'il a « quittés ». A ce titre, voir le film *Ressources Humaines* de Laurent Cantet qui montre à quel point la mobilité ascendante du fils peut être mal vécue, lorsqu'elle l'amène à devoir faire un choix entre les deux cultures.

2. Les déterminants de la mobilité sociale

a) L'évolution de la structure socioprofessionnelle joue un rôle important dans la mobilité sociale

▪ La structure socioprofessionnelle (ou sociale) n'est pas stable dans le temps. Certains groupes sont en augmentation alors que d'autres sont en déclin. Par exemple, on compte de moins en moins d'agriculteurs exploitants depuis les années 1950, alors que le nombre d'employés ou de cadres ne cesse de progresser. En raison du progrès technique et de l'évolution de la demande de biens et de services, les besoins en main d'œuvre évoluent au cours du temps.

▪ L'analyse de l'évolution de la structure socioprofessionnelle en France depuis le début des années 1980 permet de mettre en évidence de profondes tendances :

- La part des indépendants est en net recul (agriculteurs exploitants et artisans, commerçants et chefs d'entreprise), au profit des salariés (salarisation de la population active).

- Le poids des ouvriers ne cesse de diminuer. Les employés ont même dépassé les ouvriers dans les années 1990 et représentent 29,3 % des actifs en 2005, contre « seulement » 24,8 % pour les ouvriers.
- Le poids des cadres et professions intellectuelles supérieures ainsi que des professions intermédiaires s'est accru sensiblement, traduisant une hausse du niveau moyen de qualification de l'emploi.

Evolution des groupes socioprofessionnels :

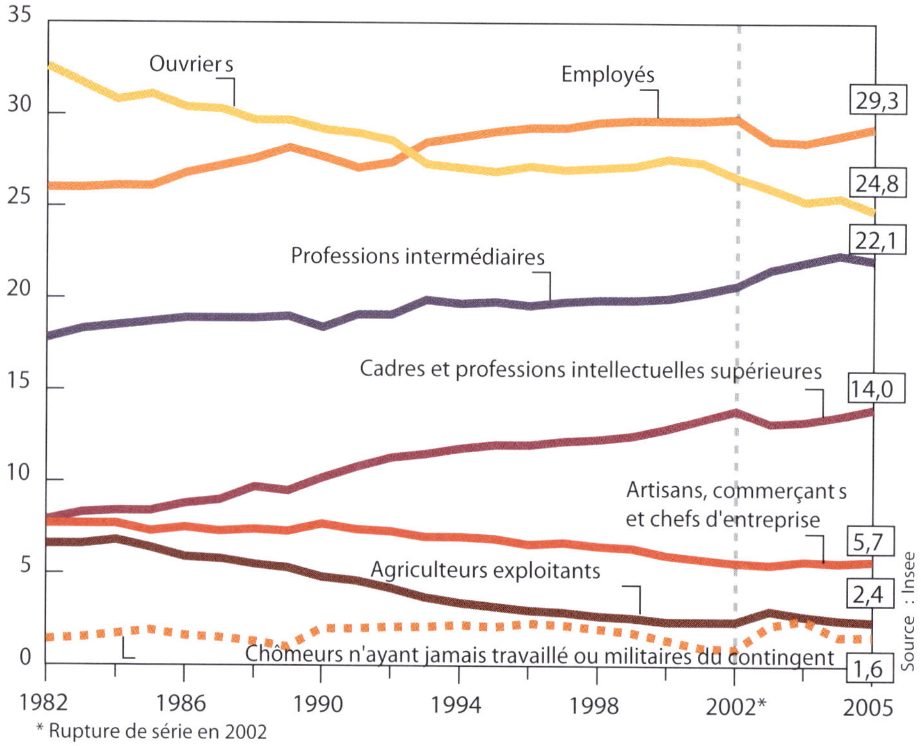

Source : Alternatives économiques HS n°74, octobre 2007, © Alternatives économiques

▪ Il est aussi possible de mesurer de façon approximative l'évolution de la structure sociale en comparant les marges des tables d'origine et de destinée. La dernière colonne de la table d'origine nous renseigne sur la structure sociale de la génération des pères. La dernière ligne de la table de destinée nous indique la structure sociale de la génération des fils. En comparant les données, on a une approximation de l'évolution de la structure sociale entre les deux générations. Par exemple, parmi les actifs de 40 à 59 ans interrogés, il y a 16 % de fils d'agriculteurs et seulement 4 % d'agriculteurs. On peut en déduire, sans prendre trop de risques, que le nombre d'agriculteurs a fortement diminué entre les deux générations.

Table d'origine (ou de recrutement) :

Fils / Père	Agriculteur	Artisan, commerçant, chef d'entreprise	Cadre et profession intellectuelle supérieure	Profession intermédiaire	Employé	Ouvrier	**Ensemble**
Agriculteur	88	12	8	11	13	18	**16**
Artisan, etc.	2	29	14	12	10	9	**12**
CPIS	1	6	24	9	5	2	**8**
Prof interm.	1	10	20	16	9	6	**11**
Employé	1	7	11	11	14	7	**9**
Ouvrier	7	36	23	41	49	58	**43**
Ensemble	100	100	100	100	100	100	**100**

Table de destinée :

Fils / Père	Agriculteur	Artisan, commerçant, chef d'entreprise	Cadre et profession intellectuelle supérieure	Profession intermédiaire	Employé	Ouvrier	Ensemble
Agriculteur	22	6	9	17	9	37	100
Artisan, etc.	1	21	22	24	9	24	100
CPIS	0	6	52	26	6	9	100
Prof interm.	0	8	33	33	9	17	100
Employé	0	7	22	28	17	26	100
Ouvrier	1	8	10	23	12	46	100
Ensemble	**4**	**9**	**19**	**24**	**11**	**34**	**100**

Source : INSEE - « Enquête Formation et qualification professionnelle en 2003 » (http://www.insee.fr/fr/themes/detail.asp?ref_id=ir-fqp03&page=irweb/fqp03/dd/fqp03_ir3.htm#FQP03_IR3P1)

- Ces évolutions ne sont pas sans effet sur la mobilité sociale :
  - Une partie de la mobilité sociale est, en effet, liée aux changements de la structure sociale, ce qu'on appelle la **mobilité structurelle**. Depuis les années 1950, la part des cadres et professions intellectuelles supérieures (CPIS) dans la population active a fortement augmenté. Cela a donné la possibilité à des actifs, de plus en plus nombreux, de devenir cadre. Les enfants d'ouvriers ou d'employés ont ainsi pu trouver plus facilement des postes de cadres, ce qui a favorisé la mobilité ascendante. De plus, il y a de moins en moins d'agriculteurs dans la population active. Même si tous les fils d'agriculteurs avaient souhaité devenir agriculteur eux-mêmes, ils n'auraient pas pu. Ils ont donc été « contraints » de se tourner vers d'autres professions, ce qui les a conduit à devenir mobiles.

- Le reste de la mobilité sociale, appelée **mobilité nette**, ne dépend pas de l'évolution des structures. Elle provient des permutations entre individus qui ont des origines sociales différentes. Par exemple, un fils d'ouvrier devient cadre et un fils de cadre devient ouvrier. La mobilité nette est souvent considérée comme le véritable facteur de l'égalité des chances. Elle serait le reflet de la fluidité sociale de la société.

▪ La somme des deux types de mobilité donne la **mobilité totale**.

Mobilité structurelle + mobilité nette = mobilité totale

▪ Cette distinction entre mobilité structurelle et mobilité nette a des enjeux politiques importants : la hausse de la mobilité sociale n'est-elle due qu'à une modification de la structure sociale ou est-elle le reflet d'une véritable progression de l'égalité des chances ?

▪ Que nous apprennent les études sur l'évolution de la mobilité sociale en France depuis les années 1950 ?

- Durant les Trente Glorieuses, la mobilité sociale a connu une forte hausse, notamment (et principalement) en raison d'un accroissement sensible de la mobilité structurelle. L'augmentation rapide et continue des emplois de cadres et de professions intermédiaires a permis à de nombreux jeunes issus de milieux populaires de s'élever dans la hiérarchie sociale, créant ainsi une aspiration vers le haut. La mobilité nette aurait progressé plus lentement, mais de façon continue durant cette période.
- Depuis les années 1990, en revanche, les études montrent que la mobilité sociale ne progresse plus. La mobilité nette aurait même diminué entre 1993 et 2003. Ainsi, « **l'ascenseur social** » serait en panne à cause du contexte économique qui serait devenu moins favorable à la mobilité sociale. Les emplois qualifiés n'augmentant plus aussi vite, les jeunes issus des milieux les plus favorisés partiraient avec une longueur d'avance. Enfin, le recul de la mobilité sociale concerne également la mobilité intragénérationnelle. Il semble aujourd'hui plus difficile d'accéder aux statuts supérieurs quand on commence comme employé ou ouvrier, ce qui renforce l'impression d'immobilité de la société française.

b) Le rôle de la famille dans la mobilité sociale

▪ La famille favorise la reproduction sociale, comme l'a montré le sociologue **Pierre Bourdieu**, à travers la transmission de **capital économique**, mais surtout de **capital culturel** et de **capital social** :

- Le **capital économique**, c'est-à-dire le patrimoine et les revenus d'un individu, se transmet par l'héritage, et favorise l'immobilité sociale. Si les notaires sont très souvent fils de notaires, ou les agriculteurs fils d'agriculteurs, c'est d'abord parce que les enfants ont la possibilité d'hériter de l'entreprise de leurs parents.

- Le **capital culturel**, c'est-à-dire l'ensemble des ressources culturelles d'un individu (qui comprend des aptitudes comme la capacité à s'exprimer à l'oral, des biens culturels comme les livres et les titres scolaires comme les diplômes), joue un rôle fondamental dans la reproduction sociale. Il se transmet partiellement par les parents, au même titre que le capital économique, mais de façon très différente. Il est inculqué, assimilé par les enfants durant la socialisation et exerce une profonde influence sur leur capacité à réussir à l'école (capacité à s'exprimer dans un français soutenu, goûts culturels comme la musique classique, le théâtre ou la littérature, confiance en soi…).
- Le **capital social**, c'est-à-dire l'ensemble des relations personnelles qu'un individu peut mobiliser en cas de besoin, s'hérite aussi en partie. Les relations des parents peuvent profiter aux enfants, notamment lorsqu'il s'agit de valoriser le titre scolaire.

Le sociologue **Raymond Boudon** insiste également sur le rôle de la famille dans la réussite scolaire, mais pour des raisons radicalement différentes. Il propose une interprétation plus individualiste (l'analyse de Bourdieu étant plutôt holiste) des inégalités scolaires : celles-ci seraient dues aux stratégies d'orientation élaborées par les familles. Les familles de milieux populaires auraient tendance à surestimer les coûts des études longues et à en sous-estimer les avantages. Cela les conduirait à faire plus souvent le choix des études courtes. Ces choix se cumulant au cours de la scolarité, les inégalités seraient très importantes en bout de chaîne.

▪ Cependant, la famille est également un facteur de mobilité sociale. En effet, les familles de milieux populaires peuvent compenser leur incapacité à aider culturellement leurs enfants par un investissement plus important dans leur scolarité. Les enfants intègrent alors très tôt l'importance de la réussite scolaire, ce qui peut jouer un rôle favorable.

c) L'école : un facteur de mobilité ou de reproduction ?

▪ Dans une société démocratique, l'école apparaît comme le facteur privilégié de l'égalité des chances. En permettant à tous d'accéder aux mêmes diplômes, elle joue un rôle central dans la mobilité sociale, notamment dans les pays comme la France où les titres scolaires sont souvent déterminants dans l'accès aux positions sociales les plus élevées.

▪ L'école s'est massifiée, ce qui a favorisé la mobilité sociale :

- Jusque dans les années 1950, l'école triait les élèves, dès le départ, en fonction de leur origine sociale. A quelques exceptions près, seuls les enfants de la bourgeoisie entraient au lycée, les autres devaient se contenter de l'école élémentaire.

- Dès la fin des années 1950, on constate une volonté politique de rompre avec cet élitisme républicain. Des politiques visant à allonger la durée de scolarisation et à permettre à tous d'accéder à l'enseignement secondaire sont mises en œuvre, avec un succès incontestable, du moins sur le plan quantitatif. Le nombre d'élèves accédant au collègue, puis au lycée ne cesse de croître. Puis, c'est au tour de l'enseignement supérieur de se massifier également.

▪ Cependant, l'école peine à se démocratiser vraiment. En effet, les inégalités scolaires n'ont pas disparu pour autant :

- Dans les années 1980, de nombreux travaux sociologiques mettent en évidence la persistance de fortes inégalités scolaires entre les enfants issus de milieux sociaux différents. On parle alors de « **démocratisation quantitative** », pour désigner l'allongement des études, et de « **démocratisation qualitative** » pour décrire l'affaiblissement du lien entre milieu social et réussite scolaire. Les enquêtes soulignent unanimement l'insuffisante démocratisation qualitative de l'école.
- Si presque tous les jeunes d'une classe d'âge vont jusqu'au lycée, tous ne fréquentent pas les mêmes filières. Les enfants de CPIS sont surreprésentés dans les filières générales, alors que les enfants d'ouvriers sont surreprésentés dans les filières professionnelles ou technologiques.
- Dans l'enseignement supérieur, les inégalités sont encore plus importantes. L'accès aux grandes écoles est même de plus en plus élitiste, la part des enfants d'ouvriers ne cessant de reculer.

▪ De récents travaux sociologiques soulignent les problèmes que posent les politiques de démocratisation scolaire:

- En permettant à un nombre de plus en plus important de jeunes d'accéder au baccalauréat, l'école aurait suscité beaucoup d'espoirs, mais aussi beaucoup de désillusions, lorsque ces mêmes jeunes, souvent issus de milieux populaires, ont échoué en premier cycle universitaire (voir le livre de Stéphane Beaud, *80 % au bac et après ?).*
- Un diplôme élevé ne permet plus d'accéder systématiquement à des postes supérieurs. En raison de l'« **inflation scolaire** », le nombre de diplômés du supérieur a augmenté beaucoup plus rapidement que le nombre d'emplois de cadres. De nombreux jeunes ont dû se rabattre sur des emplois peu qualifiés, ce qui a généré un sentiment de déclassement.

Stratification sociale et inégalités : idéal démocratique et inégalités

9

Testez-vous sur ce chapitre avec l'option sujet/programme du logiciel.

Alexis de Tocqueville a montré, au XIXe siècle, que les sociétés démocratiques étaient fondées sur un idéal démocratique et que les peuples démocratiques se caractérisaient par une véritable passion égalitaire qui les conduisait à désirer toujours plus d'égalité.

Si les inégalités sont loin d'avoir disparu aujourd'hui, la promotion de l'égalité reste au fondement de l'idéal démocratique. Il est cependant nécessaire de s'interroger sur le type d'égalité à promouvoir. S'agit-il de l'égalité des droits, de l'égalité des chances ou de l'égalité des situations ? La justice sociale passe-t-elle seulement par l'égalité des droits et des chances, ou faut-il chercher à réduire les inégalités des situations (ou inégalités réelles) ? Il n'y a pas de consensus sur ces questions, et les choix réalisés dans les différentes sociétés révèlent des conceptions différentes de la justice sociale.

1. L'idéal égalitaire des sociétés démocratiques

a) Les différentes formes d'égalité

- On peut mettre en évidence trois formes d'égalité :
  - **L'égalité des droits** qui implique que les citoyens soient égaux devant la loi (par exemple, le droit de vote) ;
  - **L'égalité des chances** selon laquelle tous les citoyens doivent avoir les mêmes chances d'accéder à toutes les positions sociales, selon leur mérite. Cela suppose une forte mobilité sociale ;
  - **L'égalité des situations** (ou égalité réelle) qui implique que les inégalités soient faibles entre les différentes positions sociales (par exemple, les écarts de salaires entre les cadres et les ouvriers).
- L'égalité des droits est évidemment fondamentale, c'est la condition première de l'égalité. Comment envisager l'égalité des chances ou l'égalité réelle si les citoyens n'ont pas accès aux mêmes droits fondamentaux ?
- Cependant, l'égalité des droits n'implique nullement l'égalité des chances. Ce n'est pas parce que tous les citoyens ont juridiquement la possibilité d'accéder à tous les postes qu'ils ont effectivement les mêmes chances d'y parvenir. A ce titre, les femmes disposent des mêmes droits politiques que les hommes depuis 1945, ce qui ne les empêche pas d'être largement sous-représentées parmi les élus. Par ailleurs, l'égalité des chances est compatible avec des fortes inégalités réelles. Ce n'est pas parce qu'un fils d'ouvrier a autant de chances qu'un fils de médecin de devenir médecin lui-même que les écarts de revenus entre un médecin et un ouvrier sont plus faibles.

b) Les sociétés démocratiques sont fondées sur un idéal égalitaire

Comme l'a montré Alexis de Tocqueville au XIXe siècle, la démocratie n'est pas seulement un état politique caractérisé par la souveraineté du peuple. Il s'agit aussi d'un état social caractérisé par l'**égalisation des conditions**. Contrairement aux sociétés aristocratiques, où les positions sociales sont attribuées principalement selon la naissance, les sociétés démocratiques se caractérisent par un haut degré d'égalité des chances. L'absence d'hérédité dans l'attribution des positions sociales autorise la mobilité sociale, si bien que les citoyens démocratiques finissent par se considérer comme socialement égaux. Cela ne signifie pas qu'ils sont économiquement égaux, mais qu'ils ont la possibilité, pour peu qu'ils le veuillent, d'accéder à toutes les positions sociales.

2. Inégalités et justice sociale

a) Qu'est-ce que la justice sociale ?

▪ La **justice sociale** est un idéal qui correspond à une situation jugée équitable et donc légitime. Or, ce qui peut paraître juste pour les uns, peut être perçu comme injuste par les autres (par exemple, l'impôt sur la fortune). La raison est simple : il existe plusieurs conceptions de la justice sociale. Celle-ci est fondée sur un système de valeurs, très variable d'un individu à un autre, ou d'un groupe social à un autre.

▪ Il existe de nombreuses conceptions de la justice sociale. Trois d'entre elles retiendront notre attention :

- Selon la **conception libérale**, il s'agit de promouvoir l'égalité des chances, et de récompenser le mérite individuel (méritocratie). Les inégalités réelles ne sont pas considérées comme injustes puisqu'elles reposent sur les mérites de chacun. Elles peuvent même créer des incitations favorables à l'efficacité économique. En effet, chacun est incité à travailler davantage pour s'élever dans la hiérarchie sociale et améliorer sa situation économique d'où le nom de démocratie libérale que l'on donne parfois aux sociétés qui reposent principalement sur cette conception de la justice sociale (par exemple, les Etats-Unis).
- Selon la **conception social-démocrate**, il s'agit d'aller au-delà de l'égalité des droits, en corrigeant en partie les inégalités réelles produites par le marché, pour assurer une plus grande cohésion sociale. L'Etat Providence se caractérise par la volonté de promouvoir l'égalité réelle, à travers une politique de redistribution. On parle parfois de démocratie sociale pour caractériser les sociétés qui reposent principalement sur cette conception de la justice sociale (par exemple, la Norvège, la Finlande, la France, les Pays-Bas, etc.).
- Selon la **conception marxiste**, le système capitaliste est par nature injuste. Il repose sur l'exploitation des prolétaires par les capitalistes, propriétaires des moyens de production. L'égalité des droits n'est qu'une égalité formelle : l'ouvrier croit pouvoir disposer des mêmes droits que le capitaliste alors qu'il subit l'exploitation (le capitaliste s'appropriant une

partie des richesses qu'il a produites). Seule l'abolition des classes sociales, qui ne peut venir que de la révolution prolétarienne, permettra d'instaurer une société juste, basée sur un principe : à chacun selon ses besoins.

b) Le débat entre égalité et équité

- Chercher à traiter tous les individus de la même façon peut produire des inégalités encore plus grandes. Par exemple, en offrant à tous les enfants la même scolarité (égalité des droits), sans prendre en compte les inégalités de départ, on ne parvient pas à réduire les écarts de réussite scolaire. Les inégalités tendent même à s'aggraver au cours du temps. Au contraire, certaines inégalités peuvent paraître justes, lorsqu'elles conduisent à rétablir l'égalité des chances. On considère alors qu'il est nécessaire de donner plus à ceux qui en ont davantage besoin, ce qui crée des inégalités de traitement. C'est l'**équité** (un sentiment de justice) qui est ici cherchée. Par exemple, lorsque le ministère de l'Education nationale décide d'accorder davantage de moyens (matériels et humains) aux établissements scolaires situés dans des zones défavorisées (les zones d'éducation prioritaire ou ZEP), il crée des inégalités, puisque tous les élèves ne sont plus traités de la même manière, mais l'objectif est de réduire l'inégalité des chances à l'école.
- Il faut faire attention cependant à ne pas opposer égalité et équité. L'équité n'est qu'une forme particulière d'égalité. Chercher l'équité revient à améliorer l'égalité des chances, quitte à rompre avec d'autres formes d'égalité, comme l'égalité des droits.

c) L'équité au service de l'égalité ?

- En vertu du principe d'équité, les Etats ont cherché à développer des politiques de **discrimination positive** qui consistent à avantager un groupe (jugé désavantagé) par rapport aux autres, pour favoriser l'égalité des chances. Mises en œuvres aux Etats-Unis dès les années 1960, ces politiques (appelées « affirmative action » outre-Atlantique) visent à lutter contre les discriminations que subissent notamment envers les noirs, en leur permettant d'accéder plus facilement aux emplois qualifiés, à l'université, ou encore aux médias.

En France, il faut attendre les années 1980 pour voir se développer des politiques de discrimination positives avec la création des ZEP (Zones d'Education Prioritaires) ou encore les mesures en faveur de l'emploi des travailleurs handicapés. Plus récemment, la prestigieuse école Sciences Po a signé des conventions avec plusieurs lycées situés en ZEP pour permettre à leurs meilleurs élèves d'intégrer la première année sans passer par le concours classique, pour lequel ils n'auraient eu que très peu de chances de réussite.

Contrairement à ce qui s'est passé aux Etats-Unis, la discrimination positive s'effectue en France sur des critères socio-économiques (à l'exception de la loi sur la parité hommes-femmes en politique). La loi interdit toute discrimination (qu'elle soit positive ou négative) sur des critères ethniques.

Aux Etats-Unis, ces politiques ont montré une certaine efficacité. La part des afro-américains appartenant aux classes moyennes a fortement augmenté, la télévision reflète aujourd'hui beaucoup mieux la diversité ethnique de la société. En France, le bilan est plus mitigé. Dans la majorité des cas, la politique des ZEP n'a pas montré les effets escomptés, notamment car les moyens se sont révélés insuffisants face aux défis que doivent relever les établissements scolaires. La convention Education Prioritaire de Sciences po est efficace, mais symbolique. Elle ne concerne qu'un très faible nombre d'étudiants.

- Les politiques de discrimination positive font l'objet de nombreux débats en France.

Arguments POUR/CONTRE les politiques de discrimination positive :

POUR	CONTRE
❑ Elles seraient indispensables pour lutter contre les discriminations négatives dont sont victimes certains groupes comme les « minorités visibles », les femmes, ou les handicapés, dans le domaine de l'emploi, de la scolarité, de la politique… ❑ Elles seraient la façon la plus rapide et la plus efficace de rétablir l'égalité des chances au fondement du pacte démocratique. ❑ Elles seraient peu coûteuses pour la collectivité. La mise en place de quotas, par exemple, ne coûte rien à l'Etat.	❑ Elles constitueraient une rupture avec la tradition d'égalité au fondement de notre idéal républicain. ❑ Elles seraient sources d'effets pervers, en stigmatisant les individus bénéficiant de la discrimination positive. A cet égard, la mise en œuvre des ZEP a pu jouer un effet stigmatisant, en dégradant l'image des établissements concernés. Ce phénomène a pu inciter les familles issues de milieux plus favorisés à opter pour des stratégies d'évitement, qui n'auraient fait que renforcer l'homogénéité sociale des établissements, en aggravant leurs difficultés. ❑ Elles sont accusées d'être des solutions à moindres frais qui permettraient de ne pas s'attaquer aux vrais problèmes. Par exemple, dans le domaine éducatif, il est plus facile (et moins coûteux) de mettre en place des quotas que de chercher à élever le niveau scolaire des élèves issus de milieux défavorisés.

3. Inégalités et efficacité économique

a) Les inégalités, sources d'efficacité économique

- Dans une perspective libérale, les inégalités sont considérées comme ayant une certaine utilité. Elles produisent des incitations favorables à l'activité économique. Chacun est encouragé à travailler et à investir davantage pour obtenir des revenus plus importants.

- Une politique de redistribution aurait au contraire des effets désincitatifs. En prélevant des impôts sur les revenus du travail, on diminue l'attractivité du travail. En distribuant des prestations sociales aux chômeurs, on les encourage à rester au chômage plus longtemps, au risque de les enfermer dans un chômage de longue durée qui diminuerait leur capacité à retrouver un emploi (ce que les économistes appellent une « trappe à chômage »). En imposant les bénéfices, on diminue la capacité des entreprises à investir, ce qui peut nuire à leur compétitivité. Une politique ambitieuse de redistribution, qui conduit à un haut niveau de prélèvements obligatoires, peut aussi favoriser l'évasion fiscale et les délocalisations des entreprises.

b) L'égalité nécessaire à l'efficacité économique

- Dans une perspective plus keynésienne, on peut montrer que des inégalités trop importantes peuvent nuire à l'efficacité économique. Elles peuvent en effet avoir un effet dépressif sur la demande. Les plus riches ont tendance à épargner une partie importante de leur revenu, alors que les plus pauvres consomment une grande partie de leur revenu. En redistribuant les revenus des plus riches vers les plus pauvres, on « transforme » de l'épargne en consommation, ce qui peut agir favorablement sur la demande et donc sur la croissance économique.

- Certains pays du nord de l'Europe, comme la Norvège ou la Suède, se caractérisent par de faibles inégalités économiques, en raison d'une fiscalité très redistributive. Les taux de prélèvements obligatoires y sont parmi les plus élevés au monde, les taux de pauvreté y sont faibles et les taux d'emploi élevés. Les niveaux de PIB par habitant et d'IDH (Indice de Développement Humain) y sont également très élevés. Par exemple, la Norvège à l'IDH le plus élevé de la planète, et son PIB par habitant est supérieur à des pays caractérisés par un haut niveau d'inégalités, comme les Etats-Unis, le Royaume-Uni ou l'Australie. A contrario, les pays les plus inégalitaires sont souvent les pays dont les performances économiques sont relativement faibles, comme dans de nombreux pays en développement.

- La thèse libérale selon laquelle les inégalités seraient utiles doit donc être relativisée. Les comparaisons internationales montrent qu'un faible niveau d'inégalités est loin d'être un handicap en matière d'efficacité économique.

10 Conflits et mobilisation sociale : mutations du travail et conflits sociaux

Testez-vous sur ce chapitre avec l'option sujet/programme du logiciel.

On est peu à peu passé de l'organisation de la classe ouvrière (prolétariat au sens strict) à l'organisation des salariés et à une diminution de la lutte des classes. La **conscience de classe** semble ainsi disparaître et les prophéties de **Marx** sur le renversement du capitalisme ne se sont pas révélées justes. Les conflits sont-ils encore un moteur essentiel du **changement social**, c'est-à-dire de l'évolution des structures sociales, des valeurs et des normes ?

1. La naissance des conflits professionnels

a) La théorie marxiste des classes sociales

▪ Une **classe sociale**, au sens marxiste, est un ensemble de personnes qui se définissent pas leur place dans les rapports de production et par la conscience d'appartenir à un groupe ayant des intérêts communs et opposés aux autres. C'est donc la lutte qui permet à une classe sociale de se constituer. Dans l'économie capitaliste, la place dans les rapports de production est déterminée par la possession ou non des moyens de production. Sous le féodalisme, il s'agissait de la possession des terres et des serfs qui y étaient attachés.

▪ **Marx et Engels** ont écrit en 1848 dans le *Manifeste du parti communiste* : « L'histoire de toute société jusqu'à nos jours est l'histoire de luttes de classes. » Dans toute société, deux classes principales s'opposent. Dans la société capitaliste, il s'agit :

- Du **prolétariat**, c'est-à-dire les individus qui n'ont que leur force de travail pour vivre ;
- De la **bourgeoisie**, c'est-à-dire les propriétaires des moyens de production, les capitalistes.

▪ L'idée marxiste de **lutte des classes** implique que les relations entre les classes sociales (autrement dit les rapports sociaux) sont antagonistes et conduisent à des conflits visant au renversement de la classe dominante. Pour Marx, le prolétaire est exploité : une partie seulement de son travail est payé et la partie du travail non payé est à l'origine du profit. Les salaires et l'emploi sont des causes des grèves mais aussi l'opposition politique de la classe ouvrière à la classe dominante, la bourgeoisie. C'est une lutte pour le pouvoir politique.

b) La modification de la société par les conflits ouvriers

▪ Lorsque les revendications sont satisfaites, de nouvelles normes sociales sont instaurées, c'est-à-dire de nouvelles règles de comportements, comme la diminution du temps de travail, le droit à la retraite, le droit aux congés payés, le droit d'expression des salariés et le respect de ceux-ci dans le cadre de leur travail. Les lois ont organisé le cadre juridique et institutionnel permettant la généralisation de ces normes. En France, elles sont regroupées dans le **code du travail**. En voici quelques étapes importantes :

- En 1841, la durée du travail des enfants de 8 à 12 ans est limitée à 8 heures par jour et, pour ceux de 12 à 16 ans, à 12 heures par jour.
- En 1864, le droit de grève est reconnu.
- En 1884, les syndicats sont acceptés. Auparavant, une réunion d'ouvriers dans un café était interdite et conduisait à des arrestations.
- En 1904, la journée de travail est limitée à 10 heures pour tous.
- En 1906, est instauré le repos dominical obligatoire (pas forcément payé).
- En 1936, la semaine légale est de 40 heures de travail avec 2 semaines de congé annuel (1956 : 3e semaine de congés payés, 1968 : 4e semaine, 1982 : 5e semaine).
- En 1968-69, les entreprises doivent mettre à disposition des sections syndicales un panneau d'affichage et un local pour les réunions.
- En 1981, la semaine passe à 39 heures par semaine et en 2000, à 35 heures par semaine sauf dans certaines branches ou stipulation contraire dans le contrat de travail.

▪ Le mouvement ouvrier a permis l'apparition de la société salariale : une économie où les salariés possèdent des droits sociaux. Des groupes professionnels se sont constitués. En effet, les luttes renforcent les **identités professionnelles** : le sentiment d'appartenance à un groupe professionnel qui partage les mêmes valeurs et les mêmes intérêts, tout en se différenciant des autres.

▪ Les conflits professionnels s'institutionnalisent. Une **institution** est une organisation permanente, comme la famille, l'école, les partis politiques ou les syndicats. Les **syndicats** sont des organismes de défense des intérêts professionnels (**associations selon la loi de 1901** dans le droit français) des salariés mais aussi des patrons (MEDEF, CGPMI, FNSEA). Ils se sont institutionnalisés du fait de la mise en place de négociations et de la nécessité de créer des permanents, des salariés payés par le syndicat, pour le gérer (faire des études économiques, sociales, juridiques ; gérer l'argent des cotisations ; développer les informations sur les luttes par le biais d'un journal ...). Ils ne dirigent pas le syndicat (ce sont les élus qui le font) mais ont quand même un grand rôle.

A partir de 1936, des négociations « paritaires » ont lieu entre syndicats des patrons et des salariés pour discuter des salaires, des conditions de travail, des retraites… Les négociations, pendant mais également avant les conflits, permettent d'améliorer la condition des salariés.

- En France, les négociations collectives sont nationales, par branche ou par entreprise, parfois par région ou département, entre les syndicats de salariés et de patrons. L'Etat peut participer aux négociations (sauf au niveau de l'entreprise). La loi de 1945 a donné au comité d'entreprise, où sont élus des salariés de l'entreprise, un droit à l'information. En 2007, par exemple, selon le ministère du travail 14,5 % des entreprises avaient engagé des négociations et 81 % de celles-ci avaient signé un accord. Les négociations sont plus fréquentes dans les grandes entreprises, ce qui a permis à la moitié des salariés d'être concernés par ces accords.

- Au sein de l'Union européenne, la commission européenne doit consulter les confédérations européennes des syndicats de salariés et de patrons avant de prendre une initiative juridique, puis demander s'ils veulent négocier (concernant, par exemple, le congé parental, le CDD, le travail à temps partiel ou télétravail). S'ils refusent, la commission peut prendre seule des initiatives.

- Les **prud'hommes** ont été créés. Il s'agit de tribunaux qui jugent les oppositions individuelles entre salariés et employeurs. Un juge représente les patrons, un autre les salariés ; ils appliquent les lois du code du travail.

2. L'évolution des conflits professionnels

a) Les conflits ne sont pas toujours pacifiés par les syndicats

Les syndicats sont parfois dépassés par les salariés qui réclament plus que ce qui est accordé dans les négociations et qui s'organisent en coordinations regroupant des travailleurs, qu'ils soient ou non syndiqués.

b) Les grèves et le taux de syndicalisation diminuent

- Les grèves sont aujourd'hui souvent mal perçues et paraissent, de ce fait, nombreuses. Pourtant leur nombre est en diminution : 4 millions de journées de grève ont été recensées en 1976 et seulement 193 000 en 2004. Une journée de grève est comprise comme un jour pour une personne. De même, le taux de syndicalisation (la part des syndiqués parmi l'ensemble des salariés) diminue : 30 % des salariés étaient syndiqués en 1949, 7,5 % en 2005 en France.

- L'amélioration des conditions de travail peut expliquer la diminution des conflits. Cependant, la pression sur le salarié est souvent forte :
    - L'entreprise recherche des gains de productivité sous la pression de la concurrence (notamment dans le secteur du textile dans les pays émergents). La baisse des conflits est alors liée à la prise de conscience des enjeux économiques et à la crainte de la faillite. Avec le toyotisme, la production se fait selon la demande et la pression vient des clients et non des chefs. Il est difficile de contester le client puisqu'il paie.

- L'augmentation du travail précaire réduit les grèves et la syndicalisation : pour espérer obtenir un futur contrat de travail à durée indéterminée, les travailleurs précaires ne revendiquent pas collectivement.
- Le chômage permet aux entreprises de ne pas accepter les revendications et l'efficacité des syndicats diminue.

Nombre de journées individuelles non travaillées pour fait de grève dans les entreprises (1975-2004) :

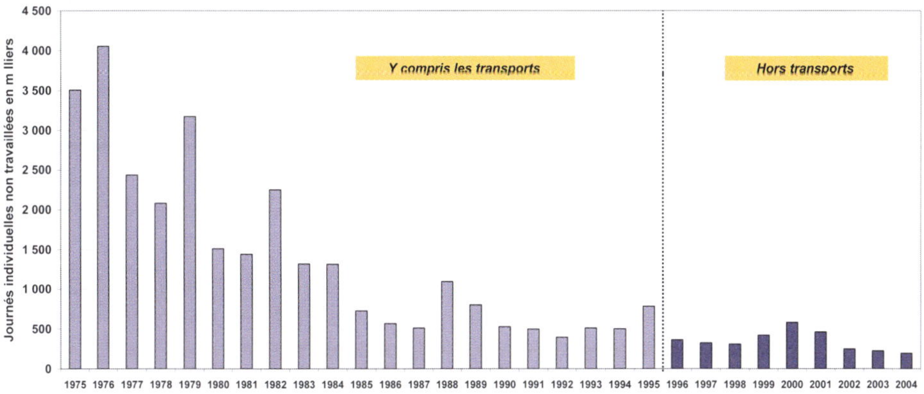

Source : DARES, d'après les signalements effectués par l'inspection du travail (http://www.travail-solidarite.gouv.fr/IMG/xls/serie_longue_1975_2004.xls). Note : il s'agit des conflits localisés dans les entreprises (donc hors agriculture et fonction publique). Jusqu'en 1996, les entreprises publiques du secteur des transports sont incluses ; à partir de 1996, les transports sont exclus.

▪ L'individualisme favorise les comportements de « passager clandestin » décrits par **Mansur Olson** dans « La logique de l'action collective » : l'individu peut obtenir les avantages des syndiqués sans payer de cotisation et sans faire de grève, pourquoi agirait-il ? L'action collective produit des biens collectifs pour lesquels il n'est pas intéressant individuellement d'agir. Un **bien collectif** est un bien (ou service) dont la disponibilité n'est pas diminuée par la présence d'un consommateur supplémentaire.

▪ Le sociologue américain **Albert Hirschmann** a montré que le conflit n'était pas le seul mode d'expression des mécontentements dans son livre « Exit, voice and loyalty » :

- « Voice », la « prise de parole » correspond au conflit ;
- Le salarié peut rester loyal à l'entreprise (« loyalty ») ou se culpabiliser du mauvais fonctionnement du système ;
- Il peut aussi trouver une solution individuelle en démissionnant (« exit »).

11 Conflits et mobilisation sociale : diversification des objets et des formes de l'action collective

Testez-vous sur ce chapitre avec l'option sujet/programme du logiciel.

Pour les sociologues, un **conflit social** se définit par quatre éléments :

- L'opposition d'un groupe à un adversaire désigné ;
- Une mobilisation à travers des actions directes et publiques concertées ;
- L'expression de revendications ;
- L'utilisation du plus grand nombre possible de lieux de parole.

Un **mouvement social** est un type d'action collective particulière qui se caractérise par la volonté des acteurs de modifier la société, dans ses valeurs et/ou ses normes. Ils étaient marqués par la lutte des classes mais ne s'y limitaient pas. Les **nouveaux mouvements sociaux** ne sont pas professionnels. Ils se sont développés depuis les années 1968. Remplacent-ils donc les conflits professionnels et transforment-ils la société ?

1. Des mouvements diversifiés

a) Les particularités

- Les sujets de ces mouvements sont multiples. A la fin des années 1960 se développent des mouvements sociaux non professionnels : les mouvements, féministes, homosexuels, antiracistes, écologistes, des mal-logés, des chômeurs ... **Alain Touraine**, sociologue français du XXe siècle, les explique par le dépassement de la société industrielle : avec l'augmentation des revenus, les besoins essentiels (tels que se nourrir, se loger ou s'habiller) sont satisfaits et l'individu se tourne vers des revendications post-matérialistes (l'accès à la culture, le souci de l'environnement, l'épanouissement personnel qui passe par l'égalité et le respect de l'individu, la reconnaissance des identités collectives etc.).
- Trois éléments caractérisent ces nouveaux mouvements sociaux :
  - La tentative d'affirmation d'identités ou de valeurs spécifiques ;
  - L'opposition à une situation dominante qu'ils jugent comme leur étant préjudiciable ;
  - La tentative d'élaboration d'un projet social et politique alternatif.

Le mouvement anti-raciste est un exemple parmi d'autres de nouveau mouvement social. Son objectif est de modifier les lois pour changer les mentalités : chaque individu a le droit d'être considéré en fonction de lui-même, comme un être humain. Le **racisme** est la généralisation abusive d'un critère négatif considéré comme habituel dans un groupe ethnique. En France, comme dans les autres pays développés, les lois demandant le traitement égal sans discrimination raciale nécessitent d'être précisées pour pouvoir être efficaces. Parmi les solutions, la reconnaissance des curriculum vitae anonymes, le testing reconnu comme preuve par les tribunaux et les associations pour aider les jeunes à trouver du travail ont été mises en place. Le **testing** est la possibilité de tester une entreprise avec deux curriculum vitae identiques sauf pour le nom. Si seul le nom français est retenu, l'entreprise est considérée comme ayant un comportement raciste.

b) Un nouveau répertoire d'actions collectives est utilisé

- Les conflits sont très marqués par « le répertoire » des actions protestataires qui ont cours à une époque et dans un lieu donné. Les nouveaux mouvements sociaux utilisent les moyens habituels que sont les grèves (comme les étudiants qui arrêtent les cours), manifestations ou tracts mais ont ajouté trois moyens :
    - L'appel croissant à l'opinion publique qui implique d'être visible dans les médias ;
    - Le rôle croissant de l'Etat dans les conflits ;
    - L'appel aux experts.
- Les nouveaux mouvements sociaux apparaissent souvent comme des mouvements festifs qui cherchent à attirer l'attention sur des problèmes de vie en société. Ils s'attaquent à des problèmes réels individuels en demandant la modification des lois. Gouvernements, députés et sénateurs nationaux interviennent par exemple avec les lois sur le droit à l'avortement ou le testing. Au niveau international, les organismes internationaux sont contactés, comme l'Organisation des Nations Unies (ONU) contre le travail des enfants, ou l'Organisation Mondiale du Commerce (OMC) qui est critiquée parce qu'elle ne prend pas en compte les effets nocifs des nouvelles technologies. Les nouveaux mouvements sociaux ne s'arrêtent pas là : ils vérifient que les lois sont appliquées et aident les personnes concernées à faire appliquer leurs droits. Le combat fait appel à des experts qui s'opposent à ceux des firmes privées. C'est le cas, par exemple, de la lutte des écologistes contre les organismes génétiquement modifiés (OGM).

2. Des changements sociaux

a) La construction d'une identité valorisée

L'**action collective** est une action intentionnelle d'un groupe social organisé afin de promouvoir ou défendre ses intérêts. Elle permet la constitution d'une identité commune entre les participants. Un groupe se créera parce qu'il a des intérêts communs mais aussi parce qu'il en prend conscience. C'est dans l'action que le groupe « latent » se constitue en acteur social. Par exemple, les habituels promeneurs d'une forêt ont des intérêts communs mais ils ne se constituent en groupe que lorsqu'une commune veut y autoriser des constructions de logement ou le passage des routes.

b) La modification des rapports de pouvoir

Une **inégalité sociale** est une différence qui procure des avantages ou des désavantages dans l'attribution des ressources socialement valorisées. Le groupe qui bénéficie de l'inégalité en tire une place dominante et un pouvoir économique ou social : la capacité d'imposer aux autres ses décisions. Par exemple, le refus de donner un poste de direction à une femme donnait un pouvoir économique dominant aux hommes qui y avaient droit. En revendiquant l'égalité, les catégories dominées remettent en cause ces rapports de pouvoir.

c) La constitution de groupes sociaux et leur institutionnalisation

- De nombreux mouvements sociaux s'organisent pour durer : ils constituent des organisations permanentes qui réclament une reconnaissance. Les syndicats furent les premières organisations de ce type. Aujourd'hui, les formes sont très variées : associations en France ou **organisations non gouvernementales (ONG)** dans le monde. Une organisation non gouvernementale est un groupe de citoyens volontaires, sans but lucratif, organisé et présent sur au moins deux continents.

- En s'institutionnalisant, le nouveau mouvement social se transforme en groupe de pression qui s'attache à influer sur le discours politiques, les choix publics et l'évolution du cadre légal. Il devient moins visible pour l'opinion publique mais continue d'agir. La participation des organisations anti-racistes aux études publiques sur la discrimination ou aux études parlementaires préalables aux préparations des lois, vont dans ce sens.

3. Les nouveaux mouvements sociaux se substituent-ils aux anciens ?

- La différence entre ancien et nouveau mouvement social n'est pas toujours évidente : lorsque les lycéens et les professeurs s'opposent à une réforme de l'éducation nationale, s'agit-il d'un mouvement professionnel pour les enseignants ou d'un nouveau mouvement social dont le but est une meilleure formation ou plus d'égalité à l'école ? Certains sociologues classent ces mouvements dans les anciens mouvements sociaux en s'appuyant sur le rôle des syndicats qui encadrent les actions ; d'autres considèrent qu'il s'agit d'un nouveau mouvement social du fait de l'intervention des lycéens et des objectifs généraux.

- Même si on constate une relative diminution des conflits professionnels, ils restent cependant nombreux. La hausse des nouveaux mouvements sociaux ne les a pas remplacés. Les conflits sont plutôt multiples et diversifiés, mais leurs formes sont moins violentes qu'au milieu du XXe siècle.

Les nouveaux mouvements sociaux, causes et effets sur le changement social :

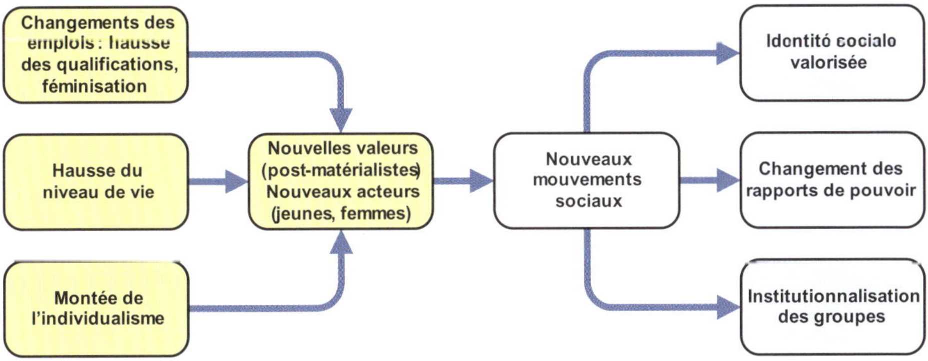

12 Intégration et solidarité : la cohésion sociale et les instances d'intégration

Testez-vous sur ce chapitre avec l'option sujet/programme du logiciel.

La « **fracture sociale** » ou « l'**exclusion** » sont devenus des mots à la mode dans les années 1980. La pauvreté existait pendant les Trente Glorieuses mais elle était en quelque sorte héritée : on naissait pauvre et le cumul des handicaps, scolaires, financiers et sociaux reproduisait cette situation. La nouveauté de la fin du XXe siècle est que le risque d'appauvrissement peut toucher tout le monde ou presque. Le chômage qui s'est étendu peut conduire, s'il dure, à l'exclusion sociale. Ceux que l'on appelle aujourd'hui les **« sans domicile fixe » (SDF)**, sans revenu autre que les aides sociales, le plus souvent sans famille , sont bien des **exclus** au sens sociologique, c'est-à-dire des individus et des groupes mis à l'écart et marginalisés qui n'ont plus accès aux ressources et aux droits permettant une reconnaissance sociale valorisée.

L'exclusion s'oppose à **l'intégration sociale** qui est l'existence de liens sociaux, de relations entre les individus qui les rendent solidaires. Pour **Émile Durkheim**, la **solidarité sociale** se définit par trois caractéristiques :

- Le partage des mêmes croyances, sentiments, pratiques (une culture commune) ;
- L'interaction ou l'interdépendance des individus ;
- L'existence de buts communs.

1. Le rôle du travail dans l'intégration et l'exclusion

Le travail n'est au centre de la vie sociale que depuis la révolution industrielle. Au Moyen Age, par exemple, la noblesse française considérait que travailler était dégradant : c'était le rôle des serfs. Avec la révolution industrielle et le développement de la société salariale, de plus en plus d'individus vivent de leur travail et en particulier du statut de salarié. Ce dernier permet une intégration que les évolutions du marché du travail remettent, en partie, en cause.

a) Le travail permet l'intégration

- Le **travail** est, en économie, une activité rémunérée : 91 % des actifs occupés français sont salariés, les 9 % restants sont indépendants. Nous prendrons ici les salariés comme exemple.
- L'intégration peut être :
  - Economique : dans notre société de consommation, l'accès à un revenu (ici un salaire) est essentiel. Un individu qui ne peut pas s'habiller correctement, ni se laver, sera marginalisé et considéré comme transgressant les normes du groupe. Cette transgression des normes est appelée la « **déviance** » par les sociologues. Elle conduit à des sanctions sociales du groupe : d'une simple considération négative au rejet (contrairement à la **délinquance**, forme particulière de déviance, qui est le non-respect des lois et qui est sanctionnée par les tribunaux). Le travail

permet aussi l'acquisition de droits sociaux qui régulariseront ces moyens financiers en cas de maladie, de chômage ou, plus tard, de retraite.

- Politique : le salarié peut participer aux instances représentatives en votant et en étant éligible. Dans les entreprises de plus de 50 salariés, les représentants au comité d'entreprise donnent leur avis sur les orientations, en particulier sur les conditions de sécurité ou sur des licenciements. Les délégués du personnel concernent les entreprises de plus de 10 salariés. Tous les salariés du privé participent à l'élection des conseils des prud'hommes, tribunaux originaux qui jugent des différends entre salariés et entreprises et qui sont composés à égalité de représentants du patronat et des salariés. Enfin, le droit syndical permet de s'organiser pour défendre ses intérêts collectivement.
- Sociale : le travail est un lieu de rencontre et de partage. Ainsi, d'après l'INSEE (*INSEE Première*, n°613 de mai 1998), presque la moitié des amis proviennent du travail ou des études. Des associations, sportives, culturelles ou autres, à l'intérieur de l'entreprise peuvent compléter ce phénomène. C'est aussi le lieu de constitution d'une identité sociale car les professionnels développent des valeurs communes et le sentiment d'être utiles à la société.

Les différents liens que permet le travail salarié :

Salarié	**Lien économique**	Place dans la production : salaire, droits sociaux et accès au crédit
	Lien politique	Instances représentatives : droit de vote et d'éligibilité
		Syndicats : droit d'expression et de vote
	Lien social	Constitution d'une identité sociale
		Groupe de pairs : collègues, amis, favorisent les interactions et le partage d'une même culture (solidarité mécanique)
		Associations liées à l'entreprise : participer à des activités communes, par exemple, sportives, culturelles
		Sentiment de son utilité économique et sociale (solidarité organique)

▪ Pour **Emile Durkheim**, sociologue français du début du XXe siècle, le travail est le fondement du lien social. Il distingue les petites sociétés traditionnelles dans lesquelles la solidarité est mécanique (tous les individus sont identiques et leur similitude les rend solidaires) des autres sociétés. En effet, l'augmentation de la taille de la société modifie les liens sociaux. La division du travail (entre métiers) se développe et a deux effets contradictoires :

- Les individus deviennent différents (l'un sera ouvrier électricien alors que l'autre pharmacien) et l'individualisme peut se développer remettant en cause la socialisation par l'église et la famille. Il y alors risque d'anomie :

l'insuffisance de règles est telle que les individus ne savent plus comment se conduire. La division excessive du travail, comme dans les chaînes de montage, peut donc faire perdre le sens du travail collectif. Le suicide peut avoir pour cause cette anomie.

- Chaque individu va avoir besoin des autres. La solidarité organique repose sur la différence et la complémentarité. Le fondement du lien social dans nos sociétés est alors la division sociale du travail parce qu'elle crée des contraintes et une représentation d'un idéal : le lien social est moral.

b) Les transformations du travail fragilisent le lien social

▪ Depuis 1970, un chômage de masse s'est développé : il concernait 3,5 % des actifs en France en 1975, presque 11 % à son maximum en 1997 et encore 8 % en 2009. Il faut avoir cotisé au moins 4 mois aux ASSEDIC en France pour être indemnisé pendant cette même durée et pour un maximum de 2 ans (36 mois pour les plus de 50 ans). Tous les chômeurs ne sont donc pas indemnisés et même lorsqu'ils le sont, leur revenu est plus faible que lors d'un travail.

▪ Au chômage s'ajoute la segmentation du marché du travail. En effet, tous les emplois ne sont pas équivalents. Les **contrats à durée indéterminée (CDI)** dominent encore, mais les contrats précaires progressent rapidement : ils concernaient 6 % des salariés en 1985 et 11 % en 2007. Ils incluent les contrats à durée déterminée dits CDD (de quelques jours à plusieurs mois), l'intérim et le contrat d'apprentissage. Des périodes de chômage alternent alors avec des périodes de travail. En France, plus de 40 % des chômeurs le sont à la suite d'un contrat à durée déterminée. Le revenu sur l'année est alors diminué. Par ailleurs, le **temps partiel contraint** augmente également : il s'agit de personnes souhaitant travailler à temps complet mais devant accepter un emploi à temps partiel. Le **sous-emploi** est le fait d'avoir un temps de travail inférieur au temps plein légal alors que la personne souhaite travailler davantage. La diminution imposée du revenu réduit le niveau de vie et peut amener à la pauvreté.

▪ La pauvreté peut réduire le lien social. Elle se définit en fonction de différents paramètres :

- La **pauvreté absolue** est le fait de ne pas subvenir à ses besoins essentiels (se nourrir, se loger, se vêtir).
- La **pauvreté monétaire** est la définition la plus utilisée: elle concerne les ménages dont le revenu disponible par unité de consommation est inférieur à 60 % du revenu médian. (Ce niveau de 60 % fixé par les statisticiens européens, est en grande partie arbitraire; pendant longtemps le seuil retenu en France fut 50 %).
- Le **revenu disponible** inclut l'ensemble des revenus dont dispose un ménage : les revenus primaires liés à la production (salaires des salariés, bénéfices des indépendants, revenus de la propriété) et les revenus

secondaires redistribués (aides sociales). Les impôts directs et les cotisations sociales sont retirés.

La pauvreté en France :

	1990	**2000**	**2006**
Seuil de pauvreté à 60 % du revenu médian en euros constants de 2006	716	776	880
Nombre de personnes pauvres	7 848 000	7 328 000	7 862 000
Taux de pauvreté (= nombre de personnes pauvres pour 100 habitants)	13,8 %	12,7 %	13,2 %

Champ : personnes vivant en France métropolitaine dans un ménage dont le revenu déclaré au fisc est positif ou nul et dont la personne de référence n'est pas étudiante.

Sources : Insee-DGI, enquêtes Revenus fiscaux 1970 à 2005 ; Insee-DGFiP-Cnaf-Cnav-CCMSA, enquêtes Revenus fiscaux et sociaux 2005 à 2007

- Le **seuil de pauvreté** était de 908 euros pour une personne seule en 2007 en France : toute personne ayant un revenu mensuel égal ou inférieur à cette somme était considérée comme pauvre. Les statistiques françaises excluent les étudiants.
- Le **revenu médian** est le revenu qui partage la population en deux parties égales: la moitié touche ce revenu ou moins, l'autre moitié touche plus. Du fait de l'augmentation du revenu moyen et du calcul du seuil de pauvreté, ce dernier augmente au cours du temps. C'est une mesure relative de la pauvreté qui s'appuie sur l'idée que le sentiment de pauvreté dépend de la société. Ne pas avoir d'eau chaude dans un pays pauvre est, par exemple, considéré comme « normal »; en France, cela participe à la pauvreté. Le tableau en euros constants permet de voir cette augmentation : l'inflation a été retirée et les différentes années sont comparables.
- Le **revenu par unité de consommation** prend en compte le nombre de personnes qui compose le ménage. Vivre avec 2 000 euros par mois n'a pas le même sens pour un célibataire et une famille de 4 enfants, par exemple. Le premier adulte compte pour une unité de consommation, les autres (14 ans ou plus) 0,5 et chaque enfant pour 0,3 unité de consommation. On divise le revenu du ménage par le nombre total d'unités de consommation pour trouver le revenu par unité de consommation.

▪ En 2006, 13,2 % des personnes vivant en France étaient pauvres au seuil de 60 % du revenu médian (soit 7,8 millions de personnes). Un tiers de celles-ci sont des moins de 18 ans. (L'Espagne, l'Italie et la Grande-Bretagne présentent des taux plus élevés avec près de 20 % de ménages pauvres). Parmi ces 7,8 millions de pauvres, 2 millions sont des « travailleurs pauvres » du fait du travail précaire, du temps partiel, ou de charges familiales nombreuses : avec un seul

SMIC, une famille composée de deux adultes et deux enfants fait partie des ménages pauvres.

- Le manque de revenus produit plusieurs effets :
  - Le risque d'être SDF (surtout dans les grandes villes car le coût du logement est élevé) ;
  - Il limite l'accès à la société de consommation et les relations sociales (sorties et invitations) ;
  - Il est cause de mésententes familiales qui favorisent les divorces.

- Le statut social est dévalorisé. Les chômeurs de longue durée perdent leur « employabilité », leurs connaissances techniques et leurs habitudes de travail (se lever le matin tôt…). Ceci peut amener à une « **disqualification sociale** ». Cette notion, utilisée par le sociologue **Serge Paugman**, correspond à l'idée que certains sont « éliminés » de la société : les pauvres, s'ils vivent grâce aux aides sociales, sont « mal vus », car ils n'arrivent plus à se débrouiller seuls. Ces aides apportent des ressources essentielles (se loger et rester propre pour se présenter correctement lors de la recherche d'un emploi) mais elles sont inférieures au seuil de pauvreté.

2. L'exclusion provient-elle d'une crise des autres instances d'intégration ?

a) Des signes de manque d'intégration

Dans les cités et les écoles, les cas mineurs d'incivilité les plus fréquents sont les dégradations des espaces publics et les insultes. La télévision met en avant les cas plus graves : l'incendie de voitures, les viols collectifs, les attaques contre les chauffeurs de bus ou les policiers. Tous ces faits sont significatifs d'une diminution du contrôle social. L'individu fait « ce qu'il veut » en extériorisant sa haine ou simplement son ennui (« je m'amuse »). Le sociologue américain du XXe siècle, **Paul Lazarsfeld**, écrivait « quand le chômage se développe, la communauté touchée devient lasse, apathique et fataliste ». Chacun se replie sur soi, le sens de la vie sociale se dissout.

b) La famille

- La **socialisation** est le processus d'intériorisation des valeurs, des normes et des rôles d'une société. La famille socialise : elle apprend les règles qu'il faut suivre (politesse, hygiène, respect, rôles du père et de la mère, valeurs du groupe, etc.). Elle transmet donc une culture qui permet d'être comprise par les autres et de les comprendre.

- Elle a également un rôle d'aide. La dernière enquête de l'INSEE sur l'entraide familiale (1997) montrait qu'un tiers des hommes et 29 % des femmes n'avaient pas aidé un membre de leur réseau familial durant l'année. D'une manière plus positive, deux tiers des français avaient aidé leur parentèle. Les solidarités familiales dépendent des revenus : elles sont plus faciles lorsque les revenus des parents sont élevés (par exemple, pour les aides des étudiants) ; elles sont rarement financières et plus concrètes (ménage, courses, garde d'enfants…) quand ces revenus sont faibles.

Types d'activités effectuées au moins une fois dans l'année pour un membre du réseau familial (bricolage, ménage-cuisine-linge, garde des enfants, courses) en % :

Par les…	Aucun	Un	Deux	Trois	Quatre	
hommes	36	27	25	10	2	100
femmes	29	26	23	16	6	100

Champ : résidents en France âgés de 15 ans et plus.

Source : *Réseaux de Parenté et Entraide*, Enquête Permanente sur les Conditions de Vie (EPCV), Insee, octobre 1997 (http://www.insee.fr/fr/ffc/docs_ffc/es373a.pdf)

- La famille connaît de nos jours une remise en cause. Autrefois, la famille était une institution caractérisée par une hiérarchie forte (autorité du père), la stabilité, un grand nombre d'enfants. Le mariage en était le fondement et les rôles du père et de la mère étaient différenciés. Depuis les années 1960, la famille est plus fragile. Les divorces augmentent (4 mariages sur 10 finissent aujourd'hui par un divorce), il y a moins d'enfants (il y avait en moyenne 2,9 enfants par femme en 1950, selon l'indicateur conjoncturel de fécondité, en 2008 : 2,02) et les mariages sont moins nombreux (ils sont passés de 331 000 en 1950 à 273 000 en 2008 alors que la population augmente) même si la situation s'est stabilisée (la fécondité progresse à nouveau et le nombre de mariages s'est stabilisé). L'union libre et le PACS se sont développés (sur 100 enfants nés en 1950, 8 environ étaient nés de parents non mariés, en 2008, c'est le cas de 52 enfants).

- Il existe plusieurs raisons à cette « crise » de la famille :
  - L'individualisme est en progression : le fait que l'individu se définisse par rapport à lui-même et non par rapport au groupe, fragilise la famille. Ainsi, l'individu divorcera plutôt que de rechercher des compromis. L'augmentation des niveaux de vie permet une individualisation des enfants (chacun a sa chambre) qui a ses côtés positifs mais réduit les entraides et le partage d'activités et de goûts communs (chacun a sa musique par exemple).
  - Le statut de la femme a changé : elle réclame l'égalité. Lorsque l'homme la refuse, les divorces sont plus nombreux. Le travail féminin permet une indépendance financière (3/4 des divorces demandés par les femmes).
  - La diminution du poids des églises réduit l'importance du mariage. L'individu considère de plus en plus que sa vie en couple ne concerne que lui-même et non une église ou l'Etat.

- L'autorité du père est en régression : l'augmentation du rôle de la mère conduit à des relations plus compréhensives qu'autoritaires. Dans le milieu ouvrier, très touché par le chômage, le père ne peut plus être un modèle pour ses enfants. Il perd de son aura avec les difficultés économiques et il transmet moins les valeurs de son groupe social car, du fait de la diminution du nombre d'ouvriers, les jeunes doivent chercher d'autres métiers et donc d'autres modèles.

c) L'école

- L'école socialise :
  - Elle permet de vivre en communauté et assigne une place dans la société.
  - Elle développe une intégration culturelle, notamment grâce à l'éducation civique, l'histoire, le français, les sciences économiques et sociales qui donnent les connaissances pour prendre conscience d'appartenir à une même nation.
  - Elle assure une intégration subjective : l'apprentissage des valeurs morales permet de mieux comprendre les règles sociales. L'individu peut réfléchir à ses propres comportements pour se forger un avis personnel et s'intégrer à la société.

- Autrefois, l'école créait une ségrégation sociale : les classes populaires s'arrêtaient à l'école primaire (Certificat d'études Primaire), les classes moyennes allaient jusqu'au brevet des collèges et seules les classes aisées faisaient des études supérieures. Cette division était acceptée car les emplois non qualifiés étaient nombreux, quelques élèves boursiers méritants pouvaient faire des études supérieures. Tous trouvaient un emploi pendant les Trente Glorieuses. Ceci a changé :
  - L'intégration sociale future par l'école est limitée à cause du chômage : un diplôme faible, général (brevet) ou professionnel (CAP et BEP), ne garantit pas un emploi. En 2007, par exemple, 22 % des titulaires de CAP ou BEP sortis de leur formation depuis 1 à 4 ans étaient au chômage alors que les diplômés du supérieur étaient 9 % dans ce cas. Le chômage des diplômes professionnels courts (inférieurs au baccalauréat) était donc 2,4 fois plus élevé que celui des diplômés du supérieur. Certes le chômage diminue avec le temps, mais l'écart subsiste et les statistiques ne prennent pas en compte, dans les chômeurs, ceux qui ont été découragés au point de ne plus chercher d'emploi. La situation est encore plus grave pour ceux qui sortent de l'école sans diplôme : 37 % étaient au chômage en 2007, étant sortis de l'école depuis 1 à 4 ans. Les jeunes qui sortent de l'école sans diplôme représentent environ 8 % de l'ensemble des jeunes.
  - L'intégration culturelle à la nation est plus difficile car les cultures des élèves sont diverses. Le modèle républicain traditionnel considère tous les

élèves comme égaux et refuse les différences (prenons pour exemple l'interdiction des patois à l'école au début du XXe siècle). Aujourd'hui, le modèle démocratique accepte une partie des différences et favorise les plus défavorisés par la discrimination positive : c'est une intégration plus difficile qui doit s'adapter à chaque situation.

- La hiérarchie des filières induit un sentiment d'exclusion pour ceux qui sont relégués, du fait de leurs faibles résultats, dans des enseignements qu'ils n'ont pas souhaités et qui ne débouchent que sur peu d'emplois.

Taux de chômage selon le diplôme et la durée depuis la sortie de la formation initiale en 2007, en % :

Sortis depuis	1 à 4 ans	5 à 10 ans	11 ans et plus
Enseignement supérieur long ou court	9	5	4
Bac et équivalent	14	8	5
CAP - BEP et équivalents	22	12	5
Brevet, CEP et sans diplôme	37	24	9
Ensemble	16	10	6

Source : INSEE (http://www.insee.fr/fr/themes/tableau.asp?ref_id=NATnon03314&reg_id=0)

- Les causes de cette exclusion et les solutions ne sont-elles que scolaires ? :
  - Certains accusent l'école : elle ne réussit pas à former tous les jeunes français ; les méthodes d'enseignement n'intéressent pas tous les élèves. Il faudrait réformer l'apprentissage en développant les méthodes actives.
  - D'autres sociologues remarquent que la hiérarchie scolaire est le reflet de celle des emplois : les grandes écoles sont valorisées parce que les entreprises sont prêtes à embaucher et à payer cher leurs élèves. Les connaissances des élèves ne sont pas forcément plus élevées mais ils ont été sélectionnés sur leurs capacités à travailler. Leur valeur est d'autant plus importante qu'ils sont peu nombreux. La solution serait de diminuer les inégalités entre les emplois, ce qui signifie que ce n'est pas un problème uniquement scolaire.

Solidarité sociale et exclusion:

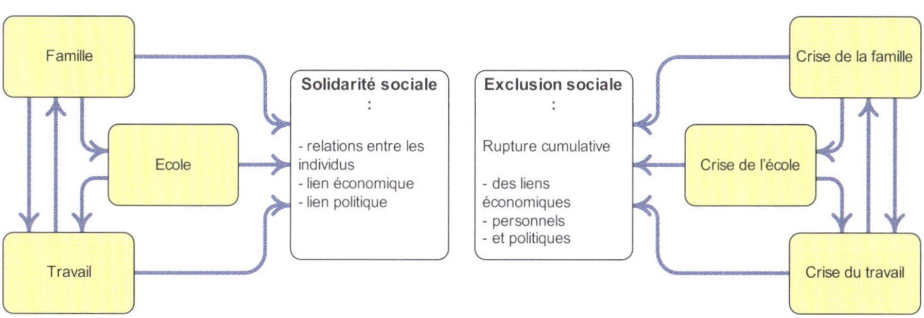

13

Intégration et solidarité : protection sociale et solidarités collectives

Testez-vous sur ce chapitre avec l'option sujet/programme du logiciel.

▪ Les sociétés traditionnelles étaient solidaires : les pauvres et les malades étaient souvent intégrés par leur famille, leur paroisse ou leur village. La révolution industrielle, en créant l'exode rural, a mis à mal ces entraides et a favorisé la pauvreté. La nécessité d'une intervention de l'Etat apparaît dès la révolution française : la **Déclaration des Droits des Droits de l'Homme et du Citoyen du 24 juin 1793** stipule que « les secours publics sont une dette sacrée. La société doit la subsistance aux citoyens malheureux, soit en leur procurant du travail, soit en assurant les moyens d'exister à ceux qui sont hors d'état de travailler ». Ainsi, pendant deux siècles, la **protection sociale** s'est développée : elle se définit comme l'ensemble des mécanismes permettant d'assurer une protection des individus contre les risques majeurs de l'existence (maladie, chômage, vieillesse...) et assurant, de ce fait, une plus grande justice au sein de la société.

▪ Face aux changements économiques et sociaux importants liés à la mondialisation, l'**Etat-Providence** est en crise (relative) : les dépenses de protection sociale progressent plus vite que les recettes, entraînant un déficit qu'il faut résoudre, en particulier en période de ralentissement économique. Comme solution, les économistes libéraux considèrent qu'il faut laisser la protection sociale au marché. Les keynésiens au contraire, se montrent plutôt favorables à un système public de protection sociale.

1. La mise en place de la protection sociale aux XIXe et XXe siècles et son efficacité

a) Développement du salariat et premières formes de protection

▪ **Alexis de Tocqueville** a été un observateur des sociétés du début du XIXe siècle. Il a remarqué que les pays qui s'industrialisaient avaient un plus grand nombre de pauvres (« d'indigents »). Dans un pays développé, les pauvres se voient : ils n'ont pas de logement, traînent sur les routes ou dans les villes en cherchant un emploi. Au contraire, dans les pays pauvres, comme au Portugal de l'époque, rares sont les mendiants. En effet, dans les sociétés traditionnelles, les familles ou les villages intègrent les individus (y compris les déficients mentaux) et ne les laissent pas mourir de faim. Alexis de Tocqueville en conclut que la montée de la pauvreté est une conséquence de l'industrialisation et de l'exode rural. L'économie de marché est basée sur un contrat de travail que le patron peut rompre. Le salarié peut donc se retrouver sans ressource, et, en cas de crise, ce qui arrivait périodiquement au XIXe, ne peut plus survivre.

▪ Les premières formes de protection sociale furent ouvrières : les **sociétés de secours mutuel** organisaient l'entraide entre ouvriers. Ainsi, en échange d'une cotisation mensuelle, les ouvriers recevaient une aide financière en cas de maladie, vieillesse ou grève. L'Etat, sous la pression des patrons, a rapidement cherché à les contrôler. Le décret du 22 mars 1852, légalise les sociétés de secours mutuel et leur octroie de nombreux avantages si elles acceptent le contrôle public. De même, la loi du 1er avril 1898 permet l'essor de la mutualité en réduisant le contrôle étatique. De son côté, l'Etat organise une assistance (retraite, hôpitaux) pour les militaires, les orphelins, puis au début du XXe siècle, pour les employés et ouvriers.

b) Le développement de l'Etat-Providence

- Après 1945, l'influence keynésienne renforcera la protection sociale publique et les mutuelles pour régulariser les revenus, facteur de croissance.

- Il existe plusieurs modèles de protection sociale et tous les pays n'ont pas adopté le même modèle. Un premier choix se fait entre l'assurance et l'assistance.

- Le modèle de l'**assurance publique**, aussi appelé **modèle corporatiste**, a été créé par **Bismark**. L'assurance publique est un système de protection sociale financé par les cotisations sociales sur les salaires. Ceux qui ont cotisé et leur famille en bénéficient. Par exemple, les retraites sont proportionnelles aux cotisations préalables.

Bismark, chancelier de Prusse puis de l'Empire Allemand de 1862 à 1890, avait mis en place une protection sociale financée par les ouvriers pour favoriser un vote qui lui soit favorable. Un tel système est géré par les partenaires sociaux (représentants des salariés et des entreprises, éventuellement de l'Etat). Chaque groupe de profession organisant son assurance, des inégalités peuvent exister face aux protections : même si les professions ont été, en partie, regroupées, il subsiste encore, aujourd'hui, en France, des cotisations et des aides différentes selon que le travailleur soit salarié du privé ou du public, indépendant agricole, industriel ou commerçant. Par exemple, les indemnités en cas de maladie couvrent totalement la perte de revenu d'un salarié du public, seulement partiellement celle d'un salarié du privé, et n'existent pas, le plus souvent, pour les indépendants.

- Le modèle de l'**assistance publique** a été créé par **Beveridge**. L'assistance publique est financée par l'impôt. L'assistance n'établit pas de lien entre le montant de la contribution des individus et les droits qui leur sont ouverts. Elle remplit donc une fonction de solidarité entre ceux qui contribuent parce qu'ils en ont les moyens et les bénéficiaires de l'assistance. Dans son rapport de 1942, William Henry Beveridge, homme politique britannique, préconisait une aide pour tous en cas de maladie, chômage et vieillesse expliquant que cela favoriserait la productivité donc la compétitivité britannique. Un tel système est géré par l'Etat central.

Parmi les pays ayant adopté un système d'assistance, on peut distinguer deux modèles, selon le niveau de protection choisi :

- Le modèle résiduel, tel que celui américain, est une assistance publique de faible niveau. Les plus pauvres sont faiblement aidés et bénéficient de soins médicaux de base gratuits.

- Le modèle universaliste, adopté par les pays nordiques, et également appelé social-démocrate ou scandinave, est, comme le modèle résiduel, inspiré de Beveridge, mais, il offre un niveau élevé de protection à tous. Tout citoyen est assuré et a droit, même s'il ne travaille pas, à des soins de santé, à des aides familiales (gardes des enfants, des personnes âgées ou malades) et à un revenu correct. Le système est géré d'une manière décentralisée par les organisations publiques. Ce système nécessite un niveau élevé d'imposition.

▪ Le système de protection sociale français a évolué de l'assurance vers l'assistance.

Les principales mesures de protection sociale et leur date de création :

Domaines	Inspiration bismarckienne (assurance)	Inspiration bévédridgienne (assistance)
Santé	En 1945, **l'assurance-maladie** est créée. Elle rembourse les soins médicaux et indemnise les arrêts de travail pour les salariés ayant cotisé. Les personnes qui sont à charge sont couvertes. Aujourd'hui encore, la Sécurité Sociale est organisée par professions : le régime général ne concerne que les salariés du privé de l'industrie et du commerce. Des régimes complémentaires augmentent les prestations (et les cotisations) pour ceux qui les choisissent.	Créée en 2000, la **CMU** (couverture maladie universelle) prend en charge les soins pour toute personne qui réside légalement en France depuis plus de 3 mois sans autre assurance sociale (couverture limitée), si la personne (seule) a moins de 534 € de revenu par mois en 2009 et en a fait la demande. 4,8 millions de personnes en ont bénéficié en 2006.
Vieillesse	En 1945 pour les salariés, en 1968 pour tous les indépendants, une pension de retraite est mise en place, proportionnelle à la durée de cotisation et au montant des revenus d'activité pendant leur vie professionnelle.	En 1956, le minimum vieillesse est créé pour les personnes de plus de 65 ans qui ont une retraite ou des revenus d'activité faibles. Pour une personne seule, le minimum vieillesse assure 592 €, par mois, en 2009. 600 000 personnes sont concernées.
Chômage	En 1958, les allocations chômage sont créées pour les salariés licenciés qui ont cotisé pendant une durée minimale. Elles sont proportionnelles à l'ancien salaire et à la durée du chômage En mars 2009, 2 310 000 chômeurs étaient indemnisés; en moyenne, l'indemnisation était de 989 €, par mois.	En 1984, une allocation spécifique de solidarité est versée aux chômeurs de moins de 60 ans à faibles revenus ayant épuisé les droits aux allocations chômage. Elle est versée pendant une durée limitée. Il y avait 348 000 bénéficiaires en 2008. Une personne seule bénéficiait de 963 €, par mois, en 2009.
Pauvreté		En 1976, une **allocation de parent isolé**

Domaines	Inspiration bismarckienne (assurance)	Inspiration bévédridgienne (assistance)
		(API) est créée et versée au parent élevant seul un ou plusieurs enfants dont 1 de moins de 3 ans. En 1988, le RMI (revenu minimum d'insertion) est créé. Ces deux aides ont été transformées en 2009 en RSA (revenu de solidarité active) : il est versé aux personnes avec ou sans travail et complète le revenu total inférieur à un certain seuil, en fonction de la situation familiale. Il y avait, en 2007, 1 300 000 allocataires. Une personne sans travail recevait avec le RSA 454 € en janvier 2009.
Famille	En 1946, les allocations familiales	Depuis les années 1980, les allocations

En 1945, le système de protection sociale français est un système d'assurance bismarkien. Mis en place à la libération par un gouvernement d'union nationale, il répond à la fois aux aspirations sociales des partis de gauche et à une volonté d'efficacité économique : dans une optique keynésienne, des revenus réguliers permettent la hausse de la consommation et de la croissance.

Mais des éléments beveridgiens sont mis en place progressivement à partir de 1956 pour protéger les personnes qui ne bénéficient pas du système corporatiste. En particulier, le minimum vieillesse a limité la pauvreté des personnes âgées qui ne bénéficiaient pas du régime de retraite (les personnes n'ayant pas cotisé suffisamment). A partir de 1976, la montée de la pauvreté liée au chômage de masse conduit à la multiplication des aides sociales ciblées sur des populations particulières (parent seul d'enfant de moins de 3 ans, chômeurs de longue durée, etc.)

2. La crise de la protection sociale et ses solutions

a) Une crise financière et d'efficacité

- Malgré l'importance des sommes consacrées à la protection sociale, le nombre d'exclus augmente. Par exemple, 370 000 personnes bénéficiaient du RMI en 1988, 1,2 millions en 2007. Lorsque la protection sociale est organisée selon un modèle bismarkien, le travail est un préalable à la protection : le chômage et les travaux précaires la rendent problématique. Par exemple, 40 % des chômeurs ne sont pas indemnisés, car ils n'ont pas cotisé suffisamment auparavant ou sont au chômage depuis trop longtemps.

▪ L'augmentation des cotisations conduit à une hausse du coût du travail qui nuit à l'emploi puisqu'un salarié doit être rentable pour que l'entreprise le garde : la hausse du coût horaire (salaire plus cotisations sociales) risque de rendre ce coût supérieur à ce que le travailleur rapporte (la valeur ajoutée créée par sa production horaire).

b) Quelles solutions ?

▪ Les économistes libéraux défendent le développement d'un système d'assurance privé, du fait de la crise d'efficacité et de l'augmentation du coût de la protection sociale publique :

- Avec la mondialisation, il y a une dissociation entre le coût du travail et les débouchés pour les produits. Les grandes entreprises vendent dans le cadre du marché mondial. Elles doivent être compétitives sur ces marchés et, pour cela, diminuer leur coût salarial. Un marché du travail et une protection sociale régulés nationalement entrent en contradiction : le financement de la protection sociale augmente le coût du travail. Des systèmes d'assurance privée reporteraient ces charges sur les individus et favoriserait la compétitivité des entreprises.
- Les aides sociales sont aussi critiquées : elles désincitent au travail en encourageant les chômeurs à ne rien faire. Diminuer ou supprimer les indemnités de chômage obligerait les individus à accepter les emplois existants. Les réformes européennes vont dans ce sens : elles encouragent les allègements des cotisations sociales sur les bas salaires, les « politiques d'activation des dépenses sociales » qui profitent à toutes les personnes à bas revenus (comme le RSA) et non seulement aux inactifs, les contrôles stricts des chômeurs pour éviter les abus.

John Rawls avait, dans sa théorie de la justice sociale, montré que les principes de justice devaient être choisis avec un « voile d'ignorance ». Lorsque chacun ignore s'il peut ou non être victime d'un risque social, alors il accepte de financer un système qui lui assurera les mêmes garanties qu'à tous les autres membres de la société. Mais, s'il sait qu'il ne sera jamais concerné par ce risque, il refusera sans doute de payer des sommes élevées pour les autres. L'existence aujourd'hui de statistiques développées permet aux individus de connaître les risques inégaux selon les catégories sociales. Les moins exposés au risque (les plus fortunés) se regroupent pour refuser les impôts et la solidarité. La liberté d'utiliser librement son argent ne serait-elle pas plus efficace que les prélèvements publics obligatoires ?

Malgré cette idée très américaine et les contestations que l'on entend en France, les sondages, comme celui réalisé par l'institut BVA en octobre 2005, montrent que plus de 90 % des français jugent la sécurité sociale indispensable.

- Le courant social-démocrate de l'Europe du Nord défend une protection sociale de haut niveau :
  - La protection sociale crée une cohésion sociale : au chacun pour soi libéral, les sociaux-démocrates opposent la solidarité. Les comparaisons internationales montrent que les pays où les dépenses publiques sont les plus élevées sont ceux où les inégalités sont les moins fortes.
  - La protection sociale n'a plus pour simple objectif de protéger les individus contre les principaux risques sociaux, mais de favoriser le développement d'une économie de la connaissance, source de croissance dans laquelle une population bien soignée et bien éduquée favorise l'efficacité de la production et la croissance. Ainsi, les enfants des catégories défavorisées réussissaient moins bien à l'école que les autres. Le développement du niveau d'études de l'ensemble de la population nécessite donc des mesures en leur faveur. La protection sociale et les services publics permettent justement de diminuer la pauvreté infantile.

En effet, plus le poids des dépenses publiques dans le PIB est élevé et moins la pauvreté infantile est développée, même si la corrélation n'est pas excellente (le coefficient de corrélation est de -0,85, le coefficient serait de -1 pour une corrélation négative parfaite). Les Etats-Unis consacrent environ 32 % de leur PIB aux recettes publiques en 2001, ce qui est peu par rapport aux autres pays, et environ 22 enfants sur 100 vivent dans la pauvreté. Au contraire, la Suède a un poids élevé de l'Etat (57 % du PIB) et un taux faible de pauvreté infantile : un peu plus de 2 enfants sur 100 sont pauvres.

Les keynésiens appuient ces raisonnements, car une partie de la protection sociale profite à des personnes qui ont de bas revenus et qui consommeront la plus grande partie des aides. Or, la consommation est à la base de la croissance puisqu'elle permet une demande de biens et services qu'il faut produire.

Intégration et solidarité : protection sociale et solidarités collectives

Une forte corrélation entre l'importance des recettes publiques et le recul de la pauvreté infantile :

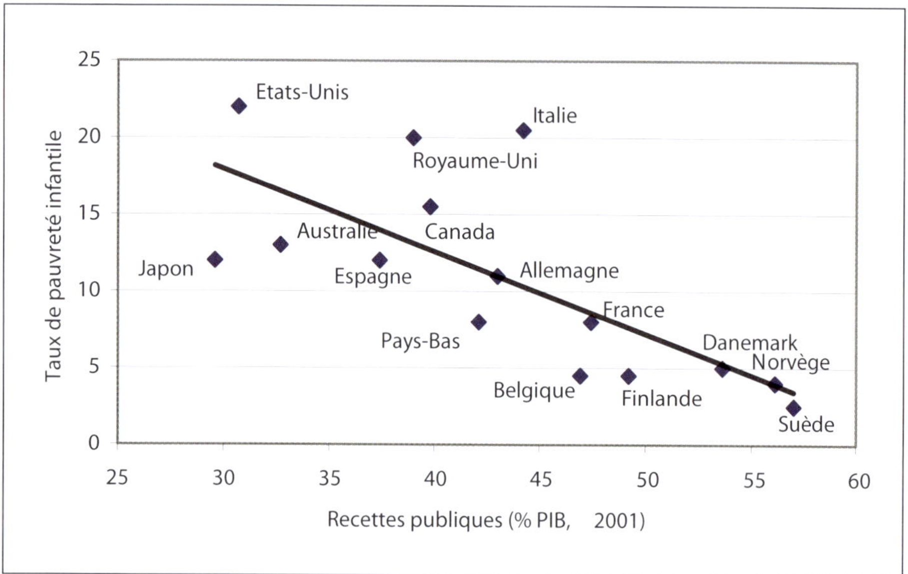

R2 = - 0,72, R = - 0,85. Cf. note graphique 2.

Source : OCDE et UNICEF, graphique du Conseil économique et social d'après Jean Gadrey, audition devant la section des questions économiques générales et de la conjoncture du Conseil économique et social, le 3 février 2005, Jean Gadrey- Alternatives Economiques - Pratique n°32 - Janvier 2008 (http://clerse.univ-lille1.fr/site_clerse/PDF/Gadrey_AlternEco%20Ineg&Redistr%2009-05.pdf)

La famille, l'école et le travail créent une solidarité sociale mais leur crise peut engendrer l'exclusion :

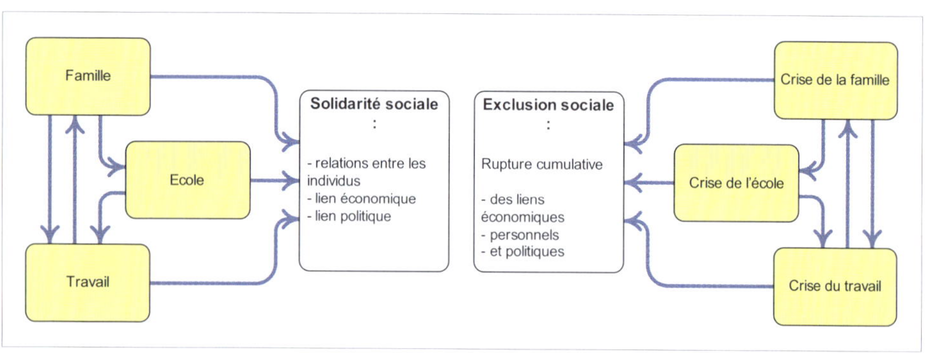

Internationalisation des échanges et mondialisation : commerce international, croissance et développement

14

Testez-vous sur ce chapitre avec l'option sujet/programme du logiciel.

▪ La **mondialisation** n'est pas un phénomène nouveau. Les pays échangent des produits depuis des siècles. Il faut cependant attendre le XIXe siècle pour que le commerce international prenne véritablement de l'ampleur. Cette première mondialisation s'arrête brutalement avec la crise des années 1930, la plupart des pays ayant réagi par des mesures protectionnistes.

▪ Après la Seconde Guerre mondiale, la mondialisation prend cependant une dimension beaucoup plus importante. On voit alors émerger un immense marché mondial des biens, des services, des capitaux et du travail, s'affranchissant de plus en plus des frontières politiques des Etats, et accentuant les interdépendances entre les pays.

Les formes de la mondialisation:

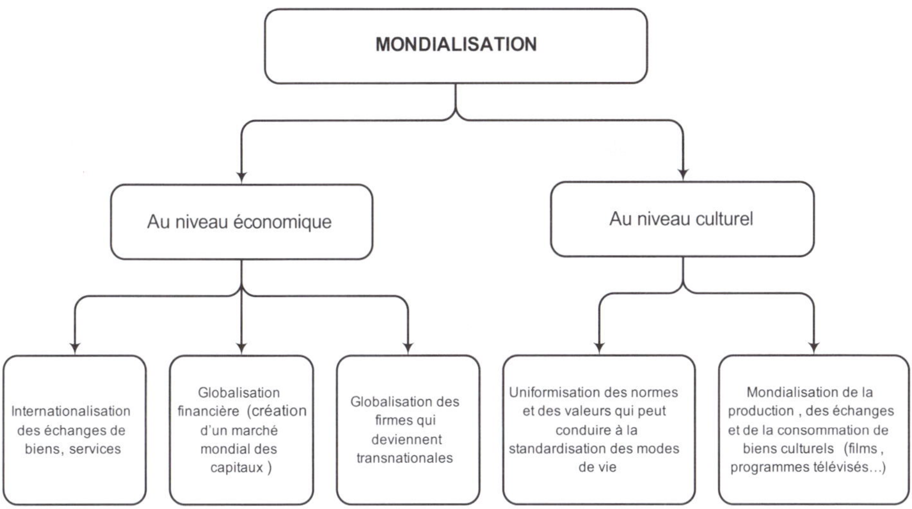

1. Des échanges internationaux en expansion

a) L'envolée des échanges internationaux après la Seconde Guerre mondiale

▪ Les échanges de biens et services ont augmenté de façon spectaculaire à partir des années 1950. Les exportations mondiales ont progressé beaucoup plus rapidement que la production mondiale :

- La part du commerce international dans le PIB de chaque pays a augmenté régulièrement, ce qui traduit une ouverture croissante des économies ;

- La part des échanges de produits manufacturés et de services a progressé, aux dépens de la part des produits bruts (notamment agricoles).

Evolution des exportations et de la production mondiales en volume (En indices base 100 = 1950) :

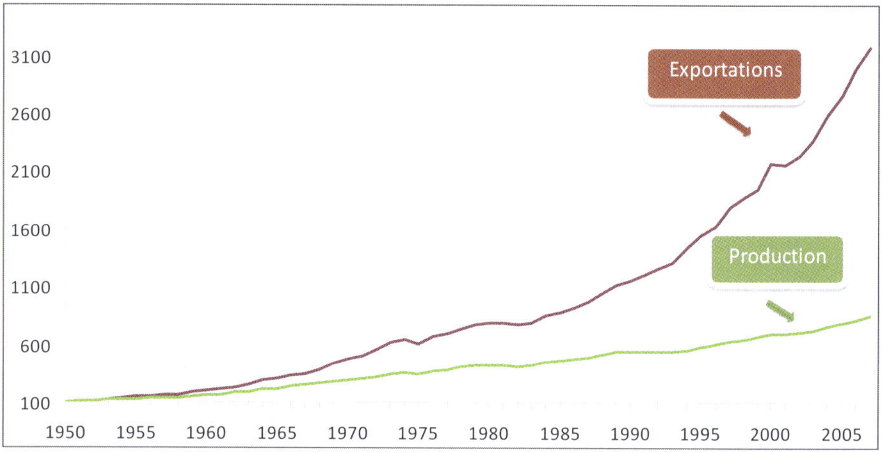

Source : WTO, « International Trade Statistics », 2008 (OMC, « Statistiques du commerce international », 2008)

- Le commerce international tend à se polariser. Trois grandes zones réalisent l'essentiel des échanges internationaux, ce qu'on appelle parfois **la Triade** (Amérique du Nord, Europe et Asie), mais la part des pays en développement tend à progresser depuis une vingtaine d'années.

- De même, on assiste à une régionalisation du commerce international. Le nombre d'espaces régionaux intégrés ne cesse de croître, comme l'Union européenne (27 pays), l'ASEAN (10 pays dont l'Indonésie, la Thaïlande, le Cambodge, Singapour…), l'ALENA (Etats-Unis, Canada, Mexique), ou encore le Mercosur (Argentine, Brésil, Paraguay, Uruguay, Venezuela). Le commerce à l'intérieur d'une même zone géographique (ou commerce intrazone) tend donc à se développer.

- Les pays ne s'échangent pas que des marchandises et des services, ils s'échangent aussi des capitaux. C'est par exemple le cas lorsqu'une banque britannique octroie un crédit à une entreprise française ou lorsqu'une firme américaine crée une filiale en Europe. A partir des années 1980, les Etats ont progressivement supprimé les obstacles aux échanges de capitaux, ce qui a entraîné une explosion des mouvements internationaux de capitaux (processus que l'on qualifie souvent de globalisation financière).

b) Une volonté d'organiser le commerce mondial

▪ Les Etats vont chercher à stabiliser les taux de change pour favoriser le commerce international. Les échanges entre deux pays ayant des monnaies différentes nécessitent la conversion de l'une des monnaies en unités de l'autre monnaie. Le **taux de change** est le prix auquel s'échangent deux monnaies. Les taux de change sont déterminés sur le marché des changes, en fonction de l'offre et de la demande des monnaies. Par exemple, si l'euro est davantage demandé que le dollar sur le marché des changes, l'euro va prendre de la valeur par rapport au dollar. Le taux de change évolue en faveur de l'euro, qui s'« apprécie », tandis que le dollar se « déprécie ».

▪ Une forte volatilité des taux de change n'encourage pas le commerce entre les pays. Imaginons un importateur américain de vin qui passe une commande d'un montant de 100 000 euros à un exportateur français. Entre le moment ou la commande est passée et le moment où elle sera réglée, il s'écoule en général plusieurs mois. Or, le taux de change entre le dollar et l'euro peut varier assez fortement durant cette période, si bien que la facture peut finalement être sensiblement plus chère (ou moins chère) que ce qui était prévu à l'origine. Pour éviter de mauvaises surprises, les agents s'assurent contre le risque de change, ce qui entraîne des coûts supplémentaires. Un régime de change flottant, où fluctuent librement les taux de change, peut donc pénaliser le commerce international.

▪ En 1944, les alliés organisent une conférence qui réunit une quarantaine de nations à **Bretton Woods** (Etats-Unis). L'objectif est de mettre en place un régime de change fixe entre les pays, de façon à stabiliser les taux de change, pour favoriser le développement du commerce international. Ce système durera jusque dans les années 1970 et ne survivra pas au choc pétrolier de 1973.

▪ Deux organisations sont créées lors de la conférence de Bretton Woods : le **Fonds monétaire international (FMI)** et la **Banque mondiale**, avec pour mission d'assurer la stabilité financière et d'aider les pays ravagés par la guerre à reconstruire leur économie. Elles ont contribué à l'essor et à la libéralisation du commerce international.

▪ En 1947, 23 pays signent un accord général sur les tarifs douaniers et le commerce (**GATT**), dont la France, le Royaume-Uni et les Etats-Unis. L'objectif est de développer les échanges internationaux et la croissance mondiale, en supprimant tous les obstacles aux échanges, et notamment les droits de douane (ou tarifs douaniers). Il s'agit d'une taxe payée par les consommateurs qui frappe les produits importés, et qui vise le plus souvent à protéger l'industrie nationale de la concurrence étrangère. En 1995, l'**Organisation mondiale du commerce (OMC)** remplace le GATT.

Le niveau moyen des tarifs douaniers dans les pays industrialisés est passé de 40 % à 4 % entre 1940 et le début des années 2000. Le GATT, puis l'OMC, ont donc joué un rôle essentiel dans le développement du commerce international.

2. Les effets du libre-échange sur la croissance et le développement

a) Les avantages du libre-échange

▪ Le **libre-échange** peut être défini comme la suppression des obstacles aux échanges internationaux.

▪ Le libre-échange permet la spécialisation et accroît la productivité des facteurs de production. Au XVIIIe siècle, les économistes classiques anglais sont les premiers à montrer que le libre-échange est profitable à tous les pays. **David Ricardo** montre, en 1817, que les pays ont intérêt à se spécialiser dans l'activité pour laquelle ils disposent d'un avantage comparatif, c'est-à-dire là où ils sont relativement plus productifs que les autres ou s'ils sont moins productifs partout, là où leur désavantage est le moins important.

Ce faisant, chaque pays utilise ses facteurs de production de façon optimale, sans gaspillage, ce qui permet d'accroître la productivité. Au final, la production obtenue est supérieure à ce qu'il aurait été possible de produire en autarcie, chacun de son côté. Il ne reste plus qu'à échanger pour se répartir les gains.

Il en découle une **division internationale du travail (DIT)** complémentaire, puisque les pays sont spécialisés dans des activités différentes, source de gains de productivité et donc d'enrichissement.

▪ Le libre-échange accroît la taille des marchés et favorise les **économies d'échelle**. Le passage au libre-échange provoque l'extension des marchés. Les entreprises ont désormais accès à un marché beaucoup plus vaste, ce qui leur permet de produire de plus grandes quantités de biens et services, ainsi que de bénéficier d'économies d'échelle (baisse du coût unitaire de production). Cela améliore la **compétitivité** des entreprises, c'est-à-dire leur capacité à faire face à la concurrence. On peut donc s'attendre, si le marché est suffisamment concurrentiel, à des baisses de prix favorables aux consommateurs.

▪ Le libre-échange place les entreprises nationales en concurrence avec les entreprises étrangères. Cette intensification de la concurrence est en général profitable aux consommateurs :

- Elle incite les entreprises à réduire leurs coûts pour pouvoir baisser leurs prix ;
- Elle incite les entreprises à innover, à améliorer la qualité des produits, du service après-vente, etc.

- Elle permet une plus grande diversité de produits. Par exemple, plutôt que de se contenter d'un ou deux constructeurs automobiles nationaux, le consommateur a aujourd'hui le choix entre une quinzaine de producteurs.

▪ On constate également que la libéralisation des échanges, après la Seconde Guerre mondiale, s'est accompagnée d'une formidable période de croissance pour les pays industrialisés (les Trente Glorieuses), ce qui autorise à penser que le libre-échange a pu favoriser la croissance économique.

b) Intérêts et limites du protectionnisme

▪ On peut définir le **protectionnisme** comme la mise en place de mesures visant à protéger les entreprises nationales de la concurrence étrangère. On distingue plusieurs formes de protectionnisme :

- Le **protectionnisme tarifaire** qui consiste à frapper les produits importés d'une taxe, payée par le consommateur.
- Le **protectionnisme non tarifaire** qui consiste à limiter les importations (interdictions d'importer, quotas, restrictions volontaires aux exportations).
- Le **protectionnisme déguisé**, qui peut avoir un motif technique, sanitaire ou administratif.

▪ Il existe plusieurs justifications théoriques du protectionnisme :

- La protection des industries naissantes (ou « dans l'enfance ») : c'est à l'économiste allemand **Friedrich List**, au XIXe siècle que l'on doit cette théorie du « protectionnisme éducateur ». Il s'agit de protéger les entreprises naissantes, de façon temporaire, le temps qu'elles atteignent une taille suffisante pour devenir compétitives. Une entreprise qui se lance dans une nouvelle activité a des coûts de production élevés, car son volume de production est faible. Elle a tout intérêt à se développer, pour bénéficier d'économies d'échelle et pouvoir réduire ses coûts unitaires. Or, cela ne peut se faire qu'à l'abri de la concurrence internationale.
- La politique commerciale stratégique : un pays peut avoir recours à un protectionnisme stratégique pour améliorer le bien-être de sa population. Il s'agit de choisir un secteur « stratégique » que l'Etat va soutenir (par exemple à l'aide de subventions). Ce secteur est choisi pour sa capacité à diffuser des effets positifs dans l'économie (effets d'entraînement sur d'autres activités).
- **Nicholas Kaldor** justifie le recours à des mesures temporaires pour protéger les industries vieillissantes, vouées à disparaître, de façon à faciliter leur reconversion et éviter les troubles sociaux liés à des fermetures d'usines.
- La lutte contre la concurrence déloyale : certains pays estiment qu'ils subissent une concurrence déloyale, parce que d'autres pays utilisent le

travail des enfants ou pratiquent la concurrence fiscale ou sociale. Le protectionnisme peut alors servir à limiter les délocalisations ou les fermetures d'usines qui menaceraient l'emploi.

- L'expérience montre que le protectionnisme n'est pas forcément un handicap dans le processus de développement. **Paul Bairoch** a ainsi montré que de nombreux pays aujourd'hui industrialisés se sont développés, au XVIIIe et XIXe siècle, à l'abri de barrières protectionnistes. C'est notamment le cas des Etats-Unis, qui ont eu recours à des droits de douanes pour protéger leurs entreprises durant leur phase de développement. Ce n'est qu'une fois qu'ils ont acquis une confortable avance technologique qu'ils se sont convertis au libre-échange.

- Le recours à des mesures protectionnistes n'est cependant pas sans dangers :
  - Un pays qui prend des mesures protectionnistes à l'égard d'un autre pays doit s'attendre à des représailles qui pourraient nuire à ses exportations et annuler les effets bénéfiques escomptés.
  - Un protectionnisme durable joue un effet désincitatif car les entreprises ne sont pas incitées à se moderniser, à réduire leurs coûts ou à améliorer la qualité des produits.
  - Le protectionnisme renchérit le prix des produits importés. Les entreprises vont devoir payer plus cher les matières premières qu'elles achètent à l'étranger, ce qui va provoquer une hausse de leurs coûts de production. Une étude américaine a montré, par exemple, que la taxe de 30 % sur l'acier étranger, introduite par l'administration Bush au début des années 2 000, aurait coûté au moins 74 000 emplois. Huit postes de travail dans l'industrie auraient été perdus pour en sauver un dans la sidérurgie. Les entreprises automobiles américaines ont, en effet, dû payer l'acier plus cher, ce qui a nuit à leur compétitivité-prix. Elles ont perdu des parts de marché au profit des entreprises étrangères (notamment Toyota), ce qui a coûté des emplois.

3. Les mutations de la division internationale du travail (DIT)

a) Une remise en cause de la DIT traditionnelle

- On a assisté, après la Seconde Guerre mondiale, à une remise en cause des rapports Nord/Sud :
  - En simplifiant un peu, on peut dire que, jusqu'au milieu du XXe siècle, les pays du Nord étaient plutôt spécialisés dans les produits manufacturés et les pays du Sud, plutôt dans les produits bruts. La réalité était en fait plus complexe, mais le décalage entre le Nord et le Sud était réel.
  - Après la Seconde Guerre mondiale, de nombreux pays en développement vont mettre en œuvre des stratégies d'industrialisation, à l'image du

Japon, qui va connaître une industrialisation fulgurante et rattraper son retard sur les pays riches en quelques décennies.

- Dans les années 1960, c'est au tour des quatre dragons d'Asie du Sud-est (appelés partois nouveaux pays industrialisés ou NPI) de développer leur industrie, en s'appuyant sur une main-d'œuvre bon marché. Ils seront rejoints quelques années plus tard par des pays d'Amérique Latine comme l'Argentine ou le Brésil puis, dans les années 1980, par les « tigres asiatiques » (Thaïlande, Indonésie, Malaisie…).
- Ils seront rejoints quelques années plus tard par des pays d'Amérique Latine comme l'Argentine ou le Brésil puis par les « tigres asiatiques » (Thaïlande, Indonésie, Malaisie…).
- Aujourd'hui, c'est l'Inde et la Chine qui connaissent un développement rapide.

La traditionnelle DIT est donc largement remise en cause. De plus en plus, les pays du Sud émergent et viennent concurrencer les pays du Nord dans des secteurs à forte valeur ajoutée, comme l'électronique, l'informatique ou même l'automobile. On est donc passé d'une DIT plutôt complémentaire entre le Nord et le Sud (les pays industrialisés importaient des produits bruts venant du Sud et exportaient des produits manufacturés), à une DIT de plus en plus concurrentielle. Les pays se spécialisent non plus en fonction d'avantages « naturels » mais élaborent des stratégies qui visent à construire des avantages comparatifs.

▪ L'expérience des 30 dernières années montre qu'il vaut mieux être spécialisé dans la production de produits à forte valeur ajoutée, comme les produits manufacturés, que dans la production de produits bruts. Tous les pays l'ont compris et aspirent à se spécialiser dans les mêmes activités. Si bien qu'ils échangent de plus en plus fréquemment des produits similaires, ce que l'on appelle le commerce intrabranche.

b) La DIT ne profite pas à tous les pays

▪ Certains pays ont connu une dégradation des termes de l'échange. L'**indice des termes de l'échange** est le rapport entre l'indice des prix des exportations et l'indice des prix des importations:

T = [INDICE DES PRIX DES EXPORTATIONS / INDICE DES PRIX DES IMPORTATIONS] X 100

Il permet de mesurer l'évolution du pouvoir d'achat des exportations:

- Si T < 100, il y a dégradation des termes de l'échange. Cela signifie que le prix des produits exportés augmente moins vite que celui des produits importés. Si bien que le pays doit exporter davantage pour pouvoir importer la même quantité de produits.

- Si T > 100, c'est le contraire qui se produit.

▪ De nombreux pays d'Afrique subsaharienne sont encore largement dans le schéma de la DIT traditionnelle, avec une spécialisation dans des produits bruts, notamment agricoles (café, cacao...). Ils ont souffert, à partir des années 1960, d'une nette dégradation des termes de l'échange. En raison d'une surproduction récurrente, les prix des produits bruts ont eu tendance à diminuer, ce qui les a conduits à accroître leur production pour tenter d'exporter des quantités plus importantes, ce qui n'a fait qu'aggraver la situation en précipitant la baisse des prix. La situation s'est cependant améliorée par la suite, en raison de l'industrialisation de l'Inde et surtout de la Chine (grands consommateurs de produits bruts), qui a provoqué une hausse très nette des prix.

La dégradation des termes de l'échange :

Baisse des termes de l'échange des produits agricoles africains, 1960-2000

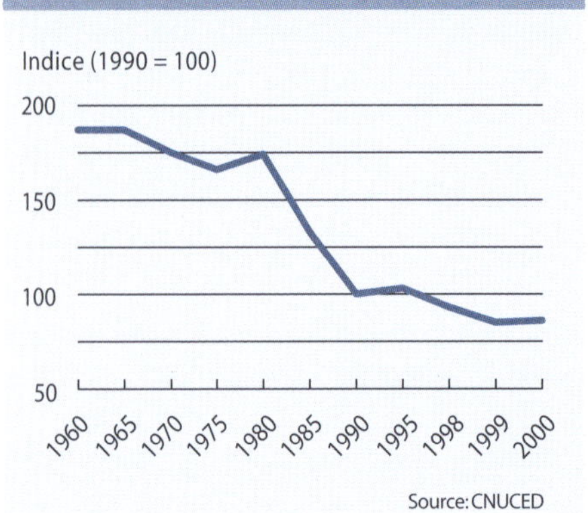

Termes de l'échange par groupe de produits de base, 1975-2000

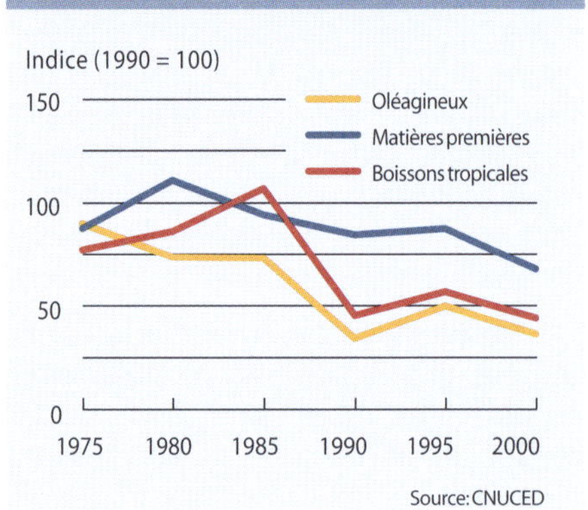

Source : CNUCED, « La situation des marchés des produits agricoles », FAO (Food and Agriculture Organization), 2004

Internationalisation des échanges et mondialisation : stratégies internationales des entreprises

15

Testez-vous sur ce chapitre avec l'option sujet/programme du logiciel.

Dans un contexte mondialisé, où la concurrence internationale est de plus en plus intense, les entreprises cherchent à accroître leur compétitivité. Pour cela, certaines d'entre elles ont recours à des stratégies qui visent à internationaliser leur processus productif en implantant des sites dans plusieurs pays. Ces grandes firmes transnationales adoptent une stratégie mondiale en cherchant à profiter au mieux des avantages que procurent les différents pays.

Cependant, ces stratégies soulèvent de nombreuses questions. Sont-elles vraiment efficaces ? Ne menacent-elles pas l'emploi dans les pays industrialisés ? Ne placent-elles pas les Etats en concurrence ?

1. La transnationalisation des firmes et leur rôle dans la division internationale du travail (DIT)

a) Qu'est-ce qu'une firme transnationale ?

- Une **firme transnationale (FTN)** est une entreprise qui possède au moins un site de production localisé à l'étranger. Elle a donc une activité productive en dehors de son pays d'origine. Le plus souvent, les FTN prennent la forme d'une entreprise (la maison-mère) qui contrôle une ou plusieurs filiales situées à l'étranger. Une **filiale** est une entreprise contrôlée par une autre qui en possède plus de la moitié du capital.

- Le choix des sites de production est fait en fonction des avantages que les firmes peuvent tirer des différents pays. Par exemple, les segments de production qui demandent une main d'œuvre abondante et peu qualifiée sont implantés en Asie. Les centres de recherche-développement, qui nécessitent une main-d'œuvre très qualifiée, sont au contraire localisés dans les pays industrialisés.

- Ces stratégies conduisent à une **division internationale des processus productifs (DIPP)**. Les différentes étapes de la production sont réparties entre les différentes filiales localisées dans plusieurs pays. L'entreprise Toyota illustre ce phénomène. La firme dispose d'un réseau important de filiales en Asie où sont produits les moteurs, les boîtes de transmissions, etc. Les pièces sont ensuite assemblées dans les sites de production localisés dans les pays industrialisés.

- Plutôt que de produire elles-mêmes, les FTN font de plus en plus fréquemment appel à des sous-traitants (souvent situés à l'étranger). On parle alors de firmes-réseaux.

b) Les FTN réalisent des investissements directs à l'étranger

▪ Pour développer leurs activités à l'étranger, les FTN ont recours à des **investissements directs à l'étranger (IDE)**. On parle d'IDE lorsqu'une entreprise réalise l'une des ces trois opérations :

- Implantation d'une filiale à l'étranger ;
- Délocalisation d'un site de production à l'étranger ;
- Acquisition d'au moins 10 % du capital d'une entreprise étrangère (en dessous de 10 %, on considère qu'il s'agit d'un simple investissement de portefeuille, dans une logique purement financière). L'IDE repose effectivement sur une logique productive. L'entreprise doit chercher à prendre le contrôle d'une autre entreprise, située à l'étranger.

▪ Un **flux** exprime un mouvement entre deux dates. Les flux d'IDE peuvent être comptabilisés de deux façons : lorsqu'ils sortent d'un pays (IDE sortants) ou lorsqu'ils entrent dans un pays (IDE entrants).

Evolution des IDE sortants et du PIB (mondiaux) en indice base 100 = 1982 :

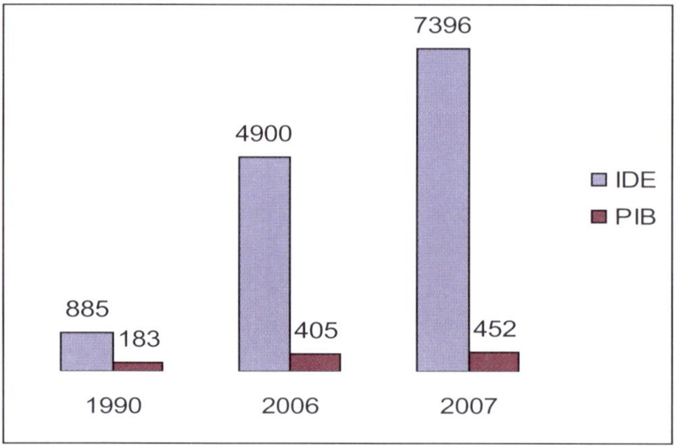

Source : d'après CNUCED, *World investment*, report 2008.

Les flux d'IDE se sont mis à augmenter de façon très importante à partir des années 1990. Ils ont progressé à un rythme sans commune mesure avec celui du PIB mondial. Alors que le PIB était multiplié par 4,52 entre 1982 et 2007, les flux d'IDE sortants étaient multipliés par près de 74.

▪ Les IDE sont souvent perçus comme des délocalisations massives de firmes occidentales vers les **PED (pays en développement)** à bas salaires. La lecture attentive des statistiques permet cependant de remettre en cause certaines idées reçues :

- Les PED ne sont pas les premiers destinataires des IDE, ils ne reçoivent que le tiers des investissements. Les pays développés accueillent donc les 2/3 des IDE et l'Union européenne, près de 42 % à elle seule.
- Les IDE en provenance des pays industrialisés s'orientent massivement vers d'autres pays industrialisés. Par exemple, environ 80 % des IDE sortants de France vont vers des pays de niveau de développement équivalent (dont plus de 50 % vers des pays de l'Union européenne à quinze, et 25 % vers les Etats-Unis).
- La France tire largement son épingle du jeu en matière d'IDE entrants. C'est l'un des pays les plus attractifs de la planète, puisqu'elle se classe en 4e position en 2006.
- Les PED ne profitent pas tous de l'accroissement de flux financiers. Certes, les pays émergents d'Asie du Sud ou d'Amérique Latine bénéficient d'un nombre croissant d'IDE, mais les **pays les moins avancés (PMA)**, situés pour la plupart en Afrique subsaharienne restent largement marginalisés.

Les flux d'IDE entrants et sortants en 2006 (en milliards de dollars) :

IDE entrants		IDE sortants	
1. Etats-Unis	183,6	1. Etats-Unis	248,9
2. Royaume-Uni	139,6	2. France	115,1
3. Luxembourg	97,0	3. Espagne	89,7
4. France	81,1	4. Luxembourg	81,6
5. Belgique	71,5	5. Suisse	81,5

Source : OCDE, *International Investment Perspectives : Freedom of Invesment in a Changing World*, 2007
(http://www.oecd.org/document/32/0,3343,en_2649_33763_39398368_1_1_1_34529562,00.html)

c) Le rôle des firmes transnationales dans la division internationale du travail

- Les stratégies d'internationalisation des firmes ont un impact sur le commerce international et, plus généralement, sur la DIT. La **division internationale des processus productifs (DIPP)** conduit les entreprises à multiplier les échanges entre les différentes filiales, ce qu'on appelle le commerce intra-firme. Ce commerce est comptabilisé en exportations/importations lorsque les filiales sont situées dans différents pays. On estime qu'il représente le tiers du commerce international. Les stratégies des firmes ont donc joué un rôle important dans l'augmentation du commerce international.

- Les stratégies des firmes renforcent la spécialisation des pays. La Chine, surnommée « l'atelier du monde », s'est ainsi spécialisée dans la production industrielle à bas coûts en attirant les firmes du monde entier.

2. Les stratégies des firmes et leurs conséquences

15 Internationalisation des échanges et mondialisation : stratégies internationales des entreprises

a) Les firmes transnationales cherchent à accroître leur compétitivité

▪ Les FTN élaborent des stratégies internationales pour améliorer leur **compétitivité**, c'est-à-dire leur capacité à faire face à la concurrence. On distingue deux formes de compétitivité :

- La **compétitivité-prix**, qui repose sur les coûts de production ;
- La **compétitivité-produit** (ou hors-prix), qui repose sur la qualité du produit, le service après-vente, ou encore l'image de la marque telle qu'elle est perçue par le client.

▪ Les FTN ont recours à des stratégies internationales pour réduire leurs coûts de production et accroître la compétitivité-prix:

- La **délocalisation** qui consiste à fermer un site de production (ou une activité) dans un pays pour en ouvrir un autre équivalent dans un autre pays, peut être utilisée pour réduire les coûts de production et ainsi réduire la masse salariale (en délocalisant dans les pays à bas salaires) ou réduire la fiscalité (en délocalisant vers les pays où les bénéfices sont peu imposés).
- L'**externalisation à l'étranger**, qui consiste à confier une activité de production à un sous-traitant situé dans un autre pays, est de plus en plus souvent utilisée par les FTN. L'entreprise Nike, par exemple, ne produit pas une seule paire de chaussures. La totalité de la production est externalisée en Asie. C'est une stratégie qui permet en outre de mettre en concurrence les différents sous-traitants pour obtenir des prix toujours plus faibles.

▪ Les stratégies visant à améliorer la compétitivité-produit sont devenues essentielles, dans un contexte mondialisé :

- L'innovation permet à l'entreprise de bénéficier d'une rente de monopole temporaire, source de surprofits, soit car il faut du temps à la concurrence pour adopter la nouvelle technologie, soit parce que l'innovation est protégée par un brevet. Cela nécessite d'investir en recherche-développement, ce qui est coûteux.
- L'investissement dans le marketing et la publicité permet également de différencier le produit de la concurrence, notamment lorsque les produits sont eux-mêmes relativement homogènes. Par exemple, la plupart des PC portables sortent des mêmes usines asiatiques. Les composants étant les mêmes, c'est la marque et le design qui fait la différence.

b) Les conséquences des stratégies des firmes transnationales

▪ L'effet sur l'emploi des stratégies des FTN est ambigu :

- Les délocalisations vers les pays à bas salaires détruisent des emplois dans les pays industrialisés. Pour l'essentiel, il s'agit d'emplois peu qualifiés dans l'industrie. Cependant, les entreprises ont de plus en plus souvent tendance à externaliser des activités de service (les centres d'appel au Maroc, les services informatiques en Inde…).
- Néanmoins, les FTN investissant principalement dans les pays industrialisés (environ les 2/3 des IDE), le choix de localisation ne dépend pas que du coût du travail et de la fiscalité. Les firmes cherchent aussi une main d'œuvre très qualifiée, un réseau de sous-traitants, des infrastructures publiques de qualité, la proximité des lieux de vente, etc. Dans ce domaine, les pays industrialisés (comme la France) ont des atouts très importants. Ces IDE créent de nombreux emplois qui peuvent compenser (voire dépasser) les emplois détruits par les délocalisations.

▪ Les stratégies des firmes placent les Etats en concurrence :

- Certains pays, en raison de l'absence de protection sociale, ont un coût du travail très faible, ce qui attire les FTN. En effet, les cotisations sociales étant très faibles (voire inexistantes), le coût du travail y est nettement moins élevé qu'en France ou qu'en Allemagne. On parle alors de « **dumping social** ».
- D'autres pays (parfois les mêmes, mais pas toujours) pratiquent une fiscalité sur les bénéfices qui est avantageuse pour attirer les FTN. On parle alors de « **dumping fiscal** ». C'est le cas de l'Irlande par exemple.

Cette concurrence, qui peut être considérée comme « déloyale », exerce une pression à la baisse sur les salaires, sur la protection sociale, ainsi que sur la fiscalité sur le capital dans les pays industrialisés.

16

Internationalisation des échanges et mondialisation : mondialisation, évolutions sociales et culturelles et régulation

Testez-vous sur ce chapitre avec l'option sujet/programme du logiciel.

La mondialisation n'a pas que des effets bénéfiques. La montée des inégalités entre ceux qui en profitent le plus et les autres, les problèmes environnementaux liés à la croissance économique mondiale, la domination culturelle des pays occidentaux soulèvent la question de la régulation de la mondialisation.

Est-il possible d'agir au niveau supranational pour mettre en œuvre des règles communes ? Peut-on limiter les effets pervers de la mondialisation ?

1. La mondialisation accroît-elle les inégalités entre pays ?

- **Ricardo** a montré au XVIIIe siècle que le libre-échange est théoriquement profitable à tous, avec sa **loi des avantages comparatifs**. Cependant, tous les pays n'en profitent pas de la même façon. Dans la mesure où il est possible de construire des avantages comparatifs, le choix d'une spécialisation devient essentiel et tous les pays ne sont pas logés à la même enseigne. Ceux qui se sont spécialisés dans l'électronique, l'informatique ou la pharmacie en ont profité davantage que ceux qui se sont spécialisé dans les produits bruts, aux cours mondiaux très fluctuants.

- L'analyse des écarts de revenus entre pays développés et **pays en développement (PED)** montre une réalité contrastée. Globalement, on constate une baisse des inégalités de revenus depuis la Seconde Guerre mondiale. Néanmoins, lorsque l'on regarde dans le détail, le rattrapage concerne essentiellement le continent asiatique. Si l'on exclut des statistiques l'Inde et la Chine, les inégalités de revenus se sont sensiblement accrues entre pays développés et PED depuis les années 1970.

- La pauvreté absolue a fortement reculée en Asie, alors qu'elle continue à progresser en Afrique subsaharienne, là où se concentre la plupart des pays les plus pauvres de la planète.

- La mondialisation a aussi un effet sur le niveau des inégalités à l'intérieur de chaque pays. Dans les pays développés, les écarts se creusent entre ceux qui travaillent dans un secteur qui bénéficie de l'ouverture internationale (comme les services financiers), et ceux qui doivent affronter la concurrence des pays à bas salaires (comme dans le textile ou l'industrie automobile). Dans les pays en développement, les inégalités augmentent entre ceux qui travaillent dans les industries exportatrices et les autres, souvent cantonnés dans des emplois extrêmement précaires et mal rémunérés, notamment dans l'agriculture, lorsqu'ils parviennent à trouver un emploi…

2. La mondialisation conduit-elle à l'uniformisation culturelle ?

a) Une tendance à l'uniformisation culturelle

▪ La mondialisation a pour effet de mettre en contact différentes cultures à travers :

- Le déplacement des populations qu'elle entraîne (mobilité du travail) ;
- Les échanges de biens et de services : les entreprises exportent de plus en plus, ce qui favorise la diffusion de modèles culturels (par exemple, la cuisine française) ;
- La diffusion de biens culturels (cinéma, programmes TV, musique…) à l'échelle mondiale ;
- Le développement d'internet : les mêmes informations ont tendance à se diffuser presque partout, et un langage internet basé sur l'anglais est en train d'émerger au niveau mondial (avec des mots comme « chat » ou encore « pop-up » et « forum ») ;
- La diffusion mondiale de chaînes d'information occidentales (CNN…).

▪ Cela engendre des phénomènes d'**acculturation**, c'est-à-dire des phénomènes qui résultent du contact prolongé entre des groupes d'individus de cultures différentes, entraînant des modifications de la culture de l'un ou des deux groupes. Par exemple, les adolescents français, chinois ou russes s'acculturent en regardant les séries, les clips ou les films américains. Ils finissent par adopter des traits du modèle culturel de la jeunesse américaine (mode vestimentaire, façon de se comporter, etc.).

▪ Certains éléments font donc penser à une uniformisation de la culture au niveau mondial. Le mode de vie occidental ayant tendance à se diffuser à l'échelle de la planète, on parle même parfois d'occidentalisation du monde. Elle résulte de la généralisation du salariat, du mode de vie urbain et de l'accès à une consommation de produits standardisés, dont le Coca-Cola et le Big Mac sont les emblèmes, mais qui comprend aussi le yaourt Danone, l'ipod d'Apple ou la Nintendo DS.

b) Les limites de l'uniformisation culturelle

▪ Il existe de nombreuses formes de résistances au processus d'uniformisation culturelle.

▪ Ainsi, à l'occasion du dernier cycle de négociations du GATT, en 1994, le principe d'une « exception culturelle » a été adopté à l'initiative de la France. Cela permet le maintien des quotas et des aides au cinéma qui auraient dû sans cela être supprimés en application de l'obligation de traitement égal des nationaux et des non nationaux. En France, en effet, une taxe est prélevée sur chaque place de cinéma vendue, ce qui permet de financer des subventions au cinéma français. Les chaînes de télévision et les stations de radio doivent également respecter des quotas en matière de productions françaises.

- Ensuite, dans certaines régions du monde, l'occidentalisation est vécue comme une véritable agression. Elle entraîne en effet des formes de déculturation (destruction de certains traits culturels) qui peuvent être perçues comme des menaces contre la culture locale. Cela engendre la montée du nationalisme, de la censure contre les produits culturels américains, ou de l'intégrisme religieux, qui sont différents moyens de revendiquer une identité, en rejetant la culture occidentale, perçue comme « ennemie ». Par exemple, dans certains pays comme l'Iran, l'Arabie Saoudite ou l'Egypte, les films américains (qui prônent des valeurs comme l'égalité hommes-femmes, la liberté individuelle...) remettent en cause les normes dominantes et sont donc fréquemment censurés. Cependant, le développement des chaînes internationales, d'Internet et de la vente de DVD pirates permettent à la population de contourner les règles de plus en plus facilement, rendant la censure partiellement inefficace.

- Enfin, la mondialisation ne produit pas forcément d'uniformisation culturelle. Certains auteurs mettent au contraire l'accent sur l'idée de métissage culturel. Il s'agit d'un « brassage » des cultures. La rencontre de plusieurs cultures serait à l'origine d'une nouvelle culture originale. Les populations, lorsqu'elles s'acculturent, n'empruntent pas tels quels les éléments culturels étrangers, elles les réinterprètent à leur façon, ce qui donne un métissage original. C'est ainsi, par exemple, que l'on mange du yaourt partout, mais pas de la même façon. En Occident, on le mange en petite quantité comme dessert, alors que les Indiens ou Turques le consomment en plus grande quantité en milieu de repas. Les entreprises sont d'ailleurs contraintes de tenir compte de ces différences et d'adapter leurs produits aux goûts locaux. Par exemple, les hamburgers vendus par Mac Donald's en Inde sont faits avec du mouton.

3. Peut-on réguler la mondialisation ?

a) Les défaillances de la régulation traditionnelle

- Pour qu'un système économique et social puisse fonctionner et se reproduire dans le temps, il est nécessaire de le réguler, c'est-à-dire de déterminer des normes ou des règles de fonctionnement.

- Avec la mondialisation, les Etats ont en partie perdu leur pouvoir de régulation. Les stratégies adoptées par les firmes transnationales ont eu pour effet de placer les territoires en concurrence, ce qui a incité les Etats à recourir à des politiques de déréglementation, les privant par la même de moyens d'actions.

▪ Deux organisations internationales ont été créées aux lendemains de la Seconde Guerre mondiale pour assurer la régulation de la mondialisation : le **Fonds monétaire international (FMI)** et la **Banque mondiale**. Elles ont cependant fait l'objet de nombreuses critiques de la part d'économistes keynésiens, comme le « prix Nobel » américain Joseph Stiglitz, qui leur reproche d'avoir exigé des pays frappés par la crise, en échange de leur aide, des réformes libérales censées « moderniser » leur économie : privatisations des entreprise publiques, baisse des dépenses publiques, suppression des mesures protectionnistes, etc. Ces mesures n'auraient fait qu'aggraver leurs problèmes.

▪ La régulation traditionnelle n'a pas empêché le développement des inégalités mondiales et la progression de la pauvreté, notamment en Afrique.

b) La nécessité de mettre en œuvre une nouvelle régulation

▪ Il n'existe pas réellement d'organisme capable d'agir au niveau mondial pour fixer des règles collectives aux acteurs de la mondialisation (les firmes, les Etats, etc.) si bien que la question de la gouvernance mondiale reste plus que jamais une nécessité pour :

- Etablir des normes sociales à l'échelle mondiale afin de lutter contre le dumping social ;
- Etablir des normes environnementales permettant de limiter les externalités négatives générées par l'activité économique (rejet de gaz à effet de serre, pollution chimique, déforestation, etc.) ;
- Fixer de nouvelles règles en matière de finance internationale, de façon à éviter les crises financières à répétition qui déstabilisent l'économie mondiale.

▪ Toutefois, de nouveaux acteurs émergent et tentent de se coordonner au niveau international :

- Les **ONG (organisations non gouvernementales)** agissent au niveau international sur des questions concernant la défense de l'environnement (comme Greenpeace), les droits de l'Homme (comme Amnesty International) ou encore la mondialisation économique (comme ATTAC). Par leurs actions, souvent médiatisées, elles ont le pouvoir de peser sur les décisions publiques, et représentent des groupes de pression de plus en plus influents.
- Les syndicats tentent de se regrouper au niveau international pour peser davantage dans les négociations avec les employeurs, d'autant qu'avec la mondialisation, le cadre national paraît de moins en moins pertinent. Par exemple, la **confédération européenne des syndicats (CES)** regroupe de nombreuses organisations syndicales européennes et cherche à faire pression sur les institutions de l'Union européenne, de façon à défendre

les intérêts des travailleurs européens. Toutefois, sur de nombreuses questions, les désaccords entre syndicats, aux traditions et aux objectifs différents, empêchent l'unité et nuisent à l'action collective.

- Les Etats cherchent aussi à se regrouper pour tenter de redéfinir les règles d'une nouvelle gouvernance mondiale. Le groupe des 20 (le G20), qui réunit les 20 pays les plus puissants de la planète, pourrait permettre d'élaborer les bases d'une nouvelle régulation internationale à condition que les réunions du groupe débouchent sur des règles précises, et non pas sur de simples déclarations de principe, comme cela semble être le cas pour l'instant. Or, l'unanimité étant requise, on peut douter de la capacité du G20 à assurer une régulation efficace.

Intégration européenne et politiques économiques et sociales : l'Union européenne et la dynamique de l'intégration régionale

17

Testez-vous sur ce chapitre avec l'option sujet/programme du logiciel.

▪ Le **libre-échange** étant supposé favorable à la croissance économique, de nombreux Etats géographiquement proches ont souhaité se lancer dans un processus d'intégration régionale, de façon à ne plus former qu'un seul espace économique. L'**Union européenne** est la zone ayant poussé le plus loin ce processus avec un marché commun, une harmonisation des politiques économiques des Etats et, pour certains d'entre eux, une monnaie unique. Il existe également de nombreuses autres zones régionales à travers le monde, comme l'**ALENA**, regroupant les Etats-Unis, le Canada et le Mexique, le **Mercosur** en Amérique du Sud ou encore l'**ASEAN** en Asie.

▪ Traditionnellement, on distingue plusieurs étapes dans le processus d'intégration régionale :

- La **zone de libre-échange** : il s'agit d'une zone à l'intérieur de laquelle circulent librement les marchandises.
- L'**union douanière** : il s'agit d'une zone de libre-échange qui s'est dotée d'un tarif extérieur commun, ce qui signifie que tous les pays de la zone appliquent les mêmes tarifs douaniers aux produits qui proviennent de l'extérieur de la zone.
- Le **marché commun** : c'est une union douanière au sein de laquelle est organisée la libre circulation des facteurs de production (capital et travail).
- L'**union économique** : elle complète le marché commun par une harmonisation des politiques économiques des pays membres.
- L'**union économique et monétaire (UEM)** : union économique dotée d'une monnaie unique et d'une banque centrale qui gère la politique monétaire de la zone.

▪ La **construction européenne** avait d'abord pour objectif de rapprocher les nations afin de pacifier l'Europe, au sortir de la Seconde Guerre mondiale. Dès l'origine, le projet européen repose à la fois sur un rapprochement politique et économique des nations.

Toutefois, les difficultés rencontrées dans l'union politique et l'éloignement du risque de conflits entre les nations ont relégué au second plan les questions d'ordre politique. Si bien qu'aujourd'hui, les questions économiques occupent l'essentiel des discussions.

1. Le processus d'intégration européenne

a) Les principales dates de la construction européenne

▪ **25 mars 1957** : **Traité de Rome** instituant la **Communauté économique européenne (CEE)** entre six pays (République Fédérale d'Allemagne, Italie, France, Belgique, Pays-Bas, Luxembourg).

▪ **1962** : Lancement de la **Politique Agricole Commune (PAC)**, dont l'objectif est d'assurer l'autosuffisance alimentaire de la CEE.

▪ **1986** : Signature de l'**Acte Unique** qui prévoit la mise en œuvre d'un véritable marché unique (libre circulation des marchandises, des capitaux et des hommes).

- **1992** : **Traité de Maastricht** créant l'Union européenne et prévoyant l'instauration d'une monnaie unique.
- **1997** : **Traité d'Amsterdam** élargissant les compétences des institutions européennes. Création du **Pacte de Stabilité et de Croissance (PSC)** visant à limiter les déficits et dettes publiques des pays membres de la zone euro.
- **1er janvier 1999** : L'euro devient la monnaie légale des 11 pays de la zone euro. Les monnaies nationales cessent de circuler définitivement entre le 1er janvier et le 17 février 2002. La politique monétaire est désormais confiée à la **Banque Centrale Européenne (BC**E**)**.
- **1er janvier 2002** : Introduction des pièces et des billets en euros.
- **2009** : Entrée en vigueur du **traité de Lisbonne**, qui modifie le fonctionnement des institutions européennes et qui reprend l'essentiel des dispositions du **traité constitutionnel européen (TCE)** (qui avait été rejeté par la France et les Pays-Bas par référendum en 2005).
- **2010** : L'Union européenne compte 27 membres, dont 16 appartiennent à la zone euro.

b) Les avantages attendus de l'intégration régionale

- L'Union européenne, est d'abord un marché commun où circulent librement les hommes, les marchandises et les capitaux. Les effets positifs sont donc en partie les mêmes que ceux du libre-échange.
- La création d'une monnaie unique a des effets bénéfiques :
  - La suppression de certains coûts pour les entreprises, c'est-à-dire les coûts de conversion (par exemple, plus besoin de changer des francs contre des lires pour payer des importations italiennes) et les coûts de couverture contre le risque de change (avant l'euro, les taux de change entre les monnaies fluctuaient, ce qui obligeait les entreprises à s'assurer contre le risque d'une fluctuation trop importante des taux de change).
  - L'augmentation de la transparence : avec la monnaie unique, tous les prix sont libellés en euros, ce qui facilite les comparaisons internationales, et renforce la concurrence entre les entreprises européennes. On peut alors s'attendre à des diminutions de prix favorables au consommateur.
  - La suppression des **politiques de dévaluation compétitives** qui parasitaient les relations commerciales entre les pays membres : afin de doper la compétitivité de leurs entreprises, les pays qui avaient des taux d'inflation importants dévaluaient leur monnaie nationale, ce qui revenait à diminuer la parité officielle de leur monnaie de façon à déprécier brutalement sa valeur par rapport à celle des autres monnaies. Les étrangers pouvaient alors acquérir de la monnaie nationale à moindre

coût, ce qui favorisait les exportations (d'où le nom de politiques de dévaluation compétitive donné à ce type de stratégie). Cela pénalisait les autres pays qui dévaluaient à leur tour. Avec l'euro, les relations commerciales sont plus stables. Il y a cependant une contrepartie : comme on ne peut plus dévaluer, il est important de maintenir un taux d'inflation faible, sous peine de voir la hausse des prix nuire à la compétitivité des entreprises nationales.

Les effets attendus du marché unique sur la croissance :

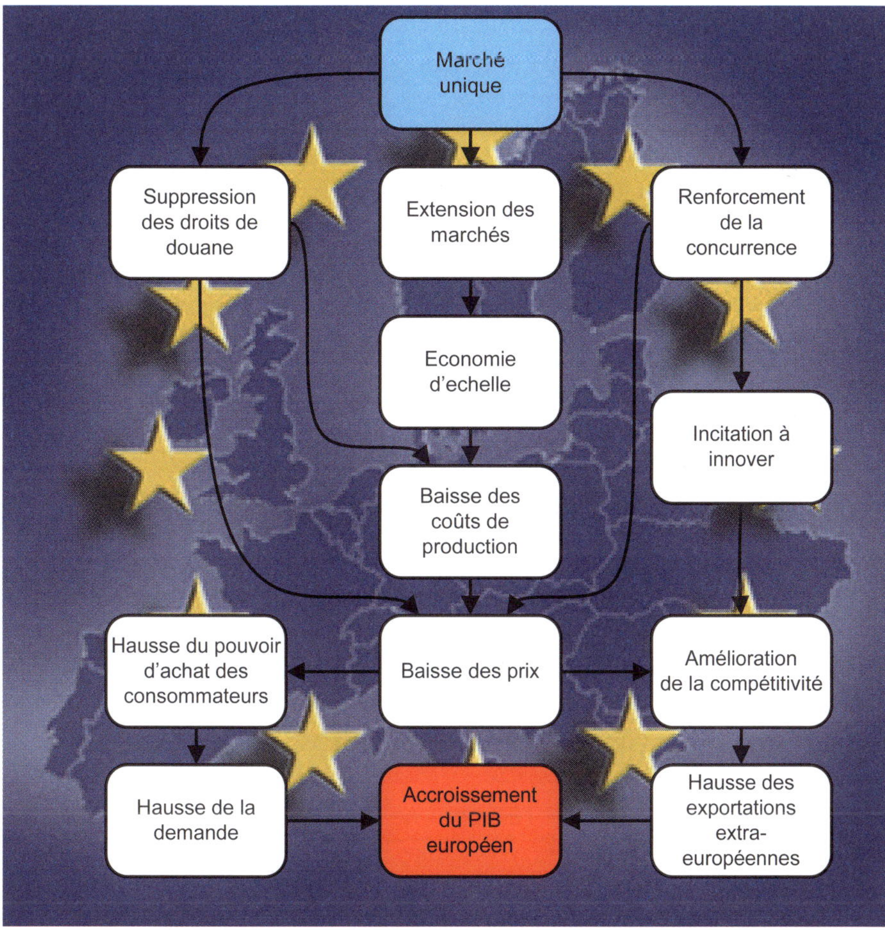

2. Les défis politiques de l'Union européenne

a) L'Union européenne est bien plus qu'un espace économique

Intégration européenne et politiques économiques et sociales : l'Union européenne et la dynamique de l'intégration régionale

▪ L'Union européenne (UE) n'est pas qu'une zone de libre-échange, mais un véritable marché unique où circulent librement les marchandises, les capitaux et les hommes. La construction européenne va au-delà du marché commun et aspire à l'union politique.

▪ L'UE dispose de nombreuses institutions politiques, comme :

- Le **Conseil européen** qui réunit les chefs d'Etat et de gouvernement des pays membres ;
- La **Commission européenne** qui fait des propositions, gère le budget et veille au respect des traités européens et qui siège à Bruxelles ;
- Le **Parlement européen**, composé de députés européens élus au suffrage universel, représentant les peuples européens, qui siège à Strasbourg. Il participe à l'adoption des actes communautaires, vote le budget européen et contrôle l'exécutif.

▪ De plus, L'UE s'est dotée de nombreuses politiques communes, telles :

- La **Politique Agricole Commune (PAC)**
- La politique commerciale extérieure commune : un tarif extérieur commun, un seul représentant pour toute l'UE dans les négociations internationales (OMC…).
- La politique de la concurrence : la Commission applique une politique visant à favoriser la concurrence sur le sol européen (interdiction de certaines subventions publiques, interdiction de fusions qui pourraient conduire à des monopoles…)
- La politique de défense (ou **PESC - Politique Etrangère de Sécurité Commune**) : théoriquement, l'UE dispose de la possibilité de s'exprimer d'une seule voix dans le domaine de la défense. Néanmoins, dans la pratique, les Etats membres se révèlent souvent incapables de trouver un accord lors des principaux conflits.
- La politique monétaire commune, conduite par la **Banque centrale européenne (BCE)**.

b) Le processus d'union politique se heurte cependant à des obstacles importants

▪ Dans plusieurs domaines, l'Europe ne parvient pas à harmoniser les politiques des Etats membres :

- En matière de protection sociale et de droit du travail, par exemple, c'est plutôt l'hétérogénéité qui règne aujourd'hui. Il n'existe pas (ou très peu) de règles communes, qui pourraient favoriser le rapprochement (pas de salaire minimum européen par exemple). Si bien que dans ces domaines, les inégalités sont extrêmement fortes entre citoyens européens.

- En matière de fiscalité, on constate également une faible harmonisation, notamment pour la fiscalité directe. Il existe par exemple une grande hétérogénéité des situations en matière d'impôts sur les revenus des sociétés. Alors que les taux d'imposition s'élèvent à 10 % à Chypre et en Bulgarie, ils dépassent les 30 % en Italie et en France.
- Certains pays, comme l'Irlande, jouent clairement la carte de l'attractivité en proposant un taux d'imposition beaucoup plus faible que les autres pays à niveau de développement comparable.

Impôts sur les revenus des sociétés (en %) :

UE 27	23,5
Zone euro 16	**25,9**
Allemagne	29,8
Bulgarie	10,0
Chypre	10,0
Danemark	25,0
Espagne	30,0
France	34,4
Irlande	12,5
Italie	31,4
Pologne	19,0
Royaume-Uni	28,0

Source : Eurostat, juin 2009, © European Union
(http://epp.eurostat.ec.europa.eu/cache/ITY_PUBLIC/2-22062009-AP/FR/2-22062009-AP-FR.PDF)

Plusieurs raisons expliquent cette hétérogénéité fiscale et sociale. On peut évoquer, par exemple, le contexte historique dans lequel s'inscrivent les pays qui peinent à renoncer à des traditions fiscales et sociales héritées de longue date. Les écarts de développement peuvent aussi être un élément d'explication, dans certains cas. On peut également faire référence au processus de décision européen. Pour les questions fiscales et sociales, l'unanimité est requise, si bien qu'un seul pays a le pouvoir de bloquer toute avancée.

▪ Depuis 1957, l'Europe a connu de nombreux élargissements, mais l'arrivée des 12 nouveaux entrants entre 2004 et 2007 représente un défi majeur, et soulève de nombreuses questions. Il s'agit d'un défi :

- Politique car il faut modifier les traités existants pour que les nouveaux entrants puissent prendre part au processus de décision. Or, plus on est nombreux, plus il devient difficile d'obtenir l'unanimité, ce qui rend nécessaire la réforme des institutions pour que le processus d'intégration ne soit pas sans cesse bloqué. Le rejet du traité constitutionnel européen en 2005 et les difficultés à faire ratifier le traité de Lisbonne en 2008-2009 montrent que la construction politique de l'Europe représente un réel challenge.

- Economique et social car si l'on compare la situation de l'Europe des 15 à celle des Etats-Unis et du Japon, il semblerait que se dessine un modèle social européen, caractérisé par des droits sociaux fondamentaux, une protection sociale universelle, la promotion du dialogue social et l'importance des services publics.

▪ Or, parmi les nouveaux entrants, il y a de nombreux pays où le coût du travail est peu élevé, notamment en raison d'une faible protection sociale. Ce dumping social peut nuire à l'emploi dans le reste de l'Union. De nombreuses entreprises allemandes ont ainsi délocalisé leurs sites de production dans les **Pays d'Europe Centrale et Orientale (PECO)**. De plus, certains des nouveaux entrants jouent également la carte de la concurrence fiscale, avec un taux d'imposition sur les sociétés beaucoup plus faible que dans le reste de l'Union.

Cette nouvelle concurrence fiscale et sociale pourrait inciter l'ensemble des Etats membres à réduire leur fiscalité et leur protection sociale, d'où le risque d'une course au « moins-disant » social qui pourrait affaiblir le « modèle social européen ».

Intégration européenne et politiques économiques et sociales : les nouveaux cadres de l'action publique

18

Testez-vous sur ce chapitre avec l'option sujet/programme du logiciel.

▪ La construction européenne n'est pas seulement économique, elle est aussi politique. Les Etats membres cherchent en effet à harmoniser leurs politiques économiques, voire à se doter de politiques communes, à l'échelle européenne.

▪ On peut définir les **politiques économiques** comme l'ensemble des mesures prises par les pouvoirs publics visant à agir sur l'économie de façon à atteindre des objectifs. Toute politique économique utilise des instruments (la monnaie, les taux d'intérêt, le budget…) pour atteindre des objectifs préalablement fixés (la croissance économique, l'emploi, la désinflation…).

▪ Traditionnellement, on distingue deux grandes catégories de politiques économiques :

- Les **politiques conjoncturelles** qui agissent sur la situation économique à court terme ;
- Les **politiques structurelles** qui agissent à long terme sur les caractéristiques fondamentales de l'économie (la réglementation du marché du travail, les conditions de la concurrence, la recherche…).

1. Les politiques conjoncturelles dans la zone euro

a) Qu'entend-on par politique conjoncturelle ?

▪ Les **politiques conjoncturelles** peuvent être définies comme l'ensemble des actions des pouvoirs publics visant à orienter l'activité économique dans un sens jugé souhaitable. Il s'agit de politiques de court terme qui sont censées agir rapidement (en quelques mois). On considère en général que les politiques conjoncturelles poursuivent quatre objectifs, même si les priorités peuvent varier selon l'école de pensée :

- Le plein-emploi ;
- Une croissance économique élevée ;
- La stabilité des prix ;
- L'équilibre du solde extérieur.

▪ Il existe principalement trois types de politiques conjoncturelles : la politique monétaire, la politique budgétaire et la politique de change. Nous nous limiterons ici à l'étude des deux premières.

▪ La **politique monétaire** est l'ensemble des mesures visant à agir sur les conditions de financement de l'économie. En principe, elle est gérée par la Banque centrale, de façon plus ou moins indépendante des pouvoirs publics. Il existe plusieurs instruments, mais c'est principalement le **taux d'intérêt directeur** (celui que contrôle la Banque centrale) qui sert d'instrument aujourd'hui.

▪ La **politique budgétaire** est l'ensemble des mesures ayant des conséquences sur les ressources ou les dépenses inscrites au budget de l'Etat et visant directement à agir sur la conjoncture. Pour conduire la politique budgétaire, l'Etat peut agir sur les recettes publiques (la fiscalité) ou sur les dépenses.

Lorsque l'Etat dépense plus que le montant de ses recettes, on parle de **déficit public**. Pour financer le déficit, il est contraint de s'endetter auprès d'autres agents économiques, comme les ménages. On parle alors de **dette publique**.

- On désigne par l'expression **policy mix** (ou politique mixte) la combinaison des politiques monétaire et budgétaire. Tout l'art du policy mix consiste à combiner les instruments des politiques budgétaire et monétaire pour approcher au plus près la conjoncture économique idéale.

b) Politique de relance et politique de rigueur

- En simplifiant on peut distinguer deux types de politique conjoncturelle : la politique de relance et la politique de rigueur.

- La **politique de relance** : elle consiste à agir pour relancer l'activité économique dans le cas où la croissance est insuffisante pour assurer le plein-emploi. Il est possible d'agir sur la demande ou sur l'offre, ce qui partage les économistes :
    - Pour **Keynes**, il est préférable de relancer la demande en agissant sur la consommation et l'investissement. Cela peut se faire par la politique monétaire, en diminuant le taux d'intérêt, et/ou par la politique budgétaire, en augmentant le niveau de dépenses publiques pour relancer l'activité économique. Toutefois, cette politique peut générer des tensions inflationnistes si la quantité de monnaie créée est excessive ou si les entreprises ne répondent pas à la hausse de la demande en augmentant l'offre, ce qui peut se produire si elles anticipent que cette amélioration de la conjoncture ne sera pas durable. Elle peut aussi entraîner un accroissement du déficit public qui conduirait les administrations publiques à s'endetter. Enfin, si le surcroît de consommation provoqué par la relance se porte sur des produits importés, elle peut entraîner une dégradation du solde commercial, ce qui a toutes les chances de se produire si le pays effectue une relance isolée, alors que les voisins mettent au contraire en œuvre une politique de rigueur (par exemple, la relance Mauroy de 1981 en France).
    - Parmi les libéraux, les « **économistes de l'offre** », s'inspirant des thèses classiques de **J.B Say** selon lesquelles « toute offre crée sa propre demande », considèrent qu'il est préférable d'agir sur l'offre, par le biais de la politique budgétaire : diminution des impôts qui pèsent sur les riches pour accroître l'épargne, baisse de la fiscalité sur les entreprises pour améliorer leur compétitivité, subventions aux entreprises pour les inciter à innover, etc. Néanmoins, ces politiques peuvent se heurter à une

insuffisance de la demande et aboutir à une croissance trop faible pour assurer le plein-emploi. Mises en œuvre aux Etats-Unis et en Grande-Bretagne dans les années 1980, ces politiques n'ont pas produit les effets escomptés en matière de croissance et d'emploi. De nombreux économistes libéraux, dans la lignée de **Friedrich Hayek**, considèrent qu'il est vain de chercher à relancer l'activité économique et que la politique la plus sage consiste seulement à assurer l'équilibre budgétaire.

- **La politique de rigueur** : il s'agit ici de lutter contre l'inflation et/ou le déficit public. Du côté monétaire, cela consiste à augmenter le taux d'intérêt pour limiter les emprunts. Du côté budgétaire, on diminue les dépenses publiques et/ou on augmente les recettes fiscales, de façon à réduire le déficit des administrations publiques :
    - Dans une perspective keynésienne, la politique de rigueur peut être utilisée dans le cas d'une croissance économique excessive, risquant d'entraîner un dérapage des prix.
    - Dans une logique libérale, elle est utilisée dans un objectif de lutte contre l'inflation sur le long terme. La désinflation obtenue est source de compétitivité pour les entreprises. En effet, si les prix des produits fabriqués en France augmentent moins vite que ceux fabriqués en Allemagne, les entreprises françaises deviendront plus compétitives que les entreprises allemandes (d'où le nom de **désinflation compétitive** que l'on donne parfois à ce type de politique). Du côté budgétaire, la diminution des dépenses publiques permet de réduire les prélèvements obligatoires et, plus généralement, le poids de l'Etat dans l'économie.

- Les politiques conjoncturelles ont profondément changé depuis les années 1950. Durant les Trente Glorieuses, la France et les pays développés à économie de marché ont opté pour des politiques keynésiennes qui alternaient relance et rigueur selon la conjoncture et qui se sont révélées efficaces pour atteindre le plein-emploi. Néanmoins, à partir des années 1970, elles ont eu des effets inflationnistes difficilement soutenables dans un contexte de concurrence internationale : si les prix progressent plus vite en France qu'à l'étranger, cela se traduit inévitablement par une perte de compétitivité. C'est pourquoi les Etats ont privilégié des politiques d'inspiration libérale, en cherchant à lutter contre l'inflation et les déficits publics par la rigueur monétaire et budgétaire. A long terme, ces politiques sont censées améliorer la compétitivité-prix des pays par la désinflation, tout en permettant de réduire la fiscalité, grâce à la diminution du poids de l'Etat dans l'économie. Mais à court terme, elles peuvent pénaliser la croissance et l'emploi.

18

Intégration européenne et politiques économiques et sociales : les nouveaux cadres de l'action publique

Synthèse sur les politiques conjoncturelles :

	Politique de relance		Politique de rigueur	
	De l'offre	De la demande		
Courant théorique d'inspiration	Libéral	Keynésien	Keynésien	Libéral
Objectifs	Relancer l'offre en agissant sur la compétitivité des entreprises et sur l'épargne, de façon à augmenter la production et l'innovation. (L'offre est supposée créer la demande.) Des taux d'intérêt élevés permettent de limiter l'inflation et le développement d'investissements peu rentables (et donc un certain gaspillage des capitaux).	Relancer la consommation et l'investissement, en agissant sur la demande pour améliorer la croissance économique, dans un contexte de chômage. (Les entreprises sont supposées réagir à cette hausse de la demande en augmentant leur production.)	La politique de rigueur ne se justifie qu'en cas de « surchauffe » de l'activité économique qui pourrait entraîner un dérapage des prix (inflation) et une dégradation du solde commercial.	La politique de rigueur se justifie quelle que soit la conjoncture économique, avec pour objectifs de : - Ralentir la hausse des prix (désinflation) pour améliorer la compétitivité des entreprises vis-à-vis de l'extérieur, sur le long terme. - Améliorer le solde commercial. - Réduire le déficit public et l'endettement de l'Etat, et, d'une façon générale, réduire le poids de l'Etat dans l'économie.
Politique monétaire	Taux d'intérêt suffisamment élevé pour assurer la stabilité des prix	Baisse du taux d'intérêt directeur	Hausse du taux d'intérêt directeur (ou maintien à un niveau élevé)	
Politique budgétaire	- Baisse de la fiscalité sur les entreprises et sur les riches - Subventions aux entreprises	Hausse des dépenses publiques	Baisse des dépenses publiques	
Limites	- Risque d'aggravation des inégalités - Risque de pauvreté et d'exclusion - Risque d'insuffisance de la demande	- Risque inflationniste - Risque de détérioration du solde commercial - Risque d'accroissement de la dette publique	Risque de freinage excessif de l'activité économique	A court terme, la croissance économique risque d'être insuffisante pour assurer le plein-emploi

▪ Aujourd'hui, de nombreux économistes estiment que, pour qu'un policy mix soit efficace, les instruments des politiques conjoncturelles doivent être affectés à l'objectif pour lequel ils sont censés être les plus efficaces : la politique budgétaire pour soutenir la croissance et la politique monétaire pour assurer la stabilité des prix. Par exemple, durant les années 1990 aux Etats-Unis, l'administration Clinton a mis en œuvre une politique budgétaire rigoureuse de façon à réduire le déficit public, alors que la Banque centrale soutenait l'activité par une politique monétaire de relance.

c) L'euro et la politique monétaire

▪ Dans l'Union européenne, c'est le **principe de subsidiarité** qui s'applique lorsqu'il s'agit d'attribuer les compétences. Selon ce principe, le pouvoir de décision est donné au niveau inférieur, sauf s'il est plus efficace de le confier au niveau supérieur. C'est aussi le cas en matière de politique économique. En application de ce principe, la politique monétaire doit être confiée à chaque Etat membre, sauf s'il est plus efficace d'en assurer la gestion au niveau européen. Or, c'est effectivement le cas. Les Etats membres ont adopté une monnaie commune ce qui justifie de conduire une politique monétaire commune.

Depuis l'adoption de l'euro, c'est donc la **Banque centrale européenne (BCE)** qui conduit la politique monétaire de la zone euro et non plus les banques centrales nationales.

▪ Toutefois, l'adoption de la monnaie unique peut représenter plusieurs inconvénients en matière de politique monétaire:

- Les Etats membres ont perdu toute souveraineté. Ils ne contrôlent plus les taux d'intérêt de la zone euro et ne peuvent donc plus agir à ce niveau pour relancer la demande ou au contraire lutter contre l'inflation lorsque la situation l'exige. Ils doivent s'en remettre à la BCE.
- La BCE conduit la politique de l'ensemble de la zone euro alors même que les Etats connaissent des conjonctures économiques différentes. Par exemple, l'Irlande peut avoir une croissance économique forte et des tensions inflationnistes pendant que la France et l'Allemagne sont en récession et ont des taux d'inflation très faibles. Cette hétérogénéité rend la gestion de la politique monétaire extrêmement complexe.
- La BCE est capable d'intervenir en cas de choc symétrique, c'est-à-dire en cas de perturbation provenant de l'extérieur, frappant l'ensemble de la zone euro. Par exemple, elle a fortement baissé son taux directeur lorsque l'ensemble de la zone a été touchée par la récession en 2008-2009. Elle est en revanche incapable de réagir en cas de choc asymétrique (une perturbation frappant seulement un pays ou un petit groupe de pays).
- La BCE agit en toute indépendance. En effet, lorsque celle-ci a été créée, les Etats membres ont décidé que la BCE n'aurait pas le droit de recevoir des conseils (et encore moins des ordres) de la Commission européenne ou des Etats membres. C'est l'une des banques centrales les plus indépendantes au monde.
- La BCE n'a qu'un seul objectif, écrit dans ses statuts : la stabilité des prix dans la zone euro. Elle a interprété cet objectif en se donnant comme cible un taux d'inflation légèrement inférieur à 2 %. Cet unique objectif est

parfois critiqué, notamment par des économistes keynésiens qui reprochent à la BCE son orientation trop libérale. Trop centrée sur la stabilité des prix, elle négligerait la croissance économique et le plein-emploi. Contrairement à la BCE, La Banque centrale américaine (la Fed) a un double objectif : la stabilité des prix et le plein-emploi. Elle doit donc intégrer, dans la gestion de sa politique monétaire, des préoccupations liées à la croissance économique et à l'emploi.

d) L'euro et la politique budgétaire

- En application du principe de subsidiarité, la politique budgétaire est du ressort de chaque Etat membre. On peut donc penser que les Etats disposent d'une grande autonomie dans ce domaine. Or, ce n'est pas exactement le cas. En effet, il existe un **pacte de stabilité et de croissance (PSC)** que les pays européens ont adopté à Amsterdam en 1997 et qui a pour objectif d'harmoniser les politiques budgétaires des Etats membres de la zone euro, de façon à éviter les déficits publics excessifs.

Le PSC est construit sur trois règles :

- Dans le cadre d'une surveillance multilatérale, les pays présentent leur situation économique et financière, ainsi que les objectifs budgétaires qu'ils se sont fixés. La Commission européenne donne ensuite son avis par rapport aux informations fournies par les pays membres.
- Un déficit public supérieur à 3 % du PIB pourra donner lieu à une recommandation et, éventuellement, à un avertissement du Conseil, suivi d'une mise en demeure de prendre les mesures nécessaires. Dans l'hypothèse où aucune mesure ne serait prise, le pays fautif peut être soumis à des sanctions financières (constitution d'un dépôt sans intérêt qui peut être transformé en amende au bout de deux ans).
- Les pays doivent chercher le retour à un budget proche de l'équilibre, voire excédentaire, à moyen terme.

- Le PSC a été réformé en 2005, après avoir été l'objet de multiples critiques :
  - Le critère de dette publique inférieure à 60 % du PIB est introduit dans le pacte et les pays les moins endettés peuvent désormais avoir des déficits publics à moyen terme plus élevés que les pays endettés.
  - Les Etats membres ayant dépassé la limite de 3% peuvent désormais justifier cet état de fait par un certain nombre de « facteurs pertinents ». Avec le précédent pacte, les dépassements n'étaient autorisés que dans les cas de grave récession économique. Dorénavant, une croissance positive mais faible pourra suffire à justifier un tel dépassement temporaire. En outre, d'autres facteurs pertinents, comme les dépenses de recherche et d'innovation, pourront être évoqués, de façon à éviter les sanctions.

Le PSC a donc fait l'objet d'un certain assouplissement, mais le critère du déficit inférieur à 3 % du PIB demeure, ce qui représente toujours une contrainte pour les politiques budgétaires. Les Etats membres disposent donc d'une autonomie très limitée en matière budgétaire.

e) Le problème du policy mix européen

- Le policy mix européen doit faire face à de nombreux obstacles qui nuisent à son efficacité :
  - Les Etats membres peuvent mener des politiques budgétaires très différentes, selon leur conjoncture, ou selon l'orientation politique de leur gouvernement. Il n'existe pas vraiment de procédures visant à harmoniser les politiques budgétaires, en dehors du PSC qui se limite à éviter les déficits excessifs, ce qui n'est sans doute pas la façon la plus efficace de procéder à une harmonisation.
  - En cas de choc symétrique, la BCE peut intervenir pour modifier la politique monétaire car cela concerne l'ensemble de la zone. En revanche, en cas de choc asymétrique, le pays touché doit se contenter d'utiliser les marges de manœuvres que lui laisse le PSC en matière budgétaire. Or, une politique de relance budgétaire isolée a toutes les chances d'échouer, notamment si elle se heurte à une politique monétaire de rigueur.
  - Le budget de l'Union européenne est bien trop modeste (à peine plus de 1% du PIB de l'UE) pour envisager de mener une politique budgétaire de relance à l'échelon européen, qui pourrait agir de concert avec la politique monétaire de la BCE. Plusieurs pays, déjà lourdement endettés, s'opposent à toute extension du budget de l'Union.

- De nombreux économistes n'hésitent pas à comparer les difficultés du policy mix européen à l'efficacité du policy mix américain. Outre-Atlantique, il existe un vrai budget fédéral qui permet de mener une relance à l'échelle du pays. La Banque centrale américaine n'a pas pour unique objectif la stabilité des prix, contrairement à la BCE, et la coordination entre les politiques budgétaire et monétaire est meilleure. Cette efficacité pourrait expliquer, au moins en partie, les différences de performances économiques en faveur des Etats-Unis depuis le début des années 2000 (si l'on fait abstraction de la récession de 2008-2009).

Les politiques conjoncturelles de la zone euro :

Les politiques conjoncturelles dans la zone euro

Politique monétaire :

- Conduite par la BCE en toute indépendance pour toute la zone.
- Objectif : stabilté des prix (taux d'inflation inférieur à 2 % par an).

Politique budgétaire :

- Chaque pays dispose d'une relative autonomie.
- Contraintes du PSC, assoupli en 2005.

Problème du *policy mix* :

- Pas d'harmonisation des politiques budgétaires.
- Un budget européen insuffisant pour mener une relance à l 'echelle européenne.
- En cas de choc asymétrique, les Etats ne peuvent compter sur le soutien de la BCE, et doivent se contenter de leur politique budgétaire, sous contrainte du PSC.
- Moindres performances économiques de la zone euro vis-à-vis des Etats-Unis. La faute du *policy mix* ?

2. Les politiques structurelles dans l'Union européenne

L'Etat ne se contente pas d'agir à court terme sur la conjoncture économique. A travers la politique structurelle, il agit sur les structures de l'économie de façon à orienter l'activité à plus long terme.

Se pose alors la question du niveau d'intervention souhaitable : l'Etat doit-il fixer des règles ou « laisser faire » le marché ? La concurrence est-elle toujours souhaitable ? Les services publics ont-ils toujours leur place aujourd'hui ? Autant de questions qui concernent la politique structurelle.

a) La stratégie de Lisbonne

En mars 2000, à Lisbonne, les chefs d'État et de gouvernement de l'UE ont fixé à l'Union européenne l'objectif ambitieux de devenir, à l'horizon 2010, « l'économie de la connaissance la plus compétitive et la plus dynamique du monde, capable d'une croissance économique durable accompagnée d'une amélioration quantitative et qualitative de l'emploi et d'une plus grande cohésion sociale ». Pour atteindre cet objectif, les pays membres sont tenus de porter leurs dépenses de recherche et développement à 3 % du PIB (au minimum). L'objectif est double :

- Mieux répondre aux besoins des populations dans une économie basée sur la connaissance ;

- Améliorer la compétitivité des firmes européennes de façon à accroître la croissance économique.

▪ Toutefois, la réalité est bien en-deçà des objectifs fixés. En dehors de la Suède ou la Finlande, aucun pays de l'UE n'a atteint l'objectif des 3 % en 2008. La moyenne de l'UE à 27 est même inférieure à 2 %, très en-dessous des dépenses américaines ou japonaises.

Dépenses intérieures de recherche et développement (DIRD), en % du PIB en 2008 :

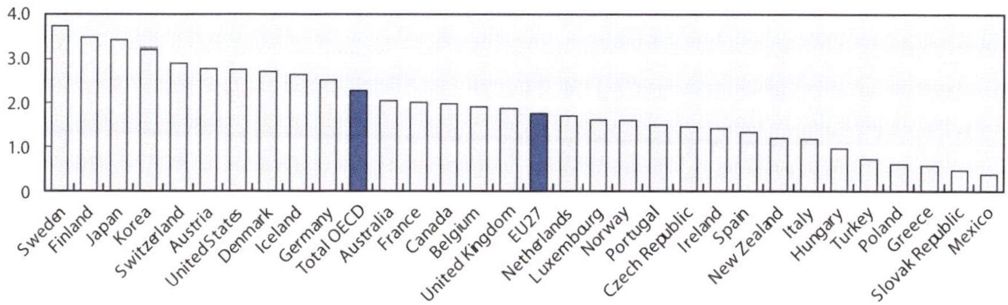

Source : « Principaux indicateurs de la science et de l'industrie », © OCDE, 2009 (http://www.oecd.org/document/33/0,3343,fr_2649_33703_1901089_1_1_1_1,00.html)

DIRD en % du PIB :

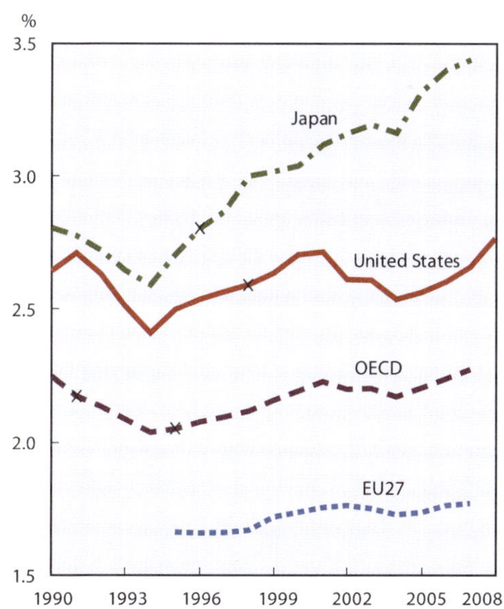

Source : « Principaux indicateurs de la science et de l'industrie », © OCDE, 2008 (http://www.oecd.org/document/33/0,3343,fr_2649_33703_1901089_1_1_1_1,00.html)

b) Le débat sur les services publics

▪ L'Etat intervient sur les structures de façon directe pour produire des services, lorsqu'il juge le marché incapable de le faire de façon satisfaisante. On parle alors de **consommations collectives**. Celles-ci correspondent aux services collectifs non marchands fournis par des administrations publiques (justice, police, enseignement, santé publique). Ils sont généralement gratuits ou offerts à un prix bien inférieur à leur coût de revient.

▪ Certains de ces services posent un problème particulier. C'est le cas des **biens collectifs** (on parle de biens mais il s'agit le plus souvent de services). Ces biens ont deux caractéristiques majeures :

- La consommation du bien par un individu n'empêche pas la consommation par un autre (non-rivalité), contrairement aux biens privés ;
- Il est impossible d'en réserver l'utilisation à certains et de l'interdire à d'autres (non-exclusion).

Prenons l'exemple des trottoirs. Plusieurs personnes peuvent consommer simultanément le service et il est impossible (ou très difficile) d'empêcher une personne d'en bénéficier, ou alors à un coût prohibitif : il faudrait mettre en place un système de péage pour autoriser l'accès aux trottoirs ! Dans ce cas, on peut difficilement individualiser la consommation pour facturer le service et l'activité n'est pas rentable. Il est donc probable que, sans l'intervention de l'Etat, le marché se révèle incapable d'en assurer la production.

L'Etat peut aussi décider de prendre en charge des services qui pourraient être produits par le marché, mais dans des conditions jugées non satisfaisantes (elles créeraient des inégalités, par exemple). C'est le cas de l'Education (avec l'école publique) ou encore des soins (avec les hôpitaux publics)

▪ Il ne faut pas confondre consommations collectives et services publics. Le **service public** désigne des activités qui sont censées assurer des missions d'intérêt général (parce qu'elles sont indispensables ou encore parce qu'elles permettent de renforcer la cohésion sociale). En raison de cette spécificité, on considère qu'elles doivent être disponibles pour tous. Cela comprend :

- Des **services non marchands** (les consommations collectives), produits par les administrations publiques ;
- Des **services marchands** produits par des entreprises, le plus souvent contrôlées par les pouvoirs publics (SNCF, France télévision, La Poste, etc.).

Les services publics ne sont donc pas forcément gratuits (billets de train, repas à la cantine, etc.). Il n'existe évidemment pas de liste exhaustive d'activités de ce type, c'est aux pouvoirs publics de désigner ce qui relève ou non du service public.

Intégration européenne et politiques économiques et sociales : les nouveaux cadres de l'action publique

18

- En France, on a tendance à considérer que le service public doit être produit par le secteur public, c'est-à-dire les administrations publiques ou les entreprises contrôlées par l'Etat. Au cours du développement de l'Etat providence, on a confié au secteur public un nombre croissant de missions de service public : l'éducation, la distribution du courrier, de l'électricité, le transport ferroviaire, la télévision et la radio, etc. Le développement de ce vaste secteur public a donné lieu à une conception des services publics « à la française », où service public et secteur public vont de pair. Or, on peut tout à fait envisager de confier des missions de service public à des entreprises privées. C'est d'ailleurs ce qui se fait dans de nombreux pays, y compris en France, pour ce qui est de la distribution d'eau.

- Pour éviter la confusion entre service public et secteur public, la Commission européenne a introduit la notion de **Service d'Intérêt Economique Général (SIEG)**. Il s'agit de services marchands mettant en jeu des intérêts collectifs. Pour ces SIEG, chaque Etat doit choisir une ou plusieurs entreprises pour assurer la production d'un service universel, défini comme « un service minimum donné, dont la qualité est spécifiée, pour tout utilisateur, à un prix accessible ». Par exemple, le service universel postal correspond à la levée du courrier, au tri, au transport et la distribution, ainsi qu'au service des envois recommandés. La levée du courrier et la distribution à domicile doivent intervenir au moins une fois par jour ouvrable (au minimum cinq jours par semaine).

- Cela a été perçu, en France, comme une remise en cause de la conception française des services publics. Cette décision s'inscrit en effet dans une vaste politique visant à favoriser la concurrence sur le territoire européen. La Commission incite les Etats membres à déréglementer les monopoles publics (comme la SNCF par exemple), de façon à introduire de la concurrence, jugée souhaitable pour les consommateurs.

Par exemple, dans le domaine des télécommunications en France, jusque dans les années 1990, le marché était réglementé en monopole public, la production étant assurée par l'entreprise publique France Telecom. En 1997, l'entreprise a été privatisée et le marché a été déréglementé et ouvert à la concurrence. Une **Autorité de Régulation des Télécommunications (ART)** indépendante des pouvoirs publics a été créée, avec pour objectif de « réguler » le marché des télécommunications de façon à favoriser une concurrence loyale, jugée profitable aux consommateurs.

- Néanmoins, l'idée que la commission européenne s'attaquerait aux services publics doit être nuancée :
  - Chaque pays a en effet la possibilité de restreindre la concurrence quand il juge que cela est nécessaire à la qualité du service public. Les Etats ne sont donc pas obligés, dès-lors que cela se justifie, d'introduire de la concurrence sur tous les marchés.

- Par ailleurs, les Etats peuvent décider que le service public, dans leur pays, sera plus étendu que le service universel (qui, rappelons-le, n'est qu'un minimum). Par exemple, l'Etat peut décider que le service public postal comprendra l'ouverture de bureaux de poste dans les petites communes, ce qui ne fait pas partie du service universel.

Bilan des arguments : la Commission s'attaque-t-elle aux services publics ?

Non	Mais
C'est exagéré, dans la mesure où elle a clairement affirmé que les Etats-membres sont libres de restreindre la concurrence quand cela est nécessaire pour assurer les missions d'intérêt général. Les Etats sont libres de définir des services publics plus étendus que le simple service universel, qui n'est qu'un service minimum.	La commission tend à imposer un modèle d'inspiration libérale : ❑ un marché déréglementé : des entreprises privées en concurrence ; ❑ un service universel confié à l'une ou plusieurs de ces entreprises ; ❑ une régulation assurée par un organisme indépendant des pouvoirs publics. On est assez loin de la conception française des services publics qui repose sur des services étendus, confiés au secteur public.

Testez-vous sur ce chapitre avec l'option sujet/programme du logiciel.

A. Les proportions exprimées en pourcentage

1. Le calcul

$$\text{Proportion} = \frac{\text{Effectif du sous ensemble}}{\text{Effectif de l'ensemble}}$$

- Le calcul d'une **proportion** a pour objectif de mesurer l'importance d'un sous-ensemble (ou une part) dans un ensemble plus important.

Exemple : la proportion de filles (sous-ensemble) dans une classe (ensemble) se calcule en divisant le nombre de filles par le nombre d'élèves de la classe.

- Le plus souvent, on exprime les proportions en pourcentage, mais le pourcentage n'est qu'une des écritures possibles d'un nombre décimal.

Exemple : On dénombre 6 filles sur une classe de 30 élèves. La proportion est donc égale à :

6/30 = 1/5 = 0,2 = 20/100 = 20 %.

2. La lecture du résultat

L'effectif total doit obligatoirement apparaître dans la phrase. « Il y a 6 % de filles » n'est pas acceptable dans la mesure où on ne sait pas sur quel effectif la proportion a été calculée. On préfèrera l'une des phrases suivantes :

- Les filles représentent 6 % des élèves de la classe ;
- Sur 100 élèves de la classe, on dénombre 6 filles ;
- 6 % des élèves de la classe sont des filles.

3. Les différences de points

- Une différence entre deux proportions en pourcentage s'exprime en points, et non en %.

Exemple : si le taux de chômage passe de 10 % de la population active à 8 %, on dit qu'il a baissé de 2 points.

B. Les taux de variation (ou taux de croissance)

1. Le calcul

- Le **taux de variation** permet de mesurer une variation relative entre deux dates, tout comme le coefficient multiplicateur ou l'indice de variation.

$$\text{Taux de variation} = \frac{\text{Valeur d'arrivée} - \text{Valeur de départ}}{\text{Valeur de départ}}$$

- Comme pour la proportion, le résultat est le plus souvent exprimé en pourcentage.

Exemple : Si le salaire d'un individu passe de 1080 € à 1250 €, le taux de variation du salaire est de 0,1574 = 15,74/100 = 15,74 %.

2. La lecture du résultat

- On évitera la phrase « le taux de variation du salaire est de 15,74 % », qui ne donne pas la signification du nombre.
- On préfèrera la phrase suivante : Le salaire a augmenté de 15,74 %.

C. Les coefficients multiplicateurs

On utilise le **coefficient multiplicateur** pour comparer deux grandeurs différentes à une même date (ce qu'on appelle aussi un écart relatif) ou pour comparer la même grandeur à deux dates différentes. Dans ce cas, le coefficient multiplicateur permet de mesurer une variation relative, tout comme le taux de variation ou l'indice de variation.

1. Comparer deux grandeurs différentes à la même date

$$\text{Ecart relatif} = \frac{\text{Valeur la plus élevée}}{\text{Valeur la plus faible}}$$

Exemple : Le taux de chômage des femmes est de 12 %, celui des hommes est de 8 %. Le taux de chômage des femmes est donc 1,5 fois plus élevé que celui des hommes.

2. Comparer la même grandeur à deux dates différentes

$$\text{Coefficient multiplicateur} = \frac{\text{Valeur d'arrivée}}{\text{Valeur de départ}}$$

Exemple : le prix d'un bien est passé de 10 à 15, il a été multiplié par 1,5.

D. Les indices

- On distingue les indices de répartition, qui permettent de comparer des grandeurs à une même date, et les indices de variation, qui ont pour fonction de mesurer une variation relative au cours du temps.
- Tout comme les coefficients multiplicateurs, il existe deux sortes d'indices :
  - Ceux qui permettent de comparer des grandeurs différentes à une même date (les indices de répartition) ;
  - Ceux qui ont pour fonction de mesurer une variation relative au cours du temps (les indices de variation), tout comme les taux de variation ou les coefficients multiplicateurs.

1. Comparer deux grandeurs différentes à la même date

$$\text{Indice de répartition} = \frac{\text{Valeur à étudier}}{\text{Valeur de référence}} \times 100$$

Exemple : soit les données brutes suivantes, représentant le salaire des femmes et des hommes, par catégorie sociale.

Salaire net annuel moyen selon le sexe et la catégorie sociale dans le secteur privé et semi-public :

	Femmes	Hommes
Cadres	37 917	49 304
Professions intermédiaires	21 787	24 782
Employés	16 019	16 983
Ouvriers	14 529	17 480
Ensemble	20 201	24 902

Source : Insee, DADS 2006 (http://www.insee.fr/fr/themes/tableau.asp?reg_id=0&id=38)

On choisit une variable qui servira de référence : les hommes. On lui attribue la valeur 100. Il ne reste plus qu'à calculer les indices pour les femmes, en utilisant la formule indiquée précédemment.

	Femmes	Hommes
Cadres	76,9	100
Professions intermédiaires	87,9	100
Employés	94,3	100
Ouvriers	83,1	100
Ensemble	81,1	100

On constate qu'en moyenne le salaire annuel des femmes représente 81,1% de celui des hommes. Néanmoins, l'écart varie de façon importante en fonction de la catégorie.

2. Comparer la même grandeur à deux dates différentes

$$\text{Indice de variation} = \frac{\text{Valeur de l'année cherchée}}{\text{Valeur de l'année de base}} \times 100$$

Exemple : soit les données brutes suivantes, concernant l'évolution des emplois précaires entre 1985 et 2006 en France.

Evolution des emplois précaires en France (en milliers) :

	CDD et contrats saisonniers	Intérimaires	Stagiaires et contrats aidés	Apprentis
1985	802,1	87,2	245,3	152,8
1990	1 121,9	180,9	407,4	181,2
1995	1 288,7	222,5	649,0	165,5
2000	1 704,3	429,4	617,6	247,6
2006	1 774,2	543,6	403,6	331,4

Source : INSEE, enquêtes Emploi (http://www.insee.fr/fr/themes/detail.asp?ref_id=ir-martra08&page=irweb/MARTRA08/dd/martra08_paq4.htm)

On cherche à mesurer les variations relatives de chaque catégorie d'emplois depuis 1985. On choisit une année qui servira de base : l'année 1985. (On aurait tout aussi bien pu choisir une autre année). Pour les autres années, on calcule les indices en appliquant la formule.

	CDD et contrats saisonniers	Intérimaires	Stagiaires et contrats aidés	Apprentis
1985	100	100	100	100
1990	139,9	207,5	166,1	118,6
1995	160,7	255,2	264,6	108,3
2000	212,5	492,4	251,8	162,0
2006	221,2	623,4	164,5	216,9

On constate que c'est le nombre d'intérimaires qui a augmenté le plus rapidement, puisqu'il est passé de l'indice 100 à l'indice 623,4 entre 1985 et 2006.

- Le calcul des **indices de variation** permet de comparer des variations relatives très rapidement.

- Remarque : les indices n'ont pas d'unité, tout comme les coefficients multiplicateurs, dont ils dérivent (un indice n'est qu'un coefficient multiplicateur multiplié par 100).

E. Relations entre les formules

Comme il existe plusieurs façons de calculer une variation relative, il existe forcément des relations entre les différentes formules.

1. Entre coefficient multiplicateur et taux de variation

$$\text{CM} = 1 + \text{taux de variation}$$

Exemple : si le taux de variation est de 10 % (ou 10/100 ou 0,1), le coefficient multiplicateur est égal à 1,1.

$$\text{Taux de variation} = \text{CM} - 1$$

Exemple : si le prix d'un bien est multiplié par 2, il augmente de 100 %.

2. Entre coefficient multiplicateur et indice

$$\text{Indice} = \text{CM} \times 100$$

Exemple : Si le SMIC est multiplié par 1,04, il passe de l'indice 100 à l'indice 104.

$$\text{CM} = \frac{\text{Indice}}{100}$$

Exemple : Si l'indice des prix à la consommation passe de 100 à 108, il est multiplié par 1,08.

3. Entre indice et taux de variation

- De l'indice au taux de variation : on transforme d'abord l'indice en CM, puis le CM en taux de variation.

Exemple : Si le PIB passe de l'indice 100 à l'indice 93, il est multiplié par 0,93. Il a donc diminué de 7 %.

- Du taux de variation à l'indice : on transforme le taux de variation en CM, puis le CM en indice.

Exemple : Si le chômage augmente de 3 %, il est multiplié par 1,03. Il passe donc de l'indice 100 à l'indice 103.

20

Lecture des tableaux et graphiques

Testez-vous sur ce chapitre avec l'option sujet/programme du logiciel.

A. Quelques conseils de base sur la lecture et l'utilisation des tableaux et graphiques

1. Repérer les éléments-clés d'un document statistique

- Quelle est la « population » étudiée ? Quelles sont les unités utilisées ? Quel est l'intitulé des lignes et des colonnes (ou des axes pour un graphique) ? Quelle est l'année ? Le lieu ? Qui est l'auteur du document ? De quel organisme s'agit-il ?

- Une partie des réponses à ces questions peut se trouver dans le titre du document, dans la source, ou encore dans des notes, que l'on trouve en général en-dessous du document statistique. Il est donc fondamental, avant de commencer à traiter les données, d'avoir repéré tous les éléments susceptibles de leur donner du sens.

Exemple :

Pratiques culturelles à l'âge adulte selon la catégorie sociale :

En %	2005			2006			
Au moins une fois au cours des 12 derniers mois...	Lecture de livre	Écoute de la radio	Écoute de CD, disques, cassettes	Cinéma	Musée ou exposition	Théâtre	Concert, spectacle
Ensemble	**58**	**87**	**75**	**51**	**33**	**17**	**32**
Agriculteur	31	85	57	39	24	8	19
Indépendant	49	91	73	50	33	14	29
Cadre et profession libérale	83	95	91	81	65	43	54
Profession intermédiaire	70	96	90	73	48	23	46
Employé	63	91	86	58	30	13	32
Ouvrier	32	91	76	46	17	6	22
Chômeur	51	85	86	62	18	7	28
Étudiant, élève	77	88	96	91	41	24	55
Retraité	52	78	47	26	29	15	22
Inactif et femme au foyer	53	77	69	34	20	9	18

Champ : France métropolitaine ; personnes de 15 ans ou plus (en 2005) et de 16 ans ou plus (en 2006).

Source : INSEE 2005, enquête permanente sur les conditions de vie des ménages (EPVC) ; 2006, statistiques sur les ressources et conditions de vie (SRCV)
(http://www.insee.fr/fr/themes/tableau.asp?ref_id=NATTEF05445&reg_id=0)

- Pour pouvoir interpréter les données de ce tableau, il est nécessaire de repérer certains éléments importants :
  - « Pratiques culturelles à l'âge adulte selon la catégorie sociale », dans le titre ;

- « Au moins une fois au cours des 12 derniers mois », au sommet de la 1ère colonne ;
- « France métropolitaine, personnes de 15 ou 16 ans et plus, selon l'année », sous le tableau ;
- « en % » au-dessus du tableau.

Sans ces informations, il est impossible d'interpréter correctement les données. Cela donne, pour le premier chiffre du tableau, la phrase suivante : En 2005 en France, 58 % des personnes âgées de 15 ans et plus interrogées ont déclaré avoir lu au moins un livre au cours des 12 derniers mois.

2. Utiliser un document statistique

Le jour du baccalauréat, vous aurez forcément des tableaux et/ou des graphiques à utiliser, puisque le dossier documentaire contient toujours des documents statistiques.

Rappelez-vous, même si cela n'est pas précisé, qu'il est nécessaire de manipuler quelques données chiffrées lorsque vous avez à utiliser un document statistique dans une dissertation ou une question de synthèse.

B. Les graphiques particuliers

L'utilisation des graphiques les plus courants étant supposée acquise en classe de terminale, nous aborderons ici des types de graphiques plus complexes.

1. Les graphiques à double échelle

- Certains graphiques comportent deux variables représentées par 2 courbes (ou une courbe et des bâtons). C'est très utile lorsque l'on souhaite comparer leurs évolutions et, éventuellement, mettre en évidence des corrélations.

- Il est fréquent, dans ce cas, qu'il y ait deux échelles (une pour chaque variable). Il faut alors faire attention à l'interprétation. L'erreur la plus fréquente consiste à utiliser la même échelle (en principe celle de gauche) pour lire les deux courbes.

Exemple :

Taux d'investissement et d'utilisation des capacités de production (1) :

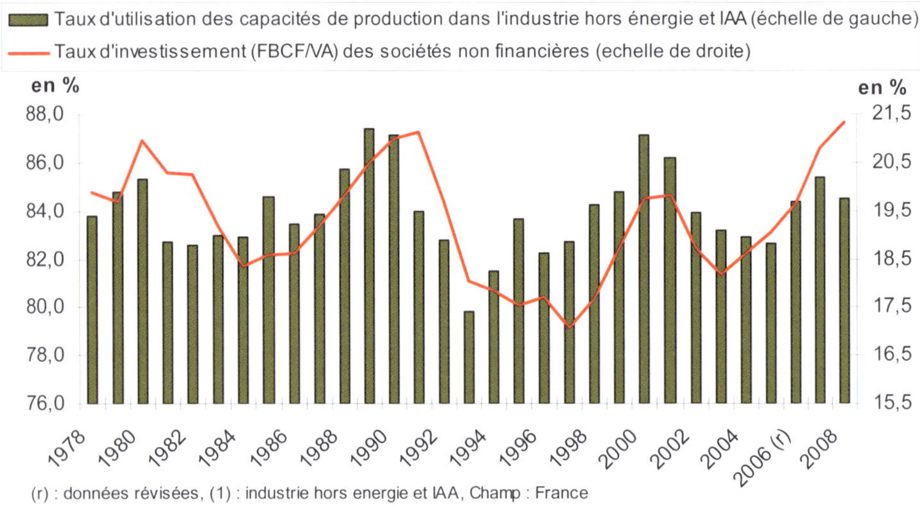

Source : INSEE, Comptes nationaux, base 2000, www.insee.fr
(http://www.insee.fr/fr/themes/tableau.asp?ref_id=NATTEF08111&reg_id=0&page=graph)

Lecture des données de l'année 2008 : En 2008, le taux d'utilisation des capacités de production atteignait près de 84 % (échelle de gauche) alors que le taux d'investissement des sociétés non financières s'élevait à plus de 21 % (échelle de droite).

2. Les graphiques semi-logarithmiques

a) Qu'est-ce qu'un graphique semi-logarithmique ?

- Dans un **graphique classique**, les échelles sont arithmétiques, ce qui signifie que les valeurs progressent de façon constante : de 1 en 1, de 5 en 5, de 10 en 10…

- Dans un **graphique semi-logarithmique**, l'un des axes (en général les ordonnées) a une échelle logarithmique, ce qui signifie que les valeurs progressent de plus en plus rapidement (il s'agit d'une progression géométrique), et non pas de façon constante : 10, 100, 1000, etc.

Graphique arithmétique et graphique semi-logarithmique :

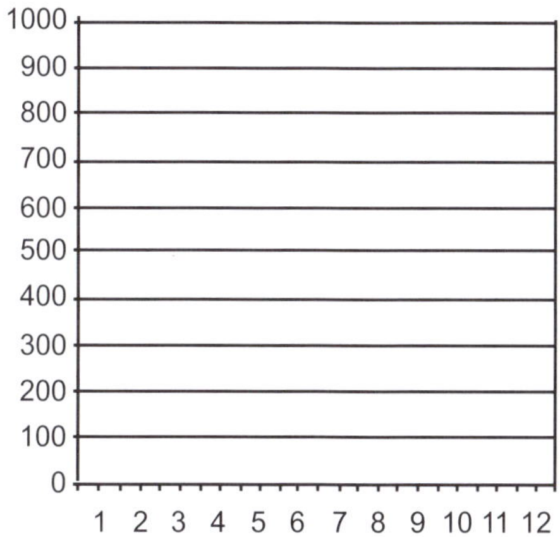

Graphique arithmétique

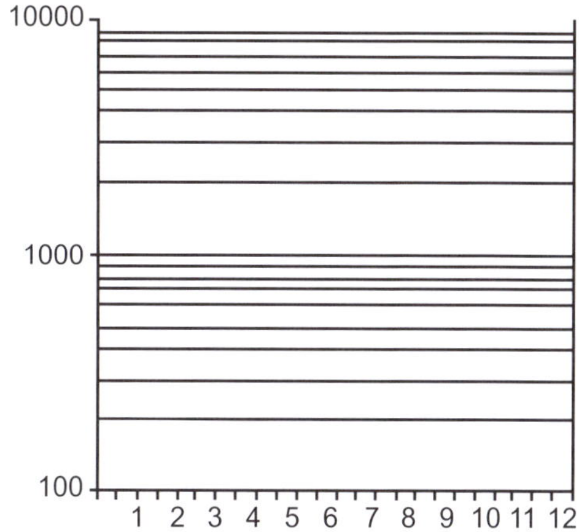

Graphique semi-logarithmique

b) Les avantages d'un graphique semi-logarithmique

- On souhaite représenter graphiquement des données ci-après, représentant le chiffre d'affaires d'une entreprise :

Chiffre d'affaires (en milliers d'€) :

2000	2001	2002	2003	2004	2005	2006	2007	2008	2009
1	1,2	2	3	40	879	15 876	20 385	25 298	28 675

Chiffre d'affaires (en milliers d'€) :

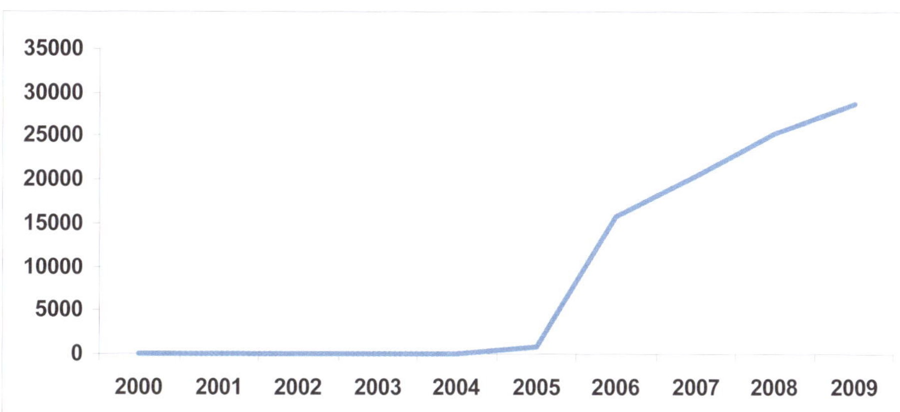

Chiffre d'affaires (en milliers d'€) :

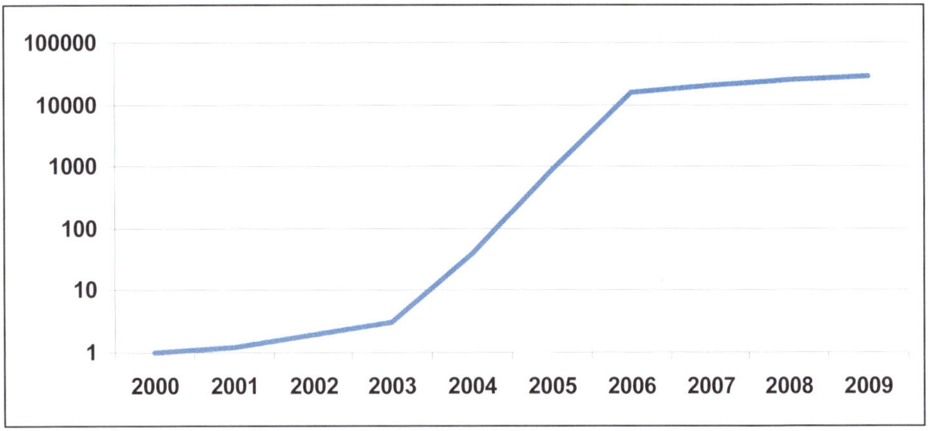

Avec un graphique arithmétique, la lecture des données entre 2000 et 2005 est illisible. Ce n'est qu'à partir de 2006 que l'on peut constater une évolution. Or, le chiffre d'affaires augmente régulièrement depuis la première année.

- Par rapport à un graphique arithmétique, le graphique semi-logarithmique offre plusieurs avantages :
  - Pouvoir représenter clairement sur un même graphique une évolution de très grande ampleur : cela peut être utile lorsque l'on a à représenter des évolutions sur très longue période (des populations, des PIB, etc.).
  - Comparer les rythmes de progression (ou des variations relatives) de la valeur : plus la pente de la courbe est importante et plus le taux de variation est important.

Sur le second graphique, on voit clairement que c'est entre 2003 et 2006 que le chiffre d'affaires a augmenté le plus rapidement (on peut calculer les taux de variation pour vérifier). Or, le graphique arithmétique laissait penser que la hausse avait été plus rapide à partir de 2007. C'est normal, le graphique arithmétique met en évidence les variations absolues (en milliers) alors que le graphique semi-logarithmique met en évidence les variations relatives (en %).

- Il faut donc faire attention à ne pas commenter un graphique semi-logarithmique comme un graphique arithmétique. Les graphiques semi-logarithmiques sont faits pour comparer des taux de variation (ou des rythmes de progression). Il faut donc être vigilent quant à leur utilisation.

Testez-vous sur cette fiche avec l'option sujet / programme du logiciel.

Afin de mesurer les inégalités de revenus et de patrimoines, les statisticiens ont recours à des outils particuliers. Deux d'entre eux retiendront notre attention : les **quantiles** (déciles, quartiles, centiles…) et la **courbe de Lorenz**.

A. Les déciles

1. La lecture des déciles

- Pour mesurer les inégalités de revenus, on utilise fréquemment les **déciles**. Les déciles sont les valeurs du revenu qui partagent la population en 10 tranches de 10 %.

- Le premier décile (D1) est le revenu tel que 10 % des ménages gagnent moins, et 90% gagnent plus.

Le décile 9 (D9) est le revenu tel que 90 % des ménages gagnent moins, et 10 % gagnent plus.

Etc.

Le décile 5 (D5) correspond à la médiane. C'est le revenu tel que la moitié se situe au-dessus et la moitié en-dessous.

Distribution des salaires annuels nets en 2006 :

Déciles	2006
D1	12 718
D2	14 219
D3	15 545
D4	16 977
D5	18 631
D6	20 685
D7	23 430
D8	27 826
D9	36 941
Rapport inter-déciles D9/D1	2,9

Source : Insee, enquête revenus fiscaux 2006
(http://www.insee.fr/fr/themes/tableau.asp?reg_id=0&ref_id=NATCCF04103)
Champ : salariés à temps plein du secteur privé et semi-public.

- Lecture des déciles :
  - En 2006, les 10 % de salariés à temps plein du secteur privé et semi-public les moins payés avaient un salaire annuel net inférieur à 12 718 euros.

- En 2006, les 10 % de salariés à temps plein du secteur privé et semi-public les mieux payés avaient un salaire annuel net supérieur à 36 941 euros.

- Remarques :
  - Parfois le mot « décile » est utilisé pour désigner les 10 tranches de 10 %, au lieu des valeurs qui partagent la population en 10 tranches. Dans ce cas, on compte 10 déciles, de D1 à D10. Pour chaque décile, c'est alors le revenu moyen qui est donné. Ce n'est cependant pas le cas le plus fréquent.
  - Plutôt que des déciles, on peut calculer des quintiles (qui divisent la population en 5 tranches de 20 %) ou des quartiles (4 tranches de 25 %), ou encore des centiles (100 tranches de 1 %). Le principe est toujours le même.

2. Le rapport inter-déciles

- Pour mesurer l'écart entre les 10 % les mieux payés et les 10 % les moins bien payés, on peut calculer **le rapport inter-déciles D9/D1**.

- En 2006, ce rapport s'élève à 2,9, ce qui signifie que pour appartenir aux 10% les mieux payés, il fallait gagner au moins 2,9 fois plus que le revenu maximum des 10 % les moins bien payés (c'est-à dire D1).

- Le rapport inter-déciles est donc l'écart minimum entre les 10 % les mieux payés et les 10 % les moins bien payés, il ne fait que comparer le revenu maximum des 10 % les moins bien payés (D1), et le revenu minimum des 10 % les mieux payés (D9).

- Les variations de ce rapport dans le temps nous renseignent sur l'évolution des inégalités. Une hausse du rapport inter-déciles signifie que l'écart entre les plus riches et les plus pauvres s'accroît, ce qui traduit une hausse des inégalités de revenus.

B. La courbe de Lorenz et le coefficient de Gini

- La **courbe de Lorenz** permet de mesurer le degré de concentration d'une variable. Une forte concentration des revenus signifie par exemple qu'une faible proportion des individus perçoit une part importante des revenus. Plus la concentration est élevée et plus les inégalités sont fortes.

- Le **coefficient de Gini** est calculé à partir de la courbe de Lorenz.

Courbe de Lorenz des revenus et des patrimoines en 2003 :

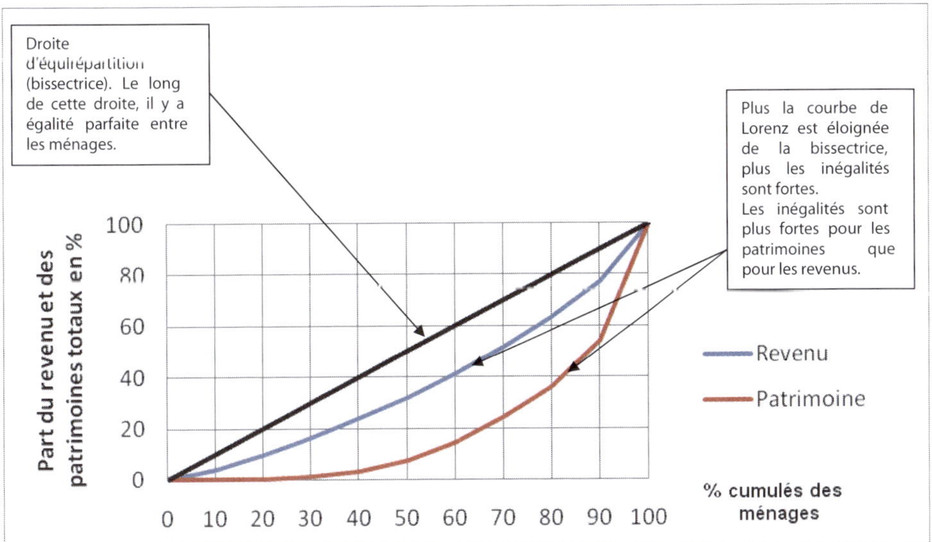

Source : Insee, enquête revenus fiscaux 2003, enquête patrimoine 2003-2004 (http://www.insee.fr/fr/themes/document.asp?ref_id=ip1266&page=graph#graphique5)

- Lecture des données :
  - 50 % des ménages percevaient 33 % des revenus et possédaient 8 % des patrimoines en France en 2003.
  - 90 % des ménages percevaient 78 % des revenus et possédaient 55 % des patrimoines en France en 2003.

- Remarque : il s'agit des 90 % les plus pauvres. Les 10 % les plus riches possédaient le reste, c'est à dire 22 % des revenus et près de la moitié des patrimoines à eux-seuls.

22

La lecture des tables de mobilité sociale

Testez-vous sur ce chapitre avec l'option sujet/programme du logiciel.

▪ Pour mesurer la mobilité sociale, on a le plus souvent recours à des **tables de mobilité** qui sont des tableaux à double entrée qui croisent la position sociale des pères avec celle des fils. Les tables sont en général élaborées à partir de données recueillies auprès d'un échantillon de 6 à 7 millions d'hommes, âgés de 40 à 59 ans, à qui l'on a demandé quelle était leur profession, ainsi que celle de leur père.

▪ On distingue deux types de tables de mobilité sociale :

- La **table d'origine** qui nous indique l'origine sociale des fils. Exemple : quelle est l'origine sociale des agriculteurs ?

- La **table de destinée** qui nous renseigne sur la destinée sociale des fils. Exemple : que sont devenus les fils d'agriculteurs ?

A. Comprendre les tables de mobilité sociale

1. La table d'origine (ou de recrutement) (données en %)

En ligne les fils sont classés en fonction de la PCS de leur père

Fils / Pères	Agricul-teur	Artisan, commerçant, chef d'entreprise	Cadre et profession intellectuelle supérieure	Profession intermé-diaire	Employé	Ouvrier	Ensemble
Agriculteur	88	12	8	11	13	18	16
Artisan, etc.	2	29	14	12	10	9	12
CPIS	1	6	24	9	5	2	8
Prof interm.	1	10	20	16	9	6	11
Employé	1	7	11	11	14	7	9
Ouvrier	7	36	23	41	49	58	43
Ensemble	100	100	100	100	100	100	100

Le total 100 se trouve en colonne et non en ligne, ce qui signifie que pour obtenir 100 on a ajouté les agriculteurs (et non pas les fils agriculteurs).

La colonne (ou marge) de droite nous renseigne sur la structure socioprofessionnelle de la génération des pères. Les fils d'agriculteurs représentent 16 % des fils, contre seulement 8 % pour les fils de CPIS. On peut en conclure, en faisant l'hypothèse que la fécondité est la même pour les deux PCS, que les agriculteurs étaient deux fois plus nombreux que les CPIS dans la génération précédente (celle des pères), ce qui n'est plus vrai aujourd'hui.

Champ : Hommes français âgés de 40 à 59 ans au moment de l'enquête
Source : INSEE, enquête formation et qualification professionnelle 2003

Lecture :

- 88 % des agriculteurs âgés de 40 à 59 ans en 2003 étaient eux-mêmes fils d'agriculteur.
- 23 % des CPIS âgés de 40 à 59 ans en 2003 étaient fils d'ouvrier.

2. La table de destinée (données en %)

La présentation est identique au tableau précédent : l'intitulé des lignes et des colonnes est le même.

Le total 100 se trouve en ligne et non en colonne, ce qui signifie que pour obtenir 100 on a ajouté les fils d'agriculteurs (et non pas les agriculteurs).

Pères \ Fils	Agriculteur	Artisan, commerçant, chef d'entreprise	Cadre et profession intellectuelle supérieure	Profession intermédiaire	Employé	Ouvrier	Ensemble
Agriculteur	22	6	9	17	9	37	100
Artisan, etc.	1	21	22	24	9	24	100
CPIS	0	6	52	26	6	9	100
Prof interm.	0	8	33	33	9	17	100
Employé	0	7	22	28	17	26	100
Ouvrier	1	8	10	23	12	46	100
Ensemble	4	9	19	24	11	34	100

Source

La ligne (ou marge) inférieure nous renseigne sur la structure socioprofessionnelle de la génération des fils. Les agriculteurs représentent 4 % des fils, contre 19 % pour les CPIS. On voit donc que dans la génération des fils, la part des agriculteurs est nettement plus faible que dans celle des pères, alors que la part des CPIS est plus élevée.
En comparant les marges des deux tables, on peut donc avoir une idée approximative de l'évolution de la structure sociale entre les deux générations.

Source : INSEE, enquête formation et qualification professionnelle 2003

Lecture :

- 22 % des fils agriculteurs âgés de 40 à 59 ans en 2003 étaient eux-mêmes devenus agriculteurs.
- 9 % des fils de CPIS âgés de 40 à 59 ans en 2003 étaient ouvrier.

B. Des outils imparfaits

▪ Les tables de mobilité sociale, comme tous les indicateurs, comportent des limites qu'il convient d'avoir à l'esprit lorsqu'on les utilise.

▪ D'une part, elles analysent surtout la mobilité sociale passée. Les actifs ont (le plus souvent) 40 à 59 ans au moment de l'enquête. Il existe des tables de mobilité pour des hommes plus jeunes mais cela pose un problème de taille : à 25 ans ou 30 ans, un homme est encore largement susceptible d'évoluer dans sa carrière, alors qu'à 40 ou 50 ans, cela devient plus rare.

▪ D'autre part, la mobilité sociale féminine est plus rarement étudiée que celle des hommes car elle pose deux difficultés majeures :

- Difficulté à mesurer la mobilité des filles par rapport à leur mère : les femmes qui ont aujourd'hui 40 à 59 ans ont souvent eu une mère inactive, en raison des taux d'activité féminins beaucoup plus faibles des générations précédentes.
- Difficulté à mesurer la mobilité des filles par rapport à leur père en raison des différences de types d'emplois occupés par les hommes et les femmes. Par exemple, la PCS « employé » est très féminisée, alors que la PCS « ouvrier » l'est très peu. Par ailleurs, les femmes parviennent plus difficilement que les hommes aux positions sociales supérieures.

Néanmoins, ces deux difficultés tendent à diminuer en raison de la forte hausse des taux d'activité féminins et de la réduction des inégalités hommes-femmes.

- Enfin, les tables s'appuient sur les PCS comme indicateur du milieu social. Or c'est un outil critiquable. Un fils de médecin qui devient directeur du service de cardiologie d'un grand hôpital reste dans la même PCS que son père. Il est donc considéré comme immobile, alors qu'à l'évidence, il y a mobilité sociale ascendante. A l'inverse, un fils d'employé qui devient ouvrier est considéré comme mobile. Or, ces deux PCS sont très proches, et l'on peut douter de la mobilité réelle dans ce cas.

- Sur le site de l'INSEE, il est possible de consulter de nombreuses tables de mobilité (par âge et par sexe notamment). Exemple :

http://www.insee.fr/fr/themes/detail.asp?ref_id=ir-fqp03&page=irweb/FQP03/dd/fqp03_ir3.htm

Taux de croissance cumulés, taux de croissance moyens

23

Testez-vous sur ce chapitre avec l'option sujet/programme du logiciel.

Si le PIB augmente de 10 % en 5 ans, quel est le taux de croissance annuel moyen ? Le PIB a-t-il augmenté de 2 % par an pendant 5 ans ? La réponse est non. La réalité est un peu plus complexe. En effet, les taux de croissance se cumulent, ils ne s'ajoutent pas. Si le PIB augmente de 2 % par an pendant 5 ans, la hausse totale est donc supérieure à 10 %.

Le calcul des **taux de croissance moyens** n'est pas au programme de la classe de terminale. Seule leur lecture est exigée. Néanmoins, il peut être intéressant de savoir les calculer.

A. Le taux de croissance cumulé

- Pour comprendre le calcul du taux de croissance moyen, il faut avoir vu au préalable les **taux de croissance cumulés**. Lorsque l'on dispose de plusieurs taux de croissance et que l'on souhaite les cumuler pour obtenir un taux de croissance global sur l'ensemble de la période, on n'ajoute jamais les taux de croissance. Deux méthodes sont possibles.

- Exemple : La valeur d'un bien est de 100 € en 2007. Elle augmente de 20 % en 2008, puis à nouveau de 20 % en 2009. On pourrait croire que la hausse globale, sur l'ensemble de la période, est de 40 %, ce qui porterait le prix à 140 €. Or, il n'en est rien. Pour calculer le taux de croissance cumulé, deux solutions sont possibles :
  - En 2008, le prix augmente de 20 %, il passe donc à 120 €. En 2009, le prix augmente à nouveau de 20 %, soit de 24 euros (20 % de 120). Au final, le bien coûte donc 144 €, ce qui représente une hausse de 44 %.
  - On peut aussi calculer directement le taux de croissance cumulé en passant par les coefficients multiplicateurs. Un taux de variation de 20 % est équivalent à un CM de 1,2. Deux hausses successives de 20 % représentent donc deux multiplications par 1,2, soit une multiplication par 1,44, ce qui représente une hausse de 44 %.

- Autre exemple, prix d'une baguette de pain :

	2007	2008	2009
Prix d'une baguette de pain	+ 5 %	+ 7 %	+ 2 %

Le prix de la baguette a été multiplié par 1,05, puis par 1,07, puis par 1,02. Il a donc été multiplié par 1,14597. Ce qui correspond à une hausse de 14,597 %.

B. Le taux de croissance moyen

- On n'ajoute pas les taux de croissance. Lorsque l'on dispose d'un taux de croissance global sur plusieurs années et que l'on souhaite en faire la moyenne annuelle, on ne divise pas non plus le taux de croissance. Là encore, on passe par le coefficient multiplicateur.

- Exemple : En 10 ans, le salaire d'un employé augmente de 25 %. On souhaite calculer le taux de croissance annuel moyen.
  - On commence par calculer le CM. Un taux de croissance de 25 % correspond à un CM de 1,25.
  - On calcule ensuite le coefficient multiplicateur moyen. Pour cela, on calcule la racine nième du CM, avec n = nombre de périodes.

$$\text{Coefficient multiplicateur moyen} = \sqrt[x]{\text{coefficient multiplicateur}} = \sqrt[10]{1{,}25} = 1{,}02257$$

Le salaire a donc été multiplié par 1,02257, ce qui correspond à une hausse de 2,257 % par an

C. La lecture des taux de croissance moyens

- La lecture des taux de croissance moyens est la même que celle des taux de croissance, à ceci près qu'il ne faut pas oublier de rajouter deux éléments fondamentaux :
  - La périodicité (par an, par trimestre, par mois, etc.) ;
  - L'expression « en moyenne », pour rappeler qu'il ne s'agit que d'une variation moyenne sur l'ensemble de la période (la variation n'a pas forcément été constante).

- Exemple, évolution du PIB en volume, en France :

Taux de croissance annuel moyen (en %)	
1985 - 1990	**3,27**
1990 - 1995	**1,17**
1995 - 2000	**2,79**
2000 - 2005	**1,67**

Source : Insee, Comptes nationaux, base 2000 (http://www.insee.fr/fr/themes/tableau.asp?reg_id=0&id=159)

L'erreur la plus fréquente consiste à dire qu'entre 2000 et 2005, par exemple, le PIB en volume a augmenté de 1,67 %, sans préciser qu'il s'agit d'une variation annuelle, ni qu'il s'agit d'une moyenne. Ce qui est évidemment faux.

Lecture correcte : Entre 2000 et 2005, le PIB en volume a augmenté en moyenne de 1,67 % par an.

Calcul et lecture des évolutions en valeur et en volume

24

Testez-vous sur ce chapitre avec l'option sujet/programme du logiciel.

▪ La monnaie ne conserve pas la même valeur au cours du temps. Les prix ont tendance à augmenter d'une année sur l'autre, ce qui a pour effet de diminuer la **valeur de la monnaie**.

▪ Pour comparer deux sommes exprimées en monnaie à deux dates différentes, il faut alors annuler l'effet de la variation des prix. Sans quoi, la comparaison n'a pas de sens, puisque la monnaie n'a pas la même valeur aux deux dates : est-il préférable de gagner 1 000 € en 2000 ou 1200 € en 2010 ? Difficile à dire sans savoir comment les prix ont varié sur la période concernée.

▪ En annulant l'effet de la hausse des prix, on passe d'une grandeur « en valeur » à une grandeur « en volume ». Il devient alors possible de comparer les données obtenues.

Remarque : il existe plusieurs expressions synonymes.

En valeur	En volume
= nominal	= réel
= en euros courants	= en euros constants

A. La valeur de la monnaie n'est jamais stable au cours du temps

▪ En 2001, lorsque l'euro est entré en circulation, la plupart des bars vendaient le café 1 €. Aujourd'hui, il est vendu en moyenne 1€40. Pour dire les choses autrement, en 2001, avec 1 €, on pouvait acheter un café, alors qu'aujourd'hui, on ne peut plus en obtenir que 0,71 (ceci étant une moyenne). Le pouvoir d'achat de l'euro (en café) a donc diminué.

▪ Dans la réalité, on ne consomme pas que du café, et certains prix augmentent avec le temps, alors que d'autres ont tendance à diminuer. Néanmoins, le niveau moyen des prix a tendance à augmenter d'une année sur l'autre. Ce phénomène, bien connu des économistes, est appelé l'**inflation**. De plus, lorsque le niveau général des prix augmente, la monnaie perd de sa valeur : son pouvoir d'achat diminue.

B. Comment calculer la valeur réelle de la monnaie ?

▪ La **valeur nominale d'une monnaie** ne change jamais. 1 € vaut toujours 1 €. En revanche, sa valeur réelle, c'est à dire son **pouvoir d'achat** (quantité de biens et services qu'elle permet de se procurer) varie avec le temps. Pour reprendre l'exemple précédent, en 2001 tout comme en 2010, une pièce de 1 € vaut toujours 1 € (valeur nominale identique) mais la valeur réelle a diminué, puisqu'avec 1 € on ne peut plus se procurer un café.

▪ En conséquence, puisque la valeur réelle d'une monnaie varie au cours du temps, il devient impossible de comparer deux sommes exprimées en euros à deux dates différentes.

Calcul et lecture des évolutions en valeur et en volume

Par exemple, si le salaire d'un employé passe de 1 000 € à 1 200 € entre 2000 et 2010, comment savoir si son pouvoir d'achat a augmenté ?

Tout dépend de l'évolution des prix. C'est pourquoi on effectue un calcul qui vise à annuler l'effet de la variation des prix. Par exemple, si entre 2000 et 2010 l'ensemble des prix des biens et service est multiplié par 2, la valeur réelle de l'euro est divisée par 2. Un euro de 2000 a donc une valeur deux fois plus élevée qu'un euro de 2010 (il permet d'acheter deux fois plus de biens et services, en moyenne).

Pour convertir les euros de 2010 en euros de 2000, il suffit donc de diviser les euros de 2010 par deux.

La valeur réelle d'un euro de 2010 est donc égale à 0,5 euro de 2000.

On en déduit :

$$\text{Valeur réelle} = \frac{\text{Valeur nominale}}{\text{Coefficient multiplicateur des prix}}$$

Remarque : Pour mesurer l'inflation, l'INSEE utilise un indicateur : **l'indice des prix à la consommation (IPC)** qui, à partir d'un échantillon de prix, donne une estimation de l'évolution de l'ensemble des prix.

Pour calculer la valeur réelle d'une grandeur à partir de l'indice des prix, on applique la formule suivante :

$$\text{Valeur réelle} = \frac{\text{Valeur nominale}}{\text{Indice des prix}} \times 100$$

C. PIB en valeur, PIB en volume

- L'évolution du **PIB en valeur** ne nous donne pas une indication fiable de l'évolution réelle du PIB. Le PIB est exprimé en unités monétaires (l'euro pour la France). Il est en effet calculé à partir du prix des biens et des services produits sur le territoire. Or, il suffit que le prix des biens et services augmente d'une année sur l'autre pour que le PIB en valeur augmente également, sans que cela ne corresponde à une augmentation réelle de la production. C'est pourquoi, lorsque l'on souhaite mesurer la hausse du PIB, il est indispensable de calculer le **PIB en volume**, ce qui revient à annuler l'effet de l'inflation.

- Exemple, évolution du PIB :

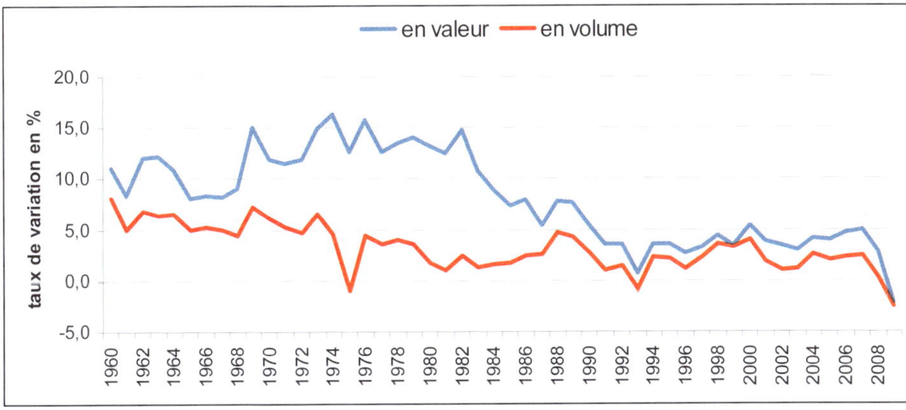

Source : D'après Insee, comptes nationaux
(http://www.insee.fr/fr/themes/tableau.asp?reg_id=0&id=159)

On constate que, d'une façon générale, la hausse du PIB en valeur est plus importante que celle du PIB en volume. C'est normal, puisqu'une partie de la hausse du PIB en valeur n'est due qu'à la hausse des prix. Une fois l'inflation annulée, la hausse réelle du PIB est moins importante.

On remarque également que l'écart entre les deux courbes est plus important dans les années 1970. Cela correspond en effet à une période de forte inflation, ce qui s'est traduit par une forte hausse du PIB en valeur. La proximité entre les deux courbes dans les années 1990 montre au contraire que l'inflation a été très faible sur cette période.

L'année 1975 montre à quel point il est fondamental de raisonner « en volume ». Le PIB en valeur a augmenté de 12,5 % cette année là. Or, il a en réalité reculé de 1 %, comme le montre l'évolution du PIB en volume.

25 Capital, investissement et progrès technique : Joseph Schumpeter

Testez-vous sur ce chapitre avec l'option sujet/programme du logiciel.

1. Présentation de l'auteur

Joseph Aloïs Schumpeter est autrichien (1883-1950) et a émigré aux États-Unis lors de la montée du nazisme. Il a fait des études de droit et s'est d'abord intéressé à la sociologie puis à l'économie. Marqué par Marx et par le courant marginaliste autrichien (néoclassique) dont il partage l'intérêt pour l'économie mathématique, il ne fait partie d'aucun des trois grands courants économiques (libéral, keynésien, marxiste) : il donne l'exemple d'une pensée libre et originale. Il s'interroge sur les causes de la croissance et du développement ; pour lui, l'innovation est au cœur des mécanismes.

2. Pensée de l'auteur

Une **économie stationnaire** signifie que les mêmes biens et services sont produits d'une année sur l'autre, les demandes et les offres s'équilibrent permettant un prix d'équilibre. L'économie est stationnaire tant qu'il n'y a pas d'innovation.

L'innovation rompt cet équilibre. Elle crée une dynamique car l'apparition des nouveautés est irrégulière. Il en résulte un phénomène de croissance cyclique liée à une destruction créatrice.

a) L'évolution économique et le capitalisme

- Joseph Schumpeter écrit : « Nous désignons sous le terme d' **« évolution » économique** les changements apportés au processus économique par l'innovation, à la fois leurs effets et la réaction que lui oppose le système économique ». Dans un langage plus moderne, on pourrait définir « l'évolution économique » comme le mécanisme de la **croissance** (l'augmentation et la diversification de la production de richesses sur le long terme) et, également, du **développement** (la transformation des structures économiques et sociales liée à la croissance économique et permettant une amélioration de la vie humaine). Notons que la croissance est irrégulière : des phases de crise existent.
- La croissance et le développement ont été permis pas le **capitalisme**, système de production rationnel et où les capitaux productifs appartiennent majoritairement à des personnes privées, mais où l'innovation crée des ruptures.

b) L'innovation

- L'**innovation** est un changement dans la production et les ventes, notamment par l'application des idées scientifiques nouvelles.

- Pour Schumpeter, il y a cinq types d'innovations :
  - Un **bien nouveau**, comme les lecteurs mp3 ;
  - Les **nouveaux procédés** qui sont les changements dans la façon de produire, comme le travail à la chaîne ou encore les robots qui peignent les voitures ;
  - L'**ouverture d'un débouché nouveau** (d'un nouveau marché), comme l'ouverture de la Chine aux produits occidentaux ou les productions permettant les économies d'énergie ;
  - **Les nouvelles sources de matières premières et d'énergie**, comme le géothermique ou le solaire ;
  - Les **nouvelles organisations (innovations organisationnelles)**, comme les monopoles, les oligopoles ou le système de franchise.

c) Pourquoi innover ?

- L'innovation est d'abord le fait de l'innovateur qui peut être motivé par le goût du risque ou la soif de pouvoir. La recherche du profit est cependant importante :
  - Pour les économistes néoclassiques, lorsque la concurrence est parfaite, le profit de l'entreprise est nul : la concurrence pousse au rapprochement des prix et des coûts de production (qui incluent le revenu « normal » des possesseurs de capitaux et des dirigeants salariés).
  - L'innovation va, pour Schumpeter, permettre l'apparition du profit, appelé « **rente de monopole** » ou « **surprofit** » : un nouveau produit permet un monopole qui autorise l'entreprise à limiter son offre pour qu'elle soit inférieure à la demande et donc que le prix dégage un profit. Le monopole cherche à maximiser son profit total : le profit unitaire multiplié par les ventes. Il peut être intéressant de baisser les prix si la demande est élastique par rapport à celui-ci, car, alors, la hausse des ventes fait plus que compenser la baisse du profit unitaire.

- Un nouveau procédé et une nouvelle source d'énergie sont utilisés s'ils diminuent les coûts de production. Avec le même prix, le profit unitaire augmente; avec une diminution du prix, les ventes peuvent augmenter. Un calcul, mais aussi la situation de la concurrence, sont à prendre en compte pour choisir la meilleure situation.

- Un nouveau marché permet d'obtenir des économies d'échelle : en produisant en plus grande quantité, les coûts unitaires diminuent grâce à une répartition des coûts fixes sur plus de produits.

- Selon les cas, les nouvelles organisations de marché ont les mêmes effets que les nouveaux produits en permettant un monopole ou un **oligopole** (un nombre limité d'entreprises qui dominent un marché et qui peuvent s'entendre sur la production et les prix), ou les nouveaux marchés avec leurs économies d'échelle, comme dans le cas des franchises.

- Le profit de l'entrepreneur n'est que temporaire car l'innovation va être copiée et de nouveaux concurrents vont apparaître qui chercheront à prendre le pas sur l'entreprise innovatrice connue en diminuant les prix. Le profit est donc justifié : l'entrepreneur a pris des risques, il a investi du temps, des équipements, dans la recherche-développement et il doit être récompensé pour sa création. Schumpeter s'oppose à Marx qui considérait que le profit provenait de l'exploitation des travailleurs, d'un salaire inférieur à la valeur de la production réalisée par le salarié.

d) Le rôle de l'entrepreneur

- Comme Max Weber, Joseph Schumpeter raisonne avec des idéaux-types, des représentations simplifiées de la réalité qui permettent de voir les éléments les plus importants :
  - L'entrepreneur est un innovateur qui prend des risques. Il doit vaincre les résistances des traditions et bousculer les habitudes. Il fait des paris; c'est un aventurier qui ne cherche pas seulement le profit mais aussi la gloire, la puissance ou toute autre motivation irrationnelle.
  - Le capitaliste est, lui, possesseur des capitaux et gère d'une manière routinière et rationnelle la production.

Comparaison des idéaux-types du capitaliste et de l'entrepreneur chez Schumpeter :

	Capitaliste ordinaire	Entrepreneur
Définition	Un possesseur des capitaux	Un innovateur
Exemple	Ford, en 1906, crée son entreprise.	Ford, en 1909, crée le modèle T : il invente la standardisation des produits.
Fonction	Il investit et produit.	Il innove.
Mode de pensée	Il est routinier.	Il bouscule les habitudes, change la production et la consommation, fait des paris.
Statut	C'est un indépendant : un chef d'entreprise.	Il peut être indépendant ou salarié.
Financement	Il utilise ses propres capitaux.	Il fait appel aux capitaux des autres ou au crédit, parfois il apporte ses propres capitaux.

- Le dynamisme de l'innovateur laisse à penser que les petites entreprises sont plus innovatrices que les grandes. Cependant, Joseph Schumpeter voit bien que les grandes entreprises ont des avantages et qu'elles ont une double possibilité : limiter les innovations ou les favoriser. La grande entreprise a trois avantages :

- Elle peut embaucher des innovateurs salariés ;
- Elle a plus facilement accès aux emprunts bancaires (elle a des garanties) ;
- Elle peut créer un monopole en éliminant les concurrents (par exemple, par une vente à perte temporaire, le rachat des petites entreprises, l'entente sur les prix).

e) Les grappes d'innovation

Mettre au point une nouvelle idée est difficile: il faut déjà avoir une idée, mettre au point une technique adaptée, trouver des capitaux pour la recherche et les premières productions, réussir à vendre de nouveaux produits. Les innovateurs sont donc peu nombreux. Mais, une fois qu'une découverte réussit, il est plus facile de la copier ou de lui trouver des applications proches : l'innovation se généralise, ce qui conduit aux **grappes d'innovations**, c'est-à-dire au fait que les nouveautés sont nombreuses et touchent plusieurs secteurs.

f) Les cycles longs

- Les grappes d'innovation sont à l'origine des **cycles longs** : en 1926, **Nicolai Kondratiev** a montré l'existence de variations de long terme durant 50 à 60 ans. Il existe aussi des cycles de moyenne période, 8-10 ans, étudiés par **Juglar**, et d'autres de courte période, 3 ans, analysés par **Kitchin**.

- Une phase A de forte croissance est suivie d'une phase B de dépression. Sur le long terme, la tendance (le « trend ») de la production est à la hausse. Pour Joseph Schumpeter, les grappes d'innovation permettent de lancer la croissance par les nouvelles ventes, les investissements et les emprunts nécessaires. L'appareil de production se rajeunit et augmente sa productivité. L'innovation a un aspect créateur. Mais elle est aussi destructrice : la diminution des prix conduit les entreprises, qui n'ont pas suivi les changements, à la faillite. Les anciens produits disparaissent (par exemple, les DVD ont remplacé les cassettes VHS) et des emplois sont supprimés.

- La **destruction créatrice** est le fait que l'innovation entraîne des bouleversements dans l'économie, à la fois destructeurs et créateurs. Pour sortir de la crise, il faudra de nouvelles grappes d'innovations.

Capital, investissement et progrès technique : Joseph Schumpeter

De l'innovation à la croissance puis à la crise :

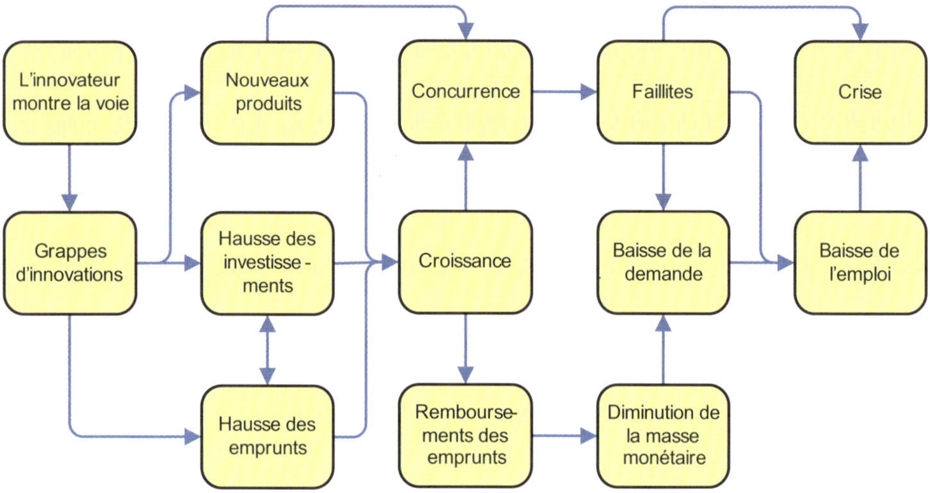

3. Actualité de la pensée de l'auteur

a) La place de la recherche-développement dans l'innovation aujourd'hui

- Les techniques sont aujourd'hui plus complexes qu'au début du XXe siècle et les dépenses de recherche et de développement constituent un des facteurs clés de la réussite des entreprises et de la compétitivité des économies dans le monde. Ces efforts d'innovations sont un facteur de croissance pour les entreprises innovantes mais aussi pour l'ensemble de l'économie.

- Les pouvoirs publics ont un rôle fondamental dans les processus d'innovation car ils apportent à la fois des moyens, des structures et des moyens humains (recherche fondamentale, éducation) qui permettent l'émergence de ces innovations.

b) La taille des entreprises et les innovations

- Le paradoxe de la grande entreprise, qui peut aussi bien limiter l'innovation que la favoriser, avait été analysé par Joseph Schumpeter et est toujours valable. Par exemple, Microsoft, souvent condamné par la commission européenne, ne cesse à la fois d'inventer de nouvelles utilisations du micro-ordinateur et de tenter de limiter dans son système d'exploitation l'utilisation de logiciels d'entreprises qui ne lui auraient pas payé des droits. Les études statistiques montrent que plus les entreprises sont grandes, plus le pourcentage de celles-ci qui innovent est important. Ceci est vrai quel que soit le secteur.

- Les petites entreprises ont moins accès aux moyens de financement, le crédit est difficile par manque de garanties. Les deux autres obstacles à l'innovation pour toutes les entreprises sont l'incertitude sur la demande et le manque de personnel qualifié. Pourtant, les innovations de rupture sont souvent le fait de petites entreprises innovatrices, comme ce fut le cas, au départ, de Microsoft ou Google. En augmentant de taille, elles organisent la recherche-développement et améliorent les produits.

c) Les cycles longs existent-ils encore ?

- Les Trente Glorieuses furent une période A du cycle de **Kondratieff** (forte croissance), 1975-1995 une période B (faible croissance). Sommes-nous en train de revenir à une période de forte croissance ?

- Aux États-Unis, la croissance a repris vigoureusement après 1993. Les pays émergents, comme la Chine ou l'Inde, connaissent des taux de croissance particulièrement élevés.

- Cependant, en Europe, la croissance « molle », qui a suivi les Trente Glorieuses, ne s'arrête pas. Une explication, qui correspond à l'analyse de Schumpeter, est le retard technologique européen : les technologies de l'information et de la communication se sont développées plus rapidement aux États-Unis dans les années 1990-2000, ce qui leur a donné une avance pour les gains de productivité, favorisée par une recherche-développement plus active que celle européenne. Une fois ce retard rattrapé, la croissance pourra reprendre. Cependant, les progrès techniques ayant été nombreux dans les trente dernières années, certains s'interrogent sur leur incapacité à relancer la croissance. Lorsque les changements sont trop rapides, ils obligent à un renouvellement permanent des équipements qui limite leur rentabilité.

- D'autres éléments peuvent également expliquer la forte croissance américaine : la politique économique l'a favorisée par un taux d'intérêt plus faible et par des politiques de relance lors des récessions. Dans cette analyse, les cycles longs n'ont rien d'automatiques : la croissance et ses insuffisances ont d'autres explications que le progrès technique.

26

Organisation du travail et croissance : Adam Smith

Testez-vous sur ce chapitre avec l'option sujet/programme du logiciel.

1. Présentation de l'auteur

Adam Smith est contemporain de la première révolution industrielle du XVIIIe siècle en Grande-Bretagne. Son principal livre est *Recherches sur la nature et les causes de la richesse des nations*. Pour lui, la division du travail est la cause principale de la croissance. Il développe clairement les idées des **économistes classiques anglais** de son époque, c'est la raison pour laquelle il est souvent considéré comme le « fondateur » de ce courant.

2. Pensée de l'auteur

a) La définition de la division du travail

- Adam Smith étudie les manufactures du XVIIIe siècle. Il y décrit la division technique du travail et la répartition des tâches entre ouvriers. Il prend comme exemple la production d'épingles où dix-huit opérations distinctes étaient nécessaires : tirer le fil de la bobine, le couper, etc. Les manufactures importantes pouvaient donner à chaque ouvrier une seule tâche, alors que les manufactures de petites tailles, employant une dizaine d'ouvriers, en confiaient plusieurs à chacun.

- Adam Smith remarque aussi le développement de la division sociale du travail qui est une répartition entre métiers, mais, contrairement à Karl Marx ou à Émile Durkheim, il ne fait pas de différence entre ces deux formes de division du travail. Il raisonne en termes d'économie de petits producteurs propriétaires de leurs moyens de production qui échangent leurs productions sur un marché.

b) La division du travail et les gains de productivité

- Dans toutes les industries, la division du travail permet une forte augmentation de la productivité, de la production par travailleur. L'exemple d'Adam Smith est certainement exagéré : il écrit qu'un ouvrier seul produirait au plus une vingtaine d'épingles, alors que dix ouvriers qui se divisent le travail pourraient en produire 48 000 chacun par jour. Ce serait une hausse de la productivité de 2300 %, qui ne correspond pas aux chiffres de l'époque.

- L'augmentation de la productivité a trois causes :
  - L'ouvrier spécialisé dans la même tâche devient plus habile, il a moins besoin de réfléchir et peut accélérer les cadences ;
  - Il n'a pas besoin de changer d'outils ni de place. Il perd moins de temps et produit donc plus par heure ;
  - La division des tâches facilite l'utilisation et l'invention des machines. D'une part, l'ouvrier, spontanément, va chercher à économiser ses efforts et va découvrir des machines. Ainsi, Adam Smith raconte l'histoire d'un jeune garçon qui, au lieu de monter à une échelle pour soulever un clapet lorsque la pression est trop forte, invente un système de ficelles et de poulies. D'autre part, la séparation en métiers va augmenter le nombre de découvertes en concentrant les connaissances et en permettant leur approfondissement.

- La spécialisation va ainsi permettre la croissance économique. Tout d'abord, dans une manufacture, la division du travail augmente la production totale lorsque le nombre d'ouvriers ne change pas. Ensuite, entre métiers, la spécialisation permet la croissance : un individu particulièrement doué dans la fabrication de chaussures n'a pas intérêt à continuer à coudre lui-même ses vêtements ; mieux vaut pour lui qu'il consacre tout son temps à la cordonnerie et vende son surplus pour obtenir des habits. Lorsque les individus sont motivés par leurs intérêts personnels, le marché se comportera comme une « main invisible » qui leur fera renoncer à certaines de leurs activités pour ne produire que celle pour laquelle ils sont les plus efficaces, ce qui augmentera la productivité de l'économie. Ils gagneront à l'échange et seront satisfaits.

- L'outillage et les machines peuvent aussi améliorer la productivité. Le capital est utile, car il sert à financer l'invention des machines et permet de payer les travailleurs avant que la marchandise ne soit vendue. Or, plus le nombre de travailleurs est important, plus la division technique du travail pourra être intense et la productivité élevée.

c) L'origine de la division du travail

- La division du travail provient, pour Adam Smith, de la tendance naturelle de l'homme à échanger. C'est la recherche de l'intérêt personnel (du gain monétaire) qui motive les acteurs économiques et les poussent à se spécialiser. Mais, pour pouvoir se spécialiser, l'homme a besoin d'être certain de pouvoir échanger pour trouver ce qu'il ne produira pas. L'existence d'un marché est la condition de la division du travail. Plus le marché est vaste, plus la division du travail sera possible et intense, donc plus la croissance sera forte. Par exemple, dans un village de 50 habitants, le cordonnier qui ne ferait que cela, ne pourrait pas vivre de ses ventes ; il devrait donc être paysan pendant une partie de son temps. Dans une ville de 100 000 habitants, il peut se spécialiser et la production totale augmente.

- Un pays se développera donc davantage si des transports faciles sont possibles, s'il possède de grandes villes et peut accéder à la mer pour ses échanges internationaux. En se procurant des biens nouveaux qui ne sont pas produits dans le pays où qui sont moins chers à l'étranger, le pays pourra se spécialiser dans les produits où il possède des avantages absolus. Par exemple, l'achat de coton indien a permis d'augmenter les ventes de tissus anglais et a favorisé la révolution industrielle.

d) Les conséquences de la division du travail : l'extension des marchés

- Si l'étendue du marché est une cause de l'intensification de la division du travail, inversement, la division du travail permet l'extension des marchés. Au niveau de la production, en augmentant la productivité, elle augmente la production, si l'emploi est stable. Au niveau de la demande, elle oblige le producteur à acheter ce qu'il ne produit plus lui-même. En augmentant les profits, elle permet plus d'achats de produits de consommation et de biens d'équipement.

- Il y a donc un cercle vertueux pour A. Smith :

Tendance naturelle à échanger → création d'un marché → division du travail → hausse de la production → extension du marché → intensification de la division du travail ...

L'idée est novatrice puisqu'elle implique que le progrès technique est interne à l'économie, l'extension des marchés renforçant la division du travail.

e) Le rôle de l'Etat

- La division du travail a une conséquence néfaste qu'Adam Smith a bien vue : elle peut entraîner l'abêtissement de l'ouvrier qui fait toute la journée le même geste sans avoir à réfléchir. Il ne développera pas ses compétences tant pour sa vie quotidienne que pour comprendre les affaires du pays. La solution pour Adam Smith est de favoriser l'éducation de tous. L'Etat doit intervenir, sans forcément financer l'ensemble des dépenses : la scolarisation peut être obligatoire même si les parents paient une partie de la dépense.

- D'une manière générale, Adam Smith veut limiter le pouvoir des hommes politiques mais reconnaît à l'Etat son rôle d'Etat-gendarme qui consiste à assurer la sécurité par la police, la justice et l'armée, mais aussi les infrastructures peu rentables, comme l'école.

Division du travail chez Adam Smith :

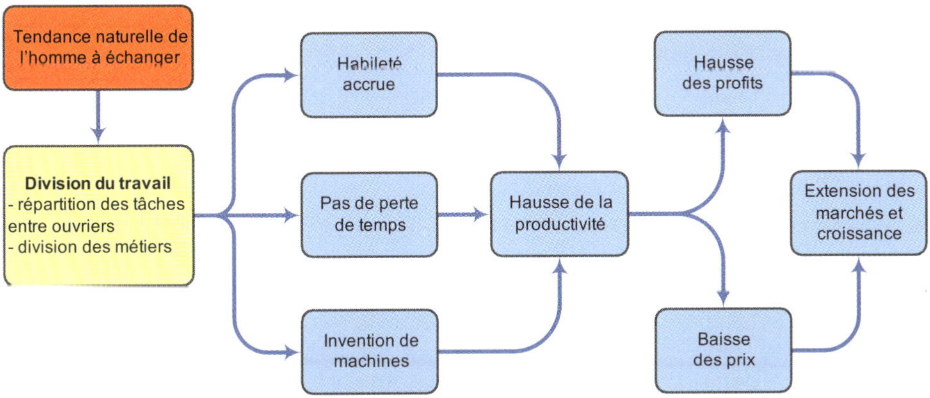

3. Actualité de la pensée de l'auteur

a) Les nouvelles formes d'organisation du travail

▪ Tout au long du XIXe siècle, la division du travail étudiée par Adam Smith va se poursuivre et s'intensifier. **F. W. Taylor** définit les principes de « l'organisation scientifique du travail » qui poursuit la division du travail. Horizontalement, les tâches sont partagées entre les ouvriers, et, verticalement, la conception et l'exécution sont séparées. Chaque tâche est étudiée et chronométrée pour lutter contre tous les temps morts.

▪ Ces principes sont toujours appliqués dans certaines industries et particulièrement dans les industries de main d'œuvre délocalisées dans les pays en développement. Le secteur des services des pays développés, notamment la restauration, l'hôtellerie, la grande distribution, les utilisent de plus en plus aujourd'hui, comme pour le minutage de l'élaboration d'un hamburger ou d'une pizza dans les grandes marques qui souhaitent un produit standardisé quel que soit le lieu de vente.

▪ La sous-traitance est une nouvelle forme de division du travail. Par exemple, les industries emploient de moins en moins de personnels de nettoyage et confient ces tâches à des sociétés spécialisées.

▪ Le **toyotisme**, mis en place par l'ingénieur Ohno de Toyota, s'oppose en partie à la **division du travail**. Pour s'adapter rapidement à une demande changeante et diminuer les coûts de production, l'ouvrier doit être polyvalent, c'est-à-dire connaître plusieurs tâches pour pouvoir en changer rapidement. La qualité et l'amélioration des processus font partie du travail de production. Chez Toyota, l'ensemble de la production, d'un moteur par exemple, était donnée à un groupe d'ouvriers qui s'organisaient ensemble. Toutes les organisations du travail ne vont donc pas dans le sens d'une division et spécialisation des tâches entre ouvriers.

b) L'ouverture des marchés

▪ L'internationalisation a favorisé l'extension des marchés dont parlait Adam Smith. En augmentant la concurrence, elle pousse aujourd'hui plutôt au toyotisme, car elle rend la demande irrégulière : savoir s'adapter à la qualité et aux variations des goûts est essentiel.

▪ Cependant, c'est aussi un facteur de division du travail et d'économies d'échelle. Les entreprises qui exportent peuvent produire en plus grande série : elles peuvent diviser davantage le travail et obtiennent des **économies d'échelle**, c'est-à-dire la réduction des coûts unitaires par la répartition des coûts fixes sur une plus grande production. La productivité mondiale est alors augmentée. A cette division technique entre ouvriers s'ajoute une répartition du travail à l'intérieur des filiales d'une même firme transnationale dans divers pays ou entre entreprises différentes en fonction des avantages spécifiques à chaque pays ; c'est la **division internationale des processus productifs**. Par exemple, pour construire un Airbus, les moteurs sont construits aux États-Unis et en Angleterre, le fuselage arrière à Hambourg, ceux centraux et avant en France en incorporant les trappes du train avant espagnol ; le tout est monté à Toulouse. Lorsque les firmes nationales s'intègrent dans ce processus, ce qui est le cas du Japon, la spécialisation et les emplois se développent, mais, à l'inverse, le pays peut y perdre des emplois industriels, comme aux États-Unis. Cette division du travail entre firmes concerne aussi le travail qualifié, les ingénieurs se spécialisant dans la conception ou la production de composants très spécialisés.

Testez-vous sur cette fiche avec l'option sujet / programme du logiciel.

1. Présentation de l'auteur

John Maynard Keynes est un économiste britannique né à Cambridge en 1883 et mort en 1946. Haut fonctionnaire aux finances, il participera et écrira sur les problèmes économiques de son époque. Son livre *Théorie générale de l'emploi, de l'intérêt et de la monnaie* publié en 1936 cherche des solutions à la crise de 1929. Il s'oppose à la théorie néoclassique et crée son propre courant : le **keynésianisme**.

2. Analyse du chômage des néoclassiques auxquels Keynes s'oppose

- Les courants classique et néoclassique raisonnent en partant de la rationalité individuelle de l'acteur économique (entreprise, consommateur) et des marchés : par exemple, la **courbe d'offre d'un produit** est la somme des quantités produites des entreprises pour chaque prix en fonction de leurs coûts. Le raisonnement sera de même type pour le travail.

- Le travail s'échange sur un marché ordinaire, le « **marché du travail** », qui fixe le prix : le **salaire réel**. Le salaire réel correspond au pouvoir d'achat du **salaire nominal**. On le calcule en annulant l'effet de la variation des prix (salaire réel = salaire nominal / indice des prix x 100). Une hausse du salaire nominal ne correspond pas forcément à une augmentation du salaire réel. En effet, si le niveau général des prix augmente plus vite que le salaire nominal, le pouvoir d'achat (salaire réel) diminue. Raisonner sur le salaire réel indique que les acteurs économiques ne se laissent pas abuser par l'inflation.

- Les entreprises demandent du **travail**, c'est-à-dire des personnes capables de travailler pour un temps donné. Elles offrent des **emplois** : il ne faut donc pas confondre emploi et travail. La demande de travail est élevée quand le salaire est faible, elle diminue quand le salaire augmente; c'est donc une fonction décroissante du salaire réel. En effet, l'entreprise compare le coût du travail (le salaire) à ce qu'il rapporte (la production du travailleur). L'entreprise embauche tant que la productivité du dernier travailleur est supérieure au salaire réel. Elle s'appelle la **productivité marginale du travail**. Chaque travailleur ayant une productivité donnée, plus le salaire augmente, moins il y a de travailleurs rentables, ce qui explique la baisse de la demande de travail.

- Les travailleurs offrent leur travail contre un salaire. Ils comparent la **désutilité du travail**, c'est-à-dire l'effort nécessaire et la perte de loisir liés au travail, au salaire. Pour une désutilité donnée, plus le salaire est élevé, plus la quantité de travail offerte est élevée : la courbe est croissante.

- Dans un marché concurrentiel, c'est la variation du prix qui permet d'équilibrer l'offre et la demande. Ici, le salaire réel d'équilibre est tel que les quantités de travail offertes et demandées sont égales; il n'y a donc pas de chômage involontaire. Si l'offre est supérieure à la demande de travail, il existe du chômage. Les travailleurs se concurrencent, et, pour trouver un emploi, doivent accepter un salaire réel plus faible. Le chômage classique (c'est-à-dire analysé par les classiques ou les néoclassiques) est dû au manque de rentabilité des entreprises. Inversement, si la demande est supérieure à l'offre, les travailleurs manquent ; les entreprises doivent se concurrencer pour attirer les travailleurs et elles proposent des salaires réels plus élevés.

- La **loi de l'offre et la demande** est ce mécanisme de variation de l'offre et de la demande en fonction du prix (du salaire sur le marché du travail).

- Pour les néo-classiques, le chômage est volontaire car, sur un marché concurrentiel, tout travailleur peut trouver un emploi au salaire d'équilibre ; s'il est au chômage, c'est qu'il refuse ce salaire. Il peut aussi exister un chômage frictionnel, lié au temps d'adaptation nécessaire face aux changements techniques. Les rigidités empêchent la libre concurrence sur le marché du travail et un fonctionnement efficace. Il faut donc les supprimer pour lutter contre le chômage, ce que font les politiques de flexibilité : un salaire minimum empêche d'atteindre le salaire d'équilibre, si le premier est supérieur au second ; les allocations chômage permettent aux travailleurs de ne pas accepter un bas salaire ; les syndicats coalisent les travailleurs et s'opposent donc à l'atomicité de l'offre de travail.

3. Pensée de l'auteur

a) La demande effective

- Keynes écrit pendant la crise de 1929. Il voit en Grande-Bretagne un chômage important et se demande s'il provient de salaires trop élevés : ce n'est pas le cas, puisqu'ils ont baissé. La baisse des salaires nominaux pourrait améliorer la situation à condition que la demande effective reste inchangée, mais ce n'est pas le cas. La **demande effective** est la demande de biens et services prévue par les entreprises. Pour Keynes, elle détermine le niveau de la production et de l'emploi.

Les déterminants de l'emploi chez Keynes :

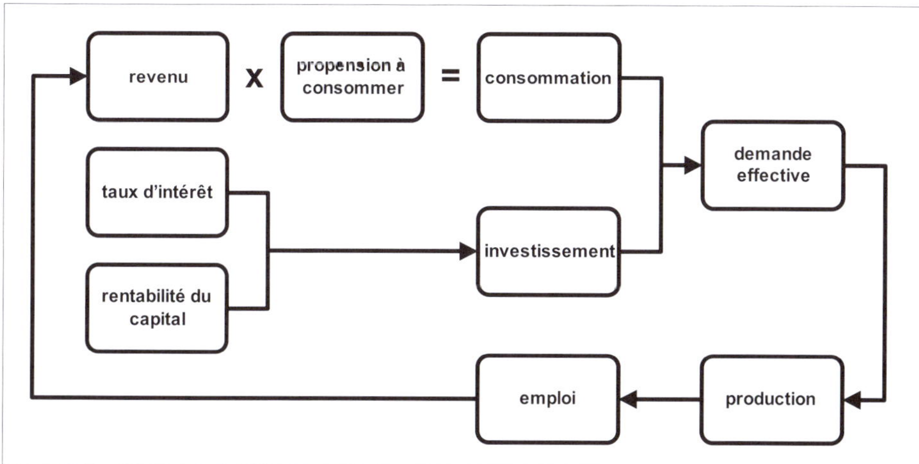

▪ Keynes raisonne en économie fermée. La demande effective de biens et services inclut la consommation, mais aussi l'investissement qui est un achat de biens d'équipement. Une réduction des ventes conduit les entreprises à diminuer la production et donc le nombre de travailleurs : le chômage va se développer si la population active ne se réduit pas.

▪ La baisse des salaires, prônée par les économistes néoclassiques en période de chômage, aggrave ce problème, car elle réduit la consommation : cette dernière dépend à la fois des revenus distribués et de la propension à consommer, qui est la part du revenu des ménages qu'ils utilisent à la consommation. Lorsque les revenus baissent, la consommation aussi. Cette baisse pourrait être compensée par une hausse de l'investissement, mais c'est rarement le cas, car les entreprises investissent si la rentabilité attendue du capital est supérieure au taux d'intérêt. Or, en période de baisse des ventes, les profits attendus seront réduits.

▪ Plusieurs éléments peuvent donc être cause du chômage :

- Des revenus en baisse ;
- Un taux d'intérêt trop élevé ;
- Des prévisions pessimistes des chefs d'entreprise qui les conduisent à calculer un taux de rentabilité du capital faible ;
- Une propension à épargner trop élevée : la part du revenu qui est épargnée sort du circuit économique et réduit la demande effective actuelle. Au niveau macroéconomique (de l'ensemble de l'économie), il faut que l'investissement soit juste égal à l'épargne pour que la production

et l'emploi soient constants. Un investissement supérieur à l'épargne permettrait que l'emploi progresse. Or, l'épargne et l'investissement n'ont pas les mêmes déterminants. Seul le hasard peut conduire à leur égalité ; le chômage est un risque permanent. L'investissement dépend du taux de rentabilité et du taux d'intérêt alors que l'épargne est fonction du niveau du revenu, de la préférence pour la liquidité et du taux d'intérêt. Les riches épargnent plus que les pauvres et le font d'autant plus que les placements peuvent rapporter.

▪ Keynes conclut que le fonctionnement de l'économie globale n'est pas la simple addition des comportements individuels. En période de crise, la concurrence est forte, chaque entreprise a intérêt à baisser les salaires pour diminuer les coûts. Pourtant, en agissant ainsi, les entreprises empêchent la reprise de la consommation et la sortie de crise. Il est donc nécessaire que l'Etat intervienne pour favoriser l'intérêt collectif et, en particulier, l'emploi.

b) Les critiques des courbes d'offre et de demande de travail

▪ Le raisonnement néoclassique se base sur l'idée que l'offre et la demande de travail ne dépendent que du salaire réel. Keynes montre que ce n'est pas le cas et donc que la baisse de ce dernier ne suffit à pas supprimer le chômage.

▪ L'offre de travail des travailleurs dépend du **salaire nominal** et non, comme le pensent les néoclassiques, du **salaire réel** : les salariés cèdent en partie à l'illusion monétaire, ils continueront à travailler même si les prix augmentent alors que leur salaire nominal ne varie pas. Le salarié a rarement la possibilité de ne pas travailler et de réussir à vivre lorsque les salaires sont bas. L'offre de travail des chefs de famille, hommes ou femmes, ne diminue pas lorsque le salaire baisse. La population active dépend aussi fortement de la démographie, des naissances 20 ans auparavant et des habitudes sociales (scolarité, travail féminin, retraite...).

▪ La demande de travail des entreprises dépend de la demande effective et de la comparaison entre le salaire et la productivité. Les multiples facteurs, différents pour l'offre et la demande de travail, expliquent qu'elles ne sont pas toujours égales et que l'absence de chômage est un hasard.

c) L'information est imparfaite

▪ L'équilibre entre l'offre et la demande s'obtient, par le fonctionnement de la loi de l'offre et de la demande, si le marché du travail est de concurrence pure et parfaite, c'est-à-dire s'il respecte cinq conditions :

- L'**atomicité** (un grand nombre d'acheteurs et de vendeurs) ;
- La **libre circulation** (mobilité parfaite des travailleurs) ;
- L'homogénéité des travailleurs ;

- La libre-entrée (libre création des entreprises et possibilité pour toute personne d'entrer dans n'importe quel métier) ;
- L'information parfaite.

▪ Pour Keynes, le marché du travail n'est pas concurrentiel car l'information est imparfaite : les entrepreneurs peuvent se tromper sur les possibilités de vente, surestimer ou sous-estimer leurs besoins de travailleurs, ne pas connaître la productivité de chaque travailleur ; ils peuvent être trop optimistes ou pessimistes. Le chômage est alors possible même si les salaires sont bas.

▪ Les comportements humains sont mimétiques (l'homme est un mouton qui suit la masse), ce qui renforce les crises et le chômage. L'exemple de la crise financière de 2008 correspond tout à fait à son analyse : tant que le prix des maisons augmentait aux États-Unis, les banques prêtaient aux ménages pauvres des crédits « subprimes » et tant que le cours des titres créés progressait, les institutions financières américaines et étrangères les achetaient... jusqu'à la crise de confiance.

▪ L'homogénéité du travail n'est pas non plus respectée, car les travailleurs ne sont pas tous équivalents (productivités différentes donc non homogénéité).

d) Le chômage pour Keynes est principalement involontaire

Le chômage est involontaire lorsqu'il est lié à un manque de demande de biens et services. Même si tous les chômeurs acceptaient une baisse des salaires, l'enchaînement négatif que cela provoquerait, ne solutionnerait pas le problème. On appelle **chômage keynésien**, ce chômage lié à un manque de demande.

e) Les politiques pour lutter contre le chômage

▪ La redistribution favorise la consommation : les impôts et cotisations sociales prélèvent plus d'argent sur les revenus élevés qui ont une forte tendance à épargner ; les aides sociales (allocations familiales, remboursement maladies, retraites...) sont davantage versées (mais pas uniquement) aux bas revenus qui ont une propension à consommer plus forte. En augmentant la consommation globale, la redistribution favorise la demande et l'emploi. Elle permet aussi, avec les indemnités de chômage, une plus grande régularité des revenus et de la consommation.

▪ Keynes prône des politiques de relance en période de chômage. Elles incluent un volet budgétaire et un monétaire :

- L'entreprise investit quand le taux de rentabilité prévu est supérieur au taux d'intérêt. Un manque d'investissement provient donc soit d'un taux de rentabilité trop faible, soit d'un taux d'intérêt trop élevé. L'État autrefois, la banque centrale européenne aujourd'hui, peut diminuer le taux d'intérêt directeur pour stimuler l'investissement. L'investissement ayant un effet multiplicateur sur la production, il permet d'augmenter efficacement la demande effective.

- En cas de chômage, l'augmentation des dépenses de l'État permet d'augmenter la demande de biens et services, ce qui favorise l'emploi. Pour Keynes, ceci est vrai quelles que soient ces dépenses (construire des routes, des lycées...) et surtout si ces dépenses sont financées par création monétaire (ce qu'interdit aujourd'hui l'Union européenne).

4. Actualité de la pensée de l'auteur

a) Un débat sur les causes du chômage toujours d'actualité

- Le chômage s'est développé depuis les années 1970 en Europe, ce qui amène évidemment à discuter de ses causes et des moyens de lutte possibles.

- La **théorie du « job search » de Stigler** poursuit l'analyse traditionnelle néoclassique : les chômeurs peuvent volontairement refuser un emploi dans l'attente d'obtenir un meilleur emploi avec un meilleur salaire. Ce que l'on appelle une « **trappe à chômage** ». Le versement d'indemnités chômage renforce ce phénomène et conduit à prôner une politique de flexibilité.

- Pour les post-keynésiens, le plein emploi dépend principalement du niveau de la demande effective. Le marché du travail n'est pas rationnel et les politiques de relance restent nécessaires.

- D'autres analyses conduisent à un rapprochement de la « nouvelle économie classique », qui succède aux néoclassiques, et de la « nouvelle économie keynésienne » car tous soulignent les imperfections du marché qui peuvent expliquer le chômage.

- La **théorie du dualisme**, développée par des nouveaux classiques mais aussi par des post-keynésiens, remarque que le marché du travail est segmenté entre un marché interne, pour les grandes entreprises et les administrations, caractérisé par des salaires élevés, une stabilité professionnelle importante, et des perspectives de promotion. Le marché externe inclut les formes précaires d'emplois, des salaires faibles, des qualifications plus faibles, une instabilité professionnelle importante et un chômage élevé. Les économistes américains mettent souvent l'accent sur les caractéristiques différentes des individus des deux marchés : les jeunes, les femmes et les minorités ethniques sont plus touchés par la précarité. Ceci crée du chômage car les salaires du marché interne seraient supérieurs au salaire d'équilibre.

- Pour la **théorie du contrat implicite**, les salaires sont plus élevés que le salaire d'équilibre en période de crise, car les entreprises acceptent de prendre en charge le risque conjoncturel, alors que les salariés ont une aversion pour les risques. Les entreprises conserveront les salariés en surnombre pendant les périodes de baisse de la production : les salaires seront maintenus malgré la diminution du salaire d'équilibre. A l'inverse, pendant les périodes de fortes ventes, les salaires ne seront pas augmentés. Pour le salarié, cela permet une régularité dans la consommation; pour l'entreprise, le salarié est fidélisé et accepte un salaire plus faible que sa productivité en période de croissance.

- Pour la **théorie du salaire d'efficience**, développée par les néo-keynésiens, la productivité individuelle augmente avec le salaire : le salarié travaille mieux et plus intensément s'il est bien payé. L'entreprise a ainsi intérêt à augmenter les salaires même si, en devenant supérieur au salaire d'équilibre, cela crée du chômage.

- La **théorie du déséquilibre**, reprise en France par **Edmond Malinvaud**, cherche à faire une certaine synthèse des deux courants. Avant d'agir, il faut savoir quel est le type de chômage pour mobiliser les bonnes politiques :
  - Dans le cas d'un chômage keynésien, il ne faut pas baisser les salaires mais au contraire favoriser les dépenses publiques afin de relancer l'économie.
  - Dans le cas d'un chômage classique, une baisse des salaires est envisageable afin d'accroître la rentabilité des entreprises.
  - Dans le cas d'un chômage mixte, il faut mettre en œuvre des politiques différenciées selon les secteurs, comme par exemple diminuer les cotisations sociales des entreprises exposées à la concurrence internationale et encourager les créations d'emploi et la consommation dans les secteurs protégés. Dans les années 1990 en France, la diminution des cotisations sociales sur les bas salaires a permis de créer ou maintenir 400 000 emplois (selon l'Insee). La politique de réduction du temps de travail a permis de créer ou maintenir autant d'emplois.

b) Des politiques économiques contre le chômage discutées

- Pendant les Trente Glorieuses, les politiques de relance keynésiennes ont dominé : relance en période de chômage et rigueur lorsque l'inflation était forte. Mais, avec l'internationalisation des années 1970, elles se sont heurtées à la « contrainte extérieure ». Les revenus distribués servent en partie à acheter des produits étrangers, comme du textile, des jeux vidéo, des matériels Hi-fi... Les importations progressent plus vite que les exportations si la croissance des autres pays est plus faible, en particulier, s'ils ne mènent pas de politiques de relance aussi forte que nous. Un déficit extérieur apparaît qui oblige à stopper la relance.

- Les Européens ont pris en compte ce problème et le « pacte de stabilité et de croissance », établi en 1996-1997, s'appuie sur l'idée que des « finances publiques saines », c'est-à-dire sans déficit public, permettent à la politique monétaire d'assurer un taux d'intérêt faible, condition de la croissance et de l'investissement. En effet, les déficits publics sont financés par des emprunts qui augmentent la demande de capitaux sur les marchés financiers et, la demande devenant supérieure à l'offre, les taux d'intérêt augmentent. Les entreprises réduisent leurs investissements, devenus moins rentables. L'inflation est jugée nuisible notamment parce qu'elle augmente les prix des exportations et réduit la compétitivité extérieure, détruisant des emplois en Europe. L'emploi serait donc favorisé par l'investissement et les exportations. La limitation du déficit public à 3 % du produit intérieur brut s'oppose aux politiques keynésiennes, car elle ne permet pas de politique de relance forte en période de crise. Ce pacte s'appuie donc sur la conception néoclassique où la lutte contre l'inflation est prioritaire sur la lutte contre le chômage. Keynes avait, en effet, montré qu'une politique de relance utilisée judicieusement (quand il y a chômage et capacités de production inemployées), augmente la production et non les prix.

- Cependant, en 2008, l'Union Européenne a encouragé les États à mener des politiques de relance : la crise était mondiale et il y avait peu de chances qu'elle s'arrête spontanément grâce aux exportations tirées par la demande des autres pays. Au contraire, une spirale déflationniste apparaissait : la diminution de la production s'accompagnait d'une concurrence accrue, d'où une baisse des prix. Les entreprises étaient obligées de faire des efforts pour diminuer les coûts de production notamment par des licenciements. Les revenus totaux diminuaient ou stagnaient et, avec eux, la consommation, la production et l'emploi. Les plans menés en Europe ont été cependant d'ampleur beaucoup plus faible que ceux américains ou chinois.

Stratification sociale et inégalités : Alexis de Tocqueville

28

Testez-vous sur ce chapitre avec l'option sujet/programme du logiciel.

1. Présentation de l'auteur

Juriste et homme politique français (1805-1859), **Alexis de Tocqueville** analyse les transformations qui touchent les sociétés modernes du XIXe siècle. Parti en voyage aux Etats-Unis (1831), il observe la démocratie américaine, qui le fascine. Il comprend que la démocratie se traduit par l'irrésistible progression d'un phénomène qu'il appelle l'**égalisation des conditions**. Dans son ouvrage majeur, *De la démocratie en Amérique* (1835), il cherche à mettre en évidence les caractéristiques fondamentales des sociétés démocratiques, ainsi que leurs limites.

2. Pensée de l'auteur

a) La démocratie, un état social

▪ Chacun connaît la formule d'Abraham Lincoln : « la démocratie c'est le gouvernement du peuple par le peuple et pour le peuple ». La plupart des définitions de la démocratie, à l'instar de celle de Lincoln, reposent sur l'idée de la souveraineté du peuple. Seule la dimension politique est donc présente.

L'originalité d'Alexis de Tocqueville est de montrer que la démocratie n'est pas seulement un état politique, mais aussi un état social. Il aborde la question démocratique sous l'angle de l'égalité. Selon lui, les sociétés démocratiques se caractérisent par la progression de l'égalité des conditions, c'est-à-dire :

- De l'**égalité juridique** car, dans les sociétés démocratiques, les citoyens ont les mêmes droits civiques et politiques ;
- De l'**égalité sociale**, c'est-à-dire l'absence d'hérédité des positions sociales. Dans les sociétés aristocratiques, les positions sociales sont attribuées selon la naissance. Dans les sociétés démocratiques, au contraire, toutes les positions sociales deviennent accessibles à tous, ce qui implique une certaine égalité des chances, et autorise une forte mobilité sociale ;
- De l'**égalité des considérations** : indépendamment des inégalités de situation, les citoyens démocratiques se sentent socialement égaux. Le maître et le serviteur ne sont plus liés par la tradition ou la naissance, comme dans les sociétés aristocratiques, mais par un contrat qui peut être rompu à tout moment. « A chaque instant, le serviteur peut devenir maître

et aspire à la devenir » (*De la démocratie en Amérique*, Alexis de Tocqueville).

b) L'évolution des sociétés démocratiques : toujours plus d'égalité

- Tocqueville constate une aspiration chez les peuples des sociétés démocratiques à toujours plus d'égalité. Plus les niveaux de richesses s'égalisent et plus les inégalités deviennent choquantes, insupportables, ce qu'on appelle « l'effet Tocqueville ». Les citoyens ont ainsi une véritable passion pour l'égalité. Il n'y a donc rien d'étonnant à ce que les sociétés démocratiques, selon Tocqueville, évoluent vers toujours plus d'égalité.

- Les niveaux ayant tendance à s'égaliser, Tocqueville montre que la démocratie provoque l'émergence d'une vaste classe moyenne. Dès le XIXe siècle, il annonce ce que nous appelons aujourd'hui la **moyennisation des sociétés modernes** (« Entre ces deux extrémités de sociétés démocratiques, se trouve une multitude innombrable d'hommes presque pareils »).

c) Les dangers qui menacent la démocratie

- Tout d'abord, l'individualisme et le despotisme démocratique sont des dangers pour le maintien de la démocratie :
  - Les citoyens des sociétés démocratiques ont tendance à se replier sur leur sphère privée et à se désintéresser des affaires publiques, ce que Tocqueville appelle l'**individualisme**. La recherche de l'égalité favorise effectivement l'intérêt des individus pour leur bien-être individuel. Absorbé par leur propre réussite, ils en viennent à ne plus se préoccuper des autres. La démocratie développe chez les individus une passion pour l'égalité et pour le confort matériel. Cette passion devient si forte, qu'ils sont prêts à confier leur destin à l'Etat, pour peu que celui-ci leur assure en échange égalité et confort matériel.
  - Pour Tocqueville, les conditions sont réunies pour que puisse se développer un despotisme d'un type nouveau, un **despotisme démocratique**. Le désintérêt croissant des citoyens pour la chose publique et leur capacité à confier leur destin à l'Etat peut conduire au développement d'un pouvoir centralisé et puissant, qui étoufferait peu à peu la capacité d'initiative et d'autonomie des individus, en multipliant les règles qui encadrent la vie sociale. Le citoyen démocratique fait ainsi le choix de la facilité, en préférant l'égalité à la liberté. (« Je pense que les peuples démocratiques ont un goût naturel pour la liberté ; livrés à eux-mêmes, ils la cherchent, ils l'aiment, et ils ne voient qu'avec douleur qu'on les en écarte. Mais ils ont pour l'égalité une passion ardente, insatiable, éternelle, invincible ; ils veulent l'égalité dans la liberté, et, s'ils ne peuvent l'obtenir, ils la veulent encore dans l'esclavage », *De la démocratie en Amérique*, Alexis de Tocqueville).

▪ La tyrannie de la majorité est un autre danger pour la démocratie. Les démocraties fonctionnent selon un principe majoritaire : le suffrage universel conduit le plus souvent à confier le pouvoir de décision au plus grand nombre. Or, ce principe peut se transformer en tyrannie, si la majorité choisit d'ignorer l'intérêt des minorités, ou pire, de supprimer leurs libertés. Cette tyrannie de la majorité est l'un des paradoxes de la démocratie : l'adoption de lois injustes, voire oppressives, se ferait au nom du plus grand nombre…

d) Comment éviter les dérives de la démocratie ?

Tocqueville propose plusieurs « remèdes » pour sortir de l'impasse :

- La séparation des pouvoirs permet de limiter le risque de despotisme démocratique. L'indépendance de la justice, notamment, joue le rôle de contre-pouvoir face à la puissance de l'Etat pour garantir au peuple les libertés individuelles.
- La décentralisation du pouvoir doit pouvoir permettre à chacun de participer localement à la vie politique. La démocratie locale favorise l'implication des individus dans les affaires publiques.
- La liberté de la presse joue également le rôle de contre-pouvoir face à l'Etat.
- Le développement des associations permet aux individus de défendre des intérêts communs, ce qui est crucial pour éviter que la majorité n'impose aux minorités ses décisions.
- La religion offre aux individus d'autres perspectives que la jouissance matérielle ; elle peut donc jouer un rôle favorable en écartant les citoyens de l'individualisme.

3. Actualité de la pensée de l'auteur

a) Montée de l'individualisme et abstentionnisme électoral

▪ Tocqueville voyait dans la montée de l'individualisme l'un des dangers qui pèsent sur la démocratie. La montée des taux d'abstentions aux élections que l'on constate dans les démocraties occidentales semble lui donner raison. Par exemple, le taux d'abstention aux élections législatives de 2007 était proche de 40 % contre 15 à 20 % dans les années 1970. Pour les élections européennes de 2004 et 2009, on a même enregistré environ 60 % d'abstentionnistes parmi les inscrits sur les listes électorales.

▪ Toutefois, ce constat est à nuancer :

- D'une part, les électeurs continuent à se mobiliser massivement pour les élections présidentielles ;
- D'autre part, l'abstentionnisme ne traduit pas toujours un désintérêt pour la politique. Les études montrent qu'il s'agit souvent d'un acte politique, qui

consiste à montrer un mécontentement, face à une offre électorale (candidats, programmes) jugée décevante.

b) La représentation politique en question

On constate, dans la plupart des démocraties occidentales, une crise de la représentation politique. On assiste en effet à une professionnalisation de la politique. De plus en plus, les hommes et femmes politiques font de leur engagement leur métier. Ils sont formés pour cela et la politique représente leur principale source de revenus. Cela peut avoir deux conséquences :

- Il devient de plus en plus difficile au citoyen lambda d'accéder aux fonctions politiques. Les citoyens ne peuvent donc plus faire entendre leur parole, ce qui renforce leur désintérêt pour les affaires publiques.
- Les citoyens se reconnaissent de moins en moins dans leurs représentants, qui eux-mêmes, majoritairement recrutés dans les catégories supérieures, reflètent très peu la diversité sociale du peuple. Ce « divorce » entre les citoyens et leurs représentants a considérablement dégradé l'image des hommes politiques, ce qui n'a fait que renforcer le désintérêt pour la politique.

c) Opinion publique et démocratie

- L'**opinion publique**, que l'on peut définir comme l'ensemble des croyances, des valeurs, des jugements, partagés par une partie dominante de la population, est aujourd'hui « mesurée » par les sondages. La possibilité de mesurer scientifiquement l'opinion publique peut être perçue comme un progrès pour la démocratie, dans la mesure où elle peut servir à éclairer la prise de décision des hommes politiques.
- Toutefois, il importe de nuancer cette thèse :
  - De nombreux sociologues, à l'instar de **Pierre Bourdieu**, ont fortement critiqué les sondages, en montrant leur incapacité à mesurer correctement l'opinion publique. Pire, en fonction de la façon dont sont posées les questions, il est possible d'influencer les réponses, ce qui donne la possibilité aux instituts de sondage (et donc indirectement aux partis politiques qui commandent les sondages) de créer facticement une opinion publique qui n'existe pas. Si les hommes politiques s'appuient sur les sondages pour établir leurs programmes électoraux, cela ne fait que renforcer le risque de tyrannie de la majorité.
  - La multiplication des sondages d'opinion pousse les individus au conformisme. Chacun est amené à penser comme la majorité, à ne pas exprimer d'opinion divergente, ce qui conduit à une uniformisation des comportements.

Conflits et mobilisation sociale : Karl Marx

Testez-vous sur ce chapitre avec l'option sujet/programme du logiciel.

1. Présentation de l'auteur

- Journaliste, philosophe, économiste et sociologue, **Karl Marx** est un prussien du XIXe siècle (1818-1883) qui est marqué par la dialectique du philosophe **Hegel** : les contradictions font évoluer la société grâce à leur dépassement. Les conflits sont positifs pour Marx, contrairement à **Durkheim** qui les considérait comme des « maladies sociales » à soigner. Hegel était idéaliste (selon lui, c'est la pensée qui crée le monde) tandis que Marx reprend cette dialectique mais est matérialiste (le monde existe en dehors de la pensée humaine). Il cherche à expliquer l'évolution historique des sociétés, donc le changement social.
- Ces analyses font partie du **courant sociologique holiste** : les individus sont socialisés et déterminés par leur groupe d'appartenance qui leur transmet ses valeurs et normes.

2. Pensée de l'auteur

a) Le vocabulaire spécifique

- Le mode de production est la structure économique de la société qui dépend des forces productives et des rapports de production :
  - Les **forces productives** sont les rapports homme-nature, les moyens de production (machines, sources d'énergie, matières premières), les techniques et les hommes avec leurs connaissances ;
  - Les **rapports de production** sont les relations que les hommes nouent dans la sphère productive. Ils sont économiques, sociaux et politiques (contrats). Dans la société capitaliste, ils sont déterminés par la possession des **moyens de production** (biens d'équipement et biens intermédiaires).
- Le **capital** est l'argent investi dans la production :
  - Le **capital constant** est utilisé à l'achat des moyens de production et ne transmet que sa valeur dans la production finale.
  - Le **capital variable** sert à l'achat de la force de travail et il transmet plus que sa valeur au produit puisque, selon Marx, une partie du travail n'est pas payée à l'ouvrier et est à l'origine de la plus-value.

29 Conflits et mobilisation sociale : Karl Marx

- Une **classe sociale** est un ensemble de personnes qui se définissent pa leur place dans les rapports de production et par la conscience d'appartenir à une même classe. Cette conscience les conduit à s'organiser pour lutter contre les autres classes :
  - La **bourgeoisie** est la classe dominante dans le système capitaliste. Elle inclut les possesseurs des moyens de production.
  - Le **prolétariat** est la classe dominée dans le système capitaliste. Elle inclut les salariés qui ne possèdent que leur force de travail pour vivre.
- Le **système capitaliste** est le mode de production où les moyens de production sont possédés par des personnes privées (la production a alors pour but la vente pour faire des profits). L'exploitation est le fait que le salaire ne représente qu'une partie de la valeur créée par le salarié, l'autre partie est la plus-value qui alimente le profit de l'entreprise.

b) La lutte des classes est le moteur de l'évolution des sociétés

- L'histoire se présente comme une succession de modes de production où deux classes principales s'opposent : la classe dominante et la classe dominée.

L'évolution des modes de production selon Marx :

Mode de production	Antique (esclavagisme)	Féodalisme	Capitalisme	Communisme (prophétisé)
Classe dominante	Maîtres	Seigneurs	Bourgeoisie (possède les capitaux)	Fin des classes et de l'exploitation de l'homme par l'homme
Classe dominée	Esclaves	Serfs	Prolétariat (ne possède que sa force de travail)	

- La victoire de la classe dominée conduit à une transformation du mode de production. La **lutte des classes** est donc fondamentale pour faire évoluer les sociétés. Cependant, le progrès technique intervient aussi. Marx a écrit dans *La misère de la philosophie* : « Le moulin à bras donnera une société avec un suzerain, le moulin à vapeur donnera une société avec capitalisme industriel ». L'évolution des forces productives rend l'ancien mode de production inefficace et favorise ainsi la lutte des classes.

Les causes de l'évolution des sociétés chez Marx :

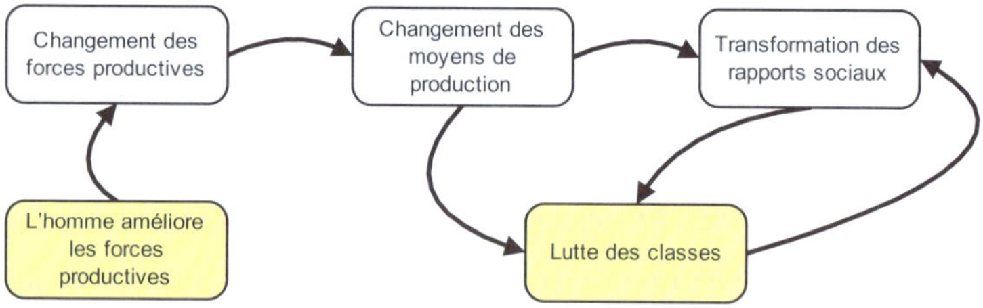

c) Les classes sociales

- La conscience d'appartenir à une même classe permet à la classe dominée de renverser la classe dominante et de jouer son rôle historique. En aucun cas, l'appartenance à une classe n'est liée à la richesse. Un bourgeois peut être pauvre (par exemple, un commerçant qui gagne moins que le SMIC aujourd'hui).

- Il existe deux classes principales dans le mode de production capitaliste :
    - La **bourgeoisie** qui possède le capital et dirige les entreprises ;
    - Le **prolétariat** qui ne possède que sa force de travail et doit la vendre à la bourgeoisie pour survivre.

- Cependant, les classes sont nombreuses et diffèrent d'un pays à l'autre. Au XIXe siècle en France, Marx distingue 18 classes : le prolétariat, la petite bourgeoisie des artisans et commerçants, les bourgeoisies industrielle / commerciale / foncière / financière, les fonctionnaires, etc.

- La petite bourgeoisie a tendance à disparaître du fait de la concurrence de l'industrie. Soit elle se transforme en bourgeoisie, soit elle rejoint le prolétariat. Marx pense donc qu'il y aura une polarisation des classes vers les deux classes principales que sont la bourgeoisie et le prolétariat.

- Le prolétariat a un rôle historique à jouer car il n'a rien à gagner dans la société capitaliste. Pour jouer son rôle révolutionnaire, il doit s'organiser par les syndicats et les partis politiques. L'exploitation des ouvriers les place tous dans la même situation dominée ; c'est une classe « en soi » (c'est-à-dire objective). Le développement de la grande industrie au XIXe siècle a provoqué le regroupement de nombreux ouvriers en un même endroit, ce qui a favorisé la prise de conscience des intérêts communs. Mais ce sont les luttes qui permettent de créer et renforcer la conscience de classe, elle transforme le prolétariat en classe « pour soi » (c'est-à-dire subjective). Marx a participé à la création de la « Première Internationale des Travailleurs » (1864) pour favoriser cette organisation.

d) L'exploitation

- Le **profit** provient pour Marx de l'exploitation des travailleurs. Mais ce terme n'a pas le sens habituel. L'exploitation, pour Marx, est le fait qu'une partie du travail de l'ouvrier ne lui est pas payée car l'entreprise paie la valeur du travail : le coût de production du travail (nourrir, habiller, loger l'ouvrier et sa famille) et non la valeur créée par l'ouvrier lors de son travail. La partie non payée du travail est la **plus-value**. Elle est à l'origine du profit (= Chiffre d'affaires – coûts).

- Marx pensait que l'exploitation serait de plus en plus élevée : les machines concurrençaient les travailleurs et faisaient diminuer les salaires au XIXe siècle : le prolétariat allait se paupériser (devenir de plus en plus pauvre). Mais ceci ne s'est pas réalisé, à partir de 1890, en France, car les salaires ont progressé.

e) L'aliénation

L'**aliénation** est la transformation de l'activité de l'homme en une puissance qui lui est étrangère et qui le domine. L'ouvrier est aliéné car :

- Le produit créé ne lui appartient pas : transformé en capital, le produit devient un être étranger qui l'opprime (plus-value, création de machines qui le mettent au chômage) ;
- Le travail est forcé : ce n'est pas l'ouvrier qui décide ce qu'il fait mais le patron. L'organisation du travail par la direction dépossède l'ouvrier de son savoir-faire ;
- Le travail de l'ouvrier ne lui appartient pas. Il appartient au patron.

3. Actualité de la pensée de l'auteur

a) Les conflits de classe ont-ils toujours un rôle dominant dans la société française ?

▪ La lutte des classes existe encore. Les séquestrations de patrons en 2009 se sont multipliées en France : les ouvriers veulent imposer une négociation en leur faveur face à des licenciements qu'ils jugent abusifs car les entreprises font des profits. La hausse des salaires reste un motif important des grèves tout comme le sentiment d'une injustice ou d'être méprisé. Ainsi, un contremaitre ou un directeur de production trop autoritaire, qui surveille en permanence les ouvriers et impose des cadences impossibles à tenir avec du matériel en mauvais état, favorise les grèves. L'idée d'une lutte des classes n'est pas le propre de certains ouvriers ; elle est partagée par certains dirigeants d'entreprise. Les conflits jouent toujours leur rôle d'amélioration des conditions de travail et de constitution du groupe.

▪ De plus, de nouveaux conflits sociaux apparaissent, qui ont une grande importance pour les groupes concernés : ce ne sont pas des conflits professionnels et ils n'opposent pas des classes sociales. Les mouvements féministe, homosexuel, antiraciste... réclament plus d'égalité et sont centrés sur l'identité individuelle. Les femmes, par exemple, réclament un salaire égal aux hommes pour un travail égal. Avec trois lois sur le sujet en France, l'écart s'est réduit mais n'a pas été supprimé.

▪ Toutefois, la démocratie a progressé et a permis plus de négociations. Par exemple, en France, les grèves doivent être déclarées trois jours avant pour permettre une négociation. Les associations négocient avec les pouvoirs publics pour améliorer la situation avant d'entrer en conflit.

b) La classe ouvrière disparaît-elle en tant que classe ?

▪ Jusqu'au début des années 1960, en France, les ouvriers apparaissaient comme un groupe très homogène. Nombreux, les ouvriers étaient regroupés dans de grandes usines et souvent dans des logements identiques. Leurs valeurs se différenciaient de celles des autres classes : la solidarité, l'importance du travail bien fait et des connaissances techniques conduisaient à une valorisation de leur métier qu'ils transmettaient par la socialisation à leurs enfants. La mobilité sociale était faible.

- La montée du chômage et de la précarité a été un facteur d'explosion de cette unité : à l'intérieur même du groupe, des inégalités existent. De nombreux enfants, appuyés par leurs parents, ne veulent plus devenir ouvriers et subissent une acculturation pour changer de classes sociales. La culture ouvrière n'est pas celle des professions intermédiaires ou des cadres ; il existe des contradictions entre la socialisation familiale et celle nécessaire pour intégrer le nouveau groupe social. Le développement du tertiaire diversifie les emplois et réduit le regroupement : par exemple, un ouvrier électricien qui répare aux domiciles des particuliers n'a plus guère de contacts, dans le travail, avec d'autres ouvriers.

La conscience de classe est en diminution : les sondages montrent de plus en plus d'ouvriers qui ne se classent plus dans la « classe ouvrière », considérant qu'ils font partie de la « classe moyenne ». L'augmentation des niveaux de vie a conduit à un « embourgeoisement » des ouvriers, propriétaires de leur logement et accédant à la consommation de masse, ils deviennent, comme le reste de la société, plus individualistes. On peut en conclure que la classe ouvrière disparaît ou qu'elle est encore une classe « en soi » mais ne l'est plus « pour soi ».

c) Y a-t-il moyennisation de la société française ?

- La **moyennisation** d'une société est le développement d'une vaste classe moyenne réduisant les différences extrêmes et rapprochant les niveaux et les modes de vie.

- Les sociologues de la moyennisation sont ceux du courant de l'**individualisme méthodologique**, comme **Alexis de Tocqueville** ou **Max Weber** : le fonctionnement de la société s'explique par les comportements individuels. Une classe sociale ou strate est, pour eux, un grand ensemble d'individus qui se différencie des autres par un niveau inégal de richesses, pouvoir ou prestige. Il n'y a pas, pour eux, d'opposition entre les classes sociales.

- Certains sociologues contestent cette évolution en montrant un maintien des inégalités, des classes sociales et de leur opposition. Le sociologue français **Louis Chauvel**, dans « Le retour des classes sociales », montre qu'après une période de moyennisation, les inégalités de classes se développent de nouveau en France et dans les pays développés même si la classe ouvrière a perdu, en partie, sa conscience de classe.

30 Intégration et solidarité : Emile Durkheim

Testez-vous sur ce chapitre avec l'option sujet/programme du logiciel.

1. Présentation de l'auteur

Né en 1858 à Épinal et décédé en 1917, **Durkheim** est un fils d'artisans du textile juifs et n'est pas, lui-même, croyant. Sensibilisé aux difficultés d'intégration de la communauté juive, comme le montrera l'affaire Dreyfus, il s'interroge sur les processus de solidarité et d'exclusion. Comment maintenir l'ordre social alors que l'individualisme progresse ? Quel est le fondement de la solidarité, du lien social dans notre société ?

2. Pensée de l'auteur

a) Le fait social

- Durkheim est le **fondateur de la sociologie en France**. Alors que **Weber**, en Allemagne, centre l'analyse sociologique sur les actions sociales, Durkheim définit et étudie les faits sociaux que le sociologue doit analyser objectivement comme tout scientifique. Il fait partie du **courant holiste** qui considère que la socialisation détermine l'individu.

- Dans *Les règles de la méthode sociologique*, Durkheim définit les **faits sociaux** comme « des manières d'agir, de penser et de sentir, extérieures à l'individu, et, qui sont douées d'un pouvoir de coercition en vertu duquel ils s'imposent à lui ». Il faut donc les traiter comme des choses, des données qui s'imposent à l'observateur. Les régularités statistiques montrent qu'un phénomène n'est pas le produit du hasard. Ce phénomène est social si une explication sociologique peut être trouvée.

- Durkheim remarque, par exemple, un lien statistique entre le suicide et la situation matrimoniale et il va montrer que c'est un fait social, même si les taux de suicide sont très faibles : ce sont les écarts importants entre les personnes mariées et les célibataires qui importent. Le suicide peut s'expliquer sociologiquement par le manque de liens sociaux : lorsque quelqu'un a besoin de vous, vous hésitez à vous suicider.

- Pour les économistes, le lien social est économique. C'est l'échange, « penchant naturel de l'homme », selon **Adam Smith**, qui fonde le lien social aussi bien au niveau national qu'au niveau mondial : grâce au commerce international, les hommes sont liés économiquement dans une même société.
- Pour les politologues, le lien social est politique : c'est un contrat social chez **Montesquieu**.
- Durkheim s'oppose à ces positions : le lien est social. La solidarité dépend du type de société et notamment de l'intensité de la division sociale du travail.

b) Définition de la division du travail

- La **division du travail technique** (celle qu'étudiait Adam Smith) est la séparation des tâches nécessaires pour fabriquer un produit.
- La **division du travail social** inclut toutes les séparations entre activités, dans les unités de production, entre elles ou entre les métiers dans une société. C'est celle qu'étudie Durkheim.

c) Solidarité mécanique et solidarité organique

- Selon Durkheim, il existe deux types de sociétés qui se distinguent par le type de solidarité.
- Dans les petites sociétés traditionnelles la solidarité est **mécanique** : tous les individus sont identiques et leur similitude les rend solidaires.

Durkheim pense aux sociétés primitives; il étudie en particulier les Iroquois (tribu indienne d'Amérique du Nord). L'égalité entre individus y est très forte : il n'y a pas de différence entre les sexes, les chefs de tribus n'ont aucune supériorité, tous les individus du même âge sont parents, la parenté n'est pas organisée. Ils partagent les mêmes croyances, la même langue, ont les mêmes activités. Ils sont donc semblables et leur solidarité très forte est basée sur cette similitude. Leurs pensées sont peu individualisées et la conscience collective forte : les croyances sont partagées à tel point qu'elles fonctionnent comme une force séparée d'un individu particulier, le groupe étant en quelque sorte un individu global. Si les personnes de la même tribu se comprennent facilement, elles considèrent comme dangereux les étrangers. Dans cette situation, le droit est très répressif : les règles sociales sont strictes et la déviance est fortement réprimée.

L'analyse est valable pour les paysans du XIXe siècle qui ont tous les mêmes activités, qui se sentent solidaires de leur village et opposés aux autres, même si cela n'empêche pas les oppositions et rancunes individuelles. Tous les individus partagent un même ensemble de croyances, transmis par l'église et la famille. (Attention : il ne s'agit pas d'une solidarité de classe comme la définit Marx : les paysans du XIXe n'ont pas de conscience de classe, ils ne sont pas organisés, même s'ils ont les mêmes valeurs).

La solidarité mécanique et la solidarité organique :

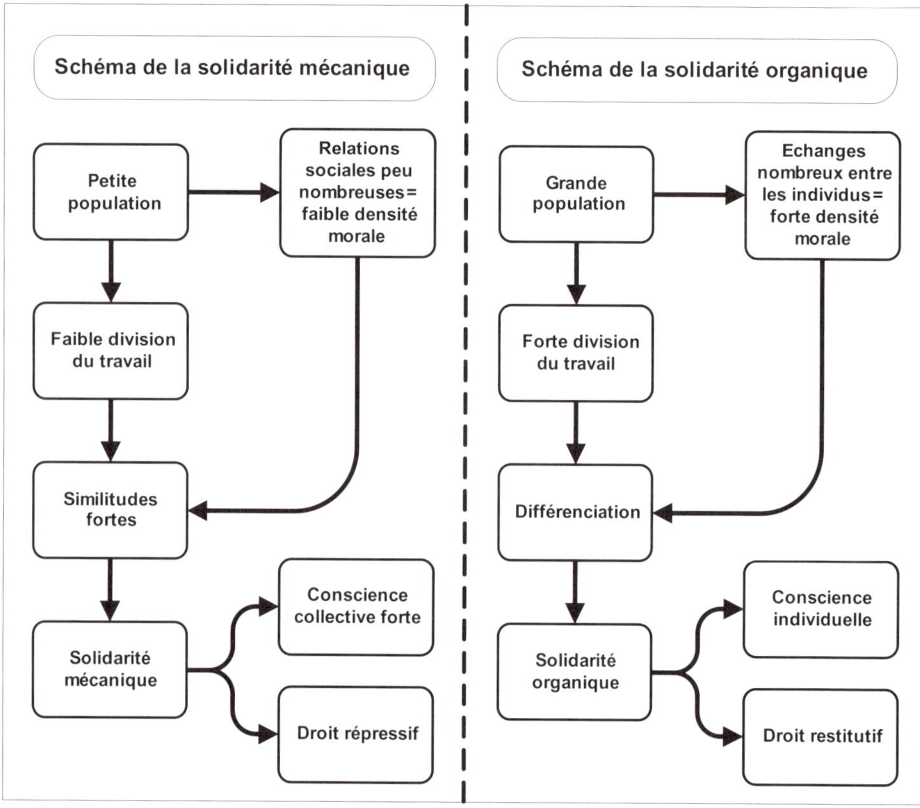

- Dans les sociétés modernes, la solidarité est dite **organique**. Il s'agit d'une solidarité par différenciation. Les individus sont dans la société comme les organes du corps humain : ils sont différents, mais liés par la conscience d'appartenir à l'ensemble et par des règles de fonctionnement communes. Ainsi, l'augmentation de la taille de la société modifie les liens sociaux. Elle permet la division du travail qui a deux effets contradictoires :
    - L'individualisme progresse : les individus deviennent différents (l'un sera ouvrier électricien, l'autre pharmacien). Les valeurs et les normes se différencient : un pompier base, par exemple, son action sur les valeurs de courage, de force, de respect et dévouement aux autres ; un trader (qui vend et achète monnaies et valeurs boursières) considérera l'argent et

l'égoïsme comme importants. Cette diversité remet en cause la socialisation traditionnelle par l'église et la famille ;

- Chaque individu va avoir besoin des autres : il ne produit plus tout ce dont il a besoin. Ces différences entraînent une complémentarité à l'origine d'une solidarité nouvelle. Le droit devient restitutif : il s'agit de réparer les dommages causés plus que de punir. Le droit commercial, le droit administratif ou le droit du travail ont pour fonction d'assurer la coopération entre les individus. Le type de société, et donc le type de solidarité, se reconnaissent aux règles juridiques qu'elles mettent en place.

▪ Selon Durkheim, la solidarité la plus forte est la solidarité organique (chacun dépend d'un autre). L'individu n'a pas réellement besoin des autres avec la solidarité mécanique et celle-ci tend à diminuer lorsque les sociétés évoluent. Au contraire, les sociétés modernes intensifient la division du travail, créant des liens forts de solidarité organique. L'individu, particulièrement au moment où écrit Durkheim (fin XIXe – début XXe siècles) passe un temps très important au travail.

d) D'où vient la division du travail social ?

▪ C'est l'augmentation de la taille des sociétés qui conduit à rendre plus efficace une spécialisation des métiers souvent liée à une répartition des pouvoirs. Selon Durkheim, la division du travail social ne provient pas d'une volonté d'efficacité (ce qui est une explication économique) mais d'un autre fait social : l'accroissement démographique (la **densité matérielle**, c'est-à-dire le nombre de personnes sur une surface donnée du sol) renforce les liens sociaux. Durkheim parle de « densité morale » pour cette intensité des liens entre les individus, elle provoque la division du travail et l'intensifie.

▪ Ce ne sont pas les personnalités individuelles qui créent des métiers différents mais l'existence de métiers qui permet aux individus de devenir différents.

e) Les cinq dangers de la division du travail

▪ Durkheim voit bien que la solidarité n'est pas parfaite. Il analyse les dangers ou « formes anormales » de la division du travail.

▪ Dans certains cas, la division du travail peut devenir anomique. On trouve chez Durkheim deux définitions de l'**anomie** : en premier lieu, c'est une situation où il n'y a pas de solidarité, car les individus ne sont pas suffisamment en contact les uns avec les autres ; en second lieu, l'anomie caractérise le manque de règles sociales, le fait que l'individu ne se sent plus lié à la société. Dans les deux définitions, on retrouve l'idée d'un manque de lien social. La division du travail anomique peut avoir plusieurs causes :

- A mesure que le travail se divise davantage, les crises industrielles deviennent plus fréquentes et elles créent des ruptures partielles de la solidarité organique : les salariés licenciés ou les indépendants ayant fait faillite perdent leur rôle dans la division du travail en même temps que leur revenu. Parce qu'il n'y a pas de règle qui assure l'égalité entre la consommation et la production, la division du travail peut entraîner les crises, qui, même si des mécanismes économiques de résorption existent, ont des effets négatifs sur la solidarité.

- Les conflits se sont intensifiés avec la grande industrie qui sépare les ouvriers des patrons. Pour Durkheim, ces oppositions diminuent la solidarité organique.
- La séparation excessive des tâches a des effets négatifs sur la conscience de l'interdépendance et elle diminue les règles de fonctionnement qui favoriseraient l'action commune des différents organes sociaux. Le travail parcellisé ouvrier va dans ce sens, mais aussi la division extrême du travail scientifique : le chercheur ne pense qu'aux problématiques de sa discipline, il risque de perdre la vision globale de la société.

▪ L'excès de règles peut être négatif en créant une « division du travail contrainte ». Durkheim prend l'exemple des classes sociales et des castes qui constituent une organisation de la division du travail étroitement réglementée mais source de dissensions. Les classes inférieures, insatisfaites, aspirent à des fonctions plus importantes et s'opposent aux classes dirigeantes. Comme Tocqueville, Durkheim remarque que les revendications d'égalité sont plus fréquentes quand les différences entre classes sont moins importantes. Ces conflits ne sont pas obligatoires pour Durkheim, les individus seront satisfaits de leur situation si les fonctions sociales correspondent aux aptitudes de chacun, s'il existe un consensus face à l'organisation sociale et à la répartition des tâches.

▪ Le manque d'activité de certains individus, dicté par la division du travail, est la dernière forme « anormale » décrite par Durkheim. Une mauvaise répartition du travail implique un manque de coordination, des désordres et un manque d'intégration. Une administration mal organisée en serait un exemple.

▪ Les solutions à ces problèmes résident pour Durkheim dans une limitation de la division excessive du travail, dans les associations qui permettent aux personnes d'agir en commun et d'être solidaires, dans les groupes professionnels qui devraient, pour lui, organiser en même temps ouvriers, cadres et patrons pour une meilleure solidarité : un corporatisme sans lutte des classes.

3. Actualité de la pensée de l'auteur

a) Déséquilibres du marché du travail et intégration

▪ Les problèmes développés sur le marché du travail depuis les années 1970 (montée du chômage, temps partiel, précarité) remettent en cause la solidarité organique des sociétés développées en rendant l'individu moins utile à la société.

- Les problèmes d'intégration dans les banlieues peuvent aussi être analysés ainsi : plus de 40 % des jeunes actifs des quartiers défavorisés sont au chômage alors que la proportion est inférieure de moitié pour l'ensemble des jeunes. Sans travail, ils n'ont pas de salaire, ils ne peuvent compter sur le patrimoine inexistant de leurs parents pour les aider, et n'ont pas toujours droit aux indemnités de chômage parce qu'ils n'ont pas travaillé assez longtemps. L'absence de travail ne permet plus d'être intégré à la division du travail et à la solidarité organique. Il y a anomie : le manque de relations peut amener à rompre les liens avec les sociétés et à ne plus suivre les règles sociales, comme brûler les voitures ou les poubelles. Cependant, d'autres analyses s'opposent à celle-ci : les révoltes des « cités » seraient dues à une **contre-culture** (ensemble de façons de penser, d'agir, d'être d'un groupe opposé à la culture dominante d'une société) ou à un **communautarisme** (c'est-à-dire l'existence d'un groupe ayant une culture différente de celle de la société globale). Ce ne serait plus alors une anomie qui pousserait les jeunes à la déviance, mais une solidarité mécanique de groupe qui les opposerait à la société dans son ensemble. En France, cette analyse n'est pas dominante car les groupes communautaires sont très minoritaires dans les banlieues.

b) Maintien des formes de solidarité mécanique

L'affaiblissement de la conscience collective au profit de l'individu est un fait dans les sociétés modernes, mais il existe aussi des recherches d'identité qui mobilisent la solidarité mécanique liée aux groupes :

- La famille continue d'intégrer et les jeunes français ne la quittent pas plus tôt.
- Tous les nouveaux mouvements sociaux (défense d'une identité) favorisent la prise de conscience et la défense d'intérêts communs. Ils rejoignent les solutions préconisées par Durkheim : les associations intègrent les individus.
- Si, globalement, la participation religieuse diminue en France, des mouvements religieux intégristes existent qui renforcent les liens sociaux des adhérents.

31

Internationalisation des échanges et mondialisation : David Ricardo

Testez-vous sur ce chapitre avec l'option sujet/programme du logiciel.

1. Présentation de l'auteur

David Ricardo (1772-1823), économiste anglais, est l'un des économistes les plus influents de l'école classique, dans le prolongement d'Adam Smith. Au XIXe siècle, le blé anglais est protégé par un tarif douanier : les « corn laws ». Ricardo, alors député, s'engage contre ces lois qu'il accuse de ne servir que les intérêts des grands propriétaires fonciers, aux dépens de l'économie nationale, contraints d'acheter plus cher le blé qui est la base de leur alimentation. Il s'efforce alors de démontrer la supériorité du **libre-échange** sur le protectionnisme. Dans son ouvrage majeur, *Principes de l'économie politique et de l'impôt* (1817), il présente sa célèbre « **théorie des avantages comparatifs** », et montre que le libre-échange est favorable au plus grand nombre.

2. Pensée de l'auteur

a) La théorie des avantages absolus d'Adam Smith

« La maxime de tout chef de famille prudent est de ne jamais essayer de faire chez soi la chose qui lui coûtera moins cher à acheter qu'à faire. Le tailleur ne cherche pas à faire ses souliers, mais il les achète au cordonnier ; le cordonnier ne tâche pas de faire ses habits, mais il a recours au tailleur ; le fermier ne s'essaye point à faire les uns ni les autres, mais il s'adresse à ces deux artisans et les fait travailler. » (Adam Smith, *Recherche sur la nature et les causes de la richesse des nations*, 1776). Dans cet extrait, Adam Smith met en évidence l'intérêt de l'échange. Plutôt que de chercher à tout produire elles-mêmes, les nations ont intérêt à se spécialiser dans les activités pour lesquelles elles sont plus productives que les autres (ce qu'il appelle un avantage absolu). En effet, il n'y a pas grand intérêt à faire soi-même un produit que l'on pourrait acheter à moindres coût à l'étranger.

- Si chaque pays se spécialise dans la production pour laquelle il dispose d'un avantage absolu, le travail est utilisé de la meilleure façon possible (la productivité du travail est maximale). Il s'ensuit un accroissement de la production globale. On retrouve ici les bienfaits de la division du travail appliqués au niveau international. La division internationale du travail qui découle de la spécialisation des nations conduit ainsi à un enrichissement global.

b) La théorie des avantages comparatifs (ou relatifs) de Ricardo

- La **théorie des avantages absolus de Smith** comporte une limite sérieuse. Il est probable qu'un grand nombre de pays ne dispose en effet d'aucun avantage absolu. Sont-ils condamnés à l'autarcie (isolement, absence d'échanges) ? David Ricardo apporte une solution en remplaçant la notion d'avantage absolu par celle, moins restrictive d'**avantage comparatif**. Il montre que même en l'absence d'avantage absolu, les pays ont quand-même intérêt à se spécialiser et à échanger avec les autres.

- Pour les besoins de la démonstration, Ricardo prend l'exemple de deux pays, l'Angleterre et le Portugal, et deux biens, le drap et le vin. Le Portugal dispose d'un avantage absolu dans les deux activités, puisqu'il est capable d'obtenir davantage de produits avec le même nombre de travailleurs. Cela justifie-t-il qu'il produise les deux biens lui-même ? Pour Ricardo, la réponse est non. Le Portugal a intérêt à utiliser la totalité de sa main d'œuvre à faire du vin, et à laisser la production de drap à l'Angleterre, car c'est pour le drap que l'écart de productivité entre les deux pays est le plus faible. Si l'Angleterre n'a aucun avantage absolu, elle a un avantage comparatif dans la production de drap (c'est dans cette activité qu'elle est relativement moins inefficace que le Portugal). Le Portugal, quant-à lui, possède un avantage comparatif pour le vin.

- De cette façon, chaque pays utilise sa main-d'œuvre dans l'activité pour laquelle il est le plus efficace (ou le moins inefficace). Chiffres à l'appui, Ricardo montre que la production globale de drap et de vin est plus importante après la spécialisation qu'avant. Les deux pays n'ont plus qu'à s'échanger les produits, et tout le monde est gagnant. La conséquence est fondamentale : aucun pays ne peut être exclu de l'échange, puisque tous les pays ont forcément un avantage comparatif. Il en découle une **division internationale du travail** complémentaire, les pays échangeant des biens différents (commerce inter-branche). Le libre-échange est donc source de croissance économique, puisqu'il favorise la spécialisation internationale et la division internationale du travail.

c) Le libre-échange comme moyen de repousser l'état stationnaire de l'économie

- Comme la plupart des classiques anglais, Ricardo était plutôt pessimiste sur l'avenir du capitalisme. Au XVIIIe siècle, en Angleterre, les ouvriers de l'industrie percevaient un **salaire de subsistance** (salaire juste suffisant pour survivre et entretenir la famille), qui dépendait du prix du blé. Or, celui-ci était amené à augmenter, en raison de la croissance de la population. Il fallait donc mettre en culture des terres de moins en moins fertiles, si bien que la productivité avait tendance à diminuer. Cela se traduisait par une hausse des coûts de production, et donc du prix de vente du blé. Les capitalistes étaient ainsi contraints d'augmenter les salaires des ouvriers, ce qui entraînait une baisse du taux de profit. Il devenait alors impossible d'investir pour accroître les capacités de production et l'économie se dirigeait immanquablement vers un état stationnaire.

Le capitalisme évolue vers un état stationnaire :

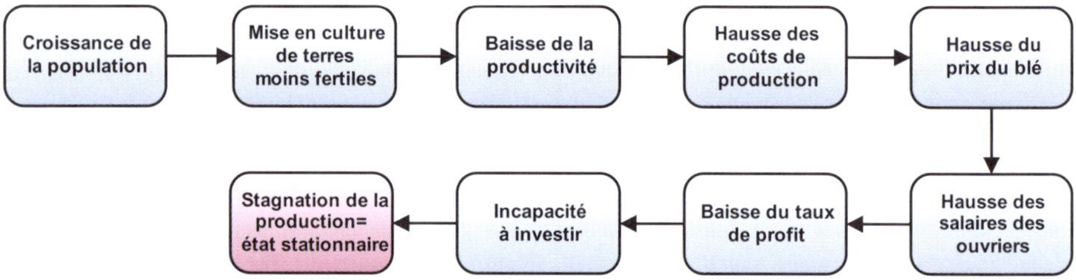

- Ricardo voyait le libre-échange comme un moyen de repousser cet état stationnaire. L'importation de blé étranger moins coûteux devait permettre de diminuer les salaires et d'éviter la baisse du taux de profit dans l'industrie. On comprend mieux pourquoi Ricardo, en tant que député, a pris fait et cause contre les corn laws en vigueur à l'époque, qui protégeaient le blé britannique de la concurrence étrangère.

3. Actualité de la pensée de l'auteur et prolongements

a) La possibilité de construire les avantages comparatifs

- L'analyse de Ricardo ne prend pas en compte les **économies d'échelle**. Il fait l'hypothèse que les rendements d'échelle sont constants, ce qui signifie qu'une hausse de la quantité de facteurs de production entraîne une hausse proportionnelle de la production. (Par exemple, si l'on augmente la quantité de facteurs de production de 10 %, la production augmente de 10 %). Or, en raison des économies d'échelle, les rendements d'échelle peuvent être croissants. La production augmente alors à un rythme plus rapide que la quantité de facteurs utilisés. Les nouvelles théories du commerce international intègrent les économies d'échelle dans leur analyse. Il devient alors possible d'expliquer les récentes évolutions des échanges : à mesure qu'une entreprise se développe, ses coûts unitaires de production ont tendance à diminuer. Dès lors, l'ouverture internationale lui permet de bénéficier d'économies d'échelle, et d'accroître sa compétitivité. Elle peut en effet accéder à un marché plus vaste, ce qui lui permet de se spécialiser davantage et de produire en plus grand nombre. L'ouverture internationale peut donc être un moyen d'accroître la compétitivité des firmes.

- Il peut être intéressant pour l'Etat, comme l'a montré **Paul Krugman**, de mettre en œuvre une politique commerciale stratégique visant à protéger une entreprise (ou une activité) de la concurrence étrangère pour lui permettre de se développer, jusqu'à atteindre une taille suffisante pour devenir compétitive. C'est notamment le cas lorsqu'une entreprise étrangère est en situation de monopole.

Son avance est telle qu'il devient impossible à un éventuel concurrent d'apparaître sur le marché. Une politique stratégique peut alors permettre à un concurrent national de se développer. Ainsi, la firme Airbus n'aurait sans doute jamais vu le jour sans une politique de subventions publiques massives.

▪ L'apport de ces nouvelles théories est fondamental : les avantages comparatifs ne sont pas déterminés une fois pour toutes, ils évoluent en permanence, et peuvent même être construits volontairement. Les nouveaux pays industrialisés d'Asie (NPIA) ont eu recours à ce type de stratégies pour faire évoluer leurs spécialisations et tirer profit des échanges internationaux.

b) Le nouveau cadre du commerce international

▪ Contrairement à ce qui se passait à l'époque de Ricardo, les pays échangent aujourd'hui de plus en plus souvent des produits similaires, ce qu'on appelle le **commerce intra-branche**. La France et l'Allemagne échangent par exemple des automobiles. Le commerce international est d'abord un commerce entre pays développés (les ¾ des échanges sont réalisés entre eux) et c'est d'abord du commerce intra-branche. Cela a profondément modifié la division internationale du travail et a considérablement intensifié la concurrence internationale. D'autant que de nombreux pays du Sud ont fait évoluer leurs choix de spécialisation et représentent aujourd'hui des concurrents nouveaux pour les pays d'industrialisation plus ancienne.

▪ Ricardo faisait l'hypothèse que les facteurs de production étaient immobiles entre les pays. Or, ce qui était plutôt conforme à la réalité des sociétés du début du XIXe siècle, ne correspond plus du tout à ce qui se passe aujourd'hui. Depuis la libéralisation financière des années 1980, les mouvements de capitaux se sont considérablement développés entre les pays. Les firmes transnationales réalisent des investissements à l'étranger et décident de leur localisation en essayant de tirer parti des avantages que procurent les différents pays. Cela conduit à une **division internationale des processus productifs (DIPP)** qui a profondément modifié la division internationale du travail. Le commerce intra-firme représente aujourd'hui le tiers du commerce international.

▪ La théorie des avantages comparatifs de Ricardo ne permet donc plus d'expliquer les évolutions récentes du commerce international. Le développement du commerce intrabranche, l'explosion des mouvements de capitaux et l'évolution de la division internationale du travail ont montré les limites d'un modèle élaboré dans un contexte très différent. Néanmoins, la portée de la théorie de Ricardo reste essentielle. Il est le premier à avoir montré que tous les pays, même les moins compétitifs, avaient avantage à se spécialiser et à participer au commerce international.

▪

32 La rationalisation des activités sociales : Max Weber

Testez-vous sur ce chapitre avec l'option sujet/programme du logiciel.

1. Présentation de l'auteur

- **Max Weber** est un sociologue allemand de la fin du XIXe - début du XXe siècle. Il s'interroge sur ce qui fait la spécificité des sociétés occidentales. Quelles sont les causes historiquement déterminantes qui ont permis son émergence ? Contrairement aux réponses de philosophes de siècles précédents (Kant ou Hegel), Weber cherche une réponse scientifique qui ne se base pas sur un présupposé relatif à leur sens mais sur une observation méthodique des faits.

- Il fait partie du courant sociologique de l'**individualisme méthodologique**, aussi appelé de l'**action sociale** ou **sociologie compréhensive**. Max Weber pense que, contrairement aux sciences de la nature où les expériences sont possibles, les sciences sociales doivent partir des actions individuelles et des raisons qui ont poussé l'individu à agir. La sociologie consiste alors à expliquer un phénomène social comme la résultante d'actions motivées par un système de valeurs et de croyance.

- Pour mettre en évidence le fonctionnement social, Weber construit des **idéaux-types** : un idéal-type est une représentation simplifiée de la réalité qui accentue certaines caractéristiques et les lie entre elles. Il ne correspond donc ni à un individu donné ni à une moyenne statistique. Il a pour but de montrer la logique d'un comportement ou d'une réalité historique comme, par exemple, les idéaux-types du capitaliste ou de l'économie d'échange.

2. Pensée de l'auteur

La thèse centrale de Max Weber est que l'évolution historique qui a amené au capitalisme n'est pas due à l'évolution des idées mais au processus de rationalisation occidentale. Cette rationalisation se traduit par le développement de la domination des règles légales et par le « désenchantement du monde ».

a) L'action sociale et les différentes rationalités

Il existe quatre idéaux-types d'actions :

- L'**action traditionnelle** est caractérisée par les coutumes et les habitudes (par exemple, manger à heures fixes). Il ne s'agit pas d'une action rationnelle.
- L'**action affective** est guidée par les passions (par exemple, donner une gifle sans réfléchir). Comme l'action traditionnelle, il ne s'agit pas d'une action rationnelle.
- L'**action rationnelle en valeur** est une action réfléchie tournée vers la satisfaction de valeurs d'ordre éthique, esthétique ou de valeurs religieuses (par exemple, l'aristocrate – ou le jeune de banlieue - qui se bat pour son honneur). La rationalité en valeur dominait dans les sociétés anciennes.
- L'**action rationnelle en finalité** implique que les moyens et les buts sont choisis rationnellement. Les moyens sont adaptés aux buts (par exemple, je fais mes devoirs car je sais qu'ils m'aideront à avoir le baccalauréat). La rationalité en finalité n'est pas toujours juste : l'acteur peut se tromper, mais il pense avoir raison et a réfléchi à la fois à ses finalités et aux actions à réaliser. La rationalité en finalité s'est développée à partir du XVIIe siècle, notamment avec le développement technique et scientifique.

b) La définition du capitalisme

- Il a existé de tout temps des capitalistes comme les commerçants de l'antiquité mais ils étaient minoritaires parmi une population qui n'agissait pas rationnellement ou seulement en valeur : la majorité de la production était réalisée sans calcul comptable en fonction des traditions.

- L'idéal type de l'**économie capitaliste** est, pour Max Weber, une organisation de la société où la majorité des actions sont dirigées vers la recherche de la rentabilité, ce qui suppose une comptabilité et une rationalité de la gestion des entreprises permettant le profit maximal par la vente de biens sur un marché. Elle se généralise quand le travail est organisé sur la base du salariat.

c) L'origine du capitalisme

- Max Weber remarque que, dans les pays où existent plusieurs religions, les chefs d'entreprise, les détenteurs de capitaux et les travailleurs qualifiés sont très souvent protestants. Il cherche à expliquer cette corrélation statistique.

- Le calvinisme (une des formes du protestantisme) explique sociologiquement cette corrélation : les idéaux-types capitaliste et calviniste sont très proches.

d) Les idéaux-types du capitaliste, du catholique et du protestant

- Selon son idéal-type, le **capitaliste** du XIXe siècle agit rationnellement en finalité pour obtenir un profit, pour que l'entreprise soit rentable. Pour cela, il doit mesurer le capital de départ, faire un bilan prévisionnel et un bilan final, utiliser méthodiquement les matières et les hommes, réinvestir les bénéfices.

- Le **calviniste** du XIXe siècle, qui correspond à l'idéal-type, n'a droit à aucune erreur ni lâcheté quotidiennes : il doit être parfait en permanence car il ne lui est pas possible de se faire pardonner ses péchés en donnant des aumônes à un prêtre comme dans la religion catholique. Le calviniste interprète sa réussite sur terre comme le signe qu'il a été choisi par Dieu pour faire partie des élus, car il ne peut réussir que s'il est un élu de Dieu. Bien que sa motivation soit religieuse, le comportement du protestant est rationnel en finalité car, pour réussir sur terre, il adopte des moyens adaptés.

- Le **catholique** du XIXe siècle, qui correspond à l'idéal-type, vit au jour le jour : ses péchés peuvent être rachetés par un don à l'église ou par des prières. Il a donc une conception magique du monde. La religion catholique ne valorise pas la réussite sur terre et la rationalité en finalité : « Les premiers sur terre seront les derniers au ciel ». Mais les riches peuvent se racheter en étant généreux avec les pauvres. Le catholique montre sa richesse : la société féodale est une société de consommation et de loisirs où les riches ne travaillent pas et exposent leur richesse.

e) La rationalisation bureaucratique

- La **bureaucratie** est, pour Max Weber, une organisation sociale rationnelle qui comprend des types d'activité clairement définis où toutes les séries d'actions sont idéalement fonctions des buts de l'organisation. Les bureaux sont spécialisés et hiérarchisés en fonction des qualifications. Chaque personne reçoit des consignes claires et une aire délimitée de travail ; les fonctions sont donc indépendantes des personnalités. Le recrutement se fait par concours ou par sélection des plus méritants.

- La bureaucratie est efficace techniquement car elle met l'accent sur la précision, la rapidité, le contrôle, la continuité, la discrétion et le rendement. Les rapports sociaux sont formalisés, ce qui permet d'éviter les frictions personnelles et les relations personnelles fondées sur l'irrationalité. Chacun sait ce que sera le comportement des autres, ce qui facilite les rapports mutuels quels que soient leurs sentiments respectifs. Le subordonné n'a pas à craindre l'arbitraire d'un supérieur puisqu'ils sont soumis l'un et l'autre à un ensemble de règles. Les actions sont objectives et non soumises à l'impulsivité des individus.

- Elle se différencie donc de la domination traditionnelle, comme les rois de France dont le pouvoir descendait directement de Dieu, et de la domination charismatique où les individus se soumettaient à un chef en vertu du caractère exemplaire qu'ils lui prêtaient.

- La domination est devenue légale-rationnelle. C'est le droit construit rationnellement qui donne le pouvoir aux gouvernements et administrations.

- Les administrations contemporaines (ministères de l'Éducation Nationale, de l'économie ...) mais aussi la plupart des grandes entreprises ont aujourd'hui une organisation bureaucratique.

- Pour Weber, la civilisation occidentale est caractérisée par la rationalité en finalité qui domine tout le mode de vie. Cela favorise le développement de la science, de la technologie et de la production, même si nous ne connaissons pas mieux nos conditions de vie qu'un indien ou un pygmée : si nous conduisons une voiture, nous n'avons pas besoin de savoir comment elle marche. Le sauvage (terme du XIXe et de Weber) au contraire connaît mieux ses outils et la nature. La rationalisation signifie que nous pourrions, si nous le voulions, prouver qu'il existe une explication aux choses réelles, donc que nous pourrions maîtriser toute chose par la prévision.

f) Le désenchantement du monde

- Pour les catholiques qui croient en la résurrection de Jésus et en la transformation, à la messe, du vin en sang du Christ, du pain en corps du Christ, l'église a des pouvoirs magiques.

- Le protestant n'y croit pas : le monde pour lui n'est plus magique, il pense que sa réussite sur terre sera la preuve qu'il est un de Dieu. Le **désenchantement du monde** est, pour Weber, la disparition des croyances en la magie : les guérisseurs sont remplacés par des médecins, le producteur compte sur l'amélioration des techniques pour être plus efficace...

3. Actualité de la pensée de l'auteur

a) La bureaucratie est-elle efficace ?

- **Herbert Simon**, économiste prix Nobel, a montré que la rationalité est limitée : l'individu base ses choix sur l'information dont il dispose. Celle-ci peut être incomplète ou ses capacités de réflexion peuvent être insuffisantes. La solution trouvée risque donc de ne pas être optimale : l'individu recherche une solution qui convient et non forcément la meilleure possible. Ceci nuance l'efficacité de la bureaucratie montrée par Weber, mais ne contredit pas son analyse car l'organisation bureaucratique peut améliorer les choix en créant des procédures routinières qui font mieux face à l'incertitude et en divisant le processus de décision entre plusieurs agents pour éviter les erreurs. L'autorité aura un grand rôle pour intégrer les différents acteurs et assurer leur loyauté à l'organisation.

- D'autres limites ont été développées. Les sociologues de l'école de « relations humaines » ont montré que la productivité ne dépendait pas uniquement de l'organisation du travail mais aussi des relations personnelles dans le travail (étude des ateliers Hawthorne de la Western Electric de 1927 à

1933 par l'équipe d'Elton Mayo). La simple rationalisation des tâches ne suffit pas pour être efficace.

- **Robert Merton**, sociologue américain, insiste sur le risque de ritualisme dans les organisations bureaucratiques : suivre les règles en oubliant leur but entraîne un mauvais fonctionnement.

- **Michel Crozier**, sociologue français, montre que la bureaucratie n'arrive pas à corriger ses erreurs et donc fonctionne mal. Toutes les sources d'incertitude donnent du pouvoir à des personnes non prévues.

b) La religion a-t-elle encore un rôle dans le développement économique ?

- **Michio Morishima** a utilisé l'analyse de Weber pour montrer l'importance du confucianisme japonais pour le développement de ce pays. C'est une religion rationaliste, basée sur la raison et sur des vertus, telles que la bonté, la justice, les rites, la sagesse et la foi. Si la Chine, où le confucianisme est aussi présent, ne s'est pas développée aussi tôt que le Japon, c'est qu'elle place la bonté et la générosité comme valeurs primordiales. Par contre, les japonais mettent en avant la loyauté, valeur utilisée dans les entreprises pour que les salariés soient entièrement dévoués et travailleurs.

- Dans les pays développés, le poids de la religion a diminué et, au contraire, l'esprit rationnel en finalité est devenu quasi général. Il nous arrive d'agir par tradition, affectivité ou finalité en valeur, mais une grande partie de nos actes sont rationnels en finalité. Même si une minorité d'individus continue de considérer que la religion a un rôle dominant, ou que d'autres se tournent vers l'astrologie ou la numérologie, on peut considérer que la majorité de la population des pays développés a un comportement rationnel en finalité. La religion a donc un rôle moins essentiel dans le développement actuel.

Conseils méthodologiques – Epreuve écrite

Exercez-vous avec les sujets d'examen corrigés inclus dans le logiciel.

Voir les conseils pour l'épreuve orale dans le logiciel.

	Candidats non spécialistes	Candidats spécialistes
Coefficient	7	9
Durée	4 heures	5 heures
Types d'épreuves	Au choix : ❑ une dissertation ou ❑ une question de synthèse	Au choix : ❑ une dissertation ou ❑ une question de synthèse + une épreuve de spécialité (d'une durée d'une heure

(Remarque : en général, la calculatrice est interdite, même si ce n'est pas systématique).

A. La dissertation

1. Caractéristiques de l'épreuve

- La dissertation s'appuie sur un dossier documentaire composé de 6 documents.
- Le dossier comporte obligatoirement des documents statistiques et des textes, parfois des schémas.

2. Les consignes officielles

- Le texte officiel qui suit est toujours rappelé sur les sujets, le jour du baccalauréat :

« Il est demandé au candidat :

- *de répondre à la question posée explicitement ou implicitement dans le sujet ;*
- *de construire une argumentation à partir d'une problématique qu'il devra élaborer ;*
- *de mobiliser des connaissances et des informations pertinentes pour traiter le sujet, notamment celles figurant dans le dossier ;*
- *de rédiger en utilisant un vocabulaire économique et social spécifique et approprié à la question, en organisant le développement sous la forme d'un plan cohérent qui ménage l'équilibre des parties.*

Il sera tenu compte, dans la notation, de la clarté de l'expression et du soin apporté à la présentation. »

Quelques remarques :

- On peut difficilement réussir une dissertation sans connaissances personnelles sur le sujet, mais celles-ci ne suffisent pas. Une dissertation n'est pas un simple contrôle de connaissances. On attend du candidat qu'il soit capable de comprendre le sujet, de problématiser, et d'apporter une réponse argumentée à cette problématique.
- Il est clairement spécifié que le candidat doit mobiliser les informations pertinentes figurant dans le dossier documentaire. Il n'est donc pas question de faire une dissertation sans s'appuyer sur les documents. Il n'est pas toujours facile d'utiliser les 6 documents, mais on s'efforcera d'en utiliser le plus possible.
- La forme est importante. Il faut prendre garde à ne pas négliger la présentation, à soigner l'orthographe et l'expression, et à respecter certaines règles formelles que nous verrons plus loin.

3. Les étapes clés pour réussir une dissertation

a) Analyser le sujet

▪ Cette étape est cruciale. Il convient d'y consacrer suffisamment de temps.

▪ Tout sujet de dissertation est constitué de trois éléments qu'il faut apprendre à repérer : la consigne, le cadre spatio-temporel et le cœur du sujet.

b) La consigne

▪ Il s'agit des termes du sujet qui permettent de savoir ce que vous devez faire.

▪ La consigne est **explicite** lorsqu'elle contient un verbe d'action (souvent à l'impératif). Il existe une multitude de verbes possibles, mais un sujet de dissertation vous invite principalement à expliquer, analyser ou discuter, et plus rarement, à comparer :

- **Expliquer** un phénomène revient à « dire pourquoi » le phénomène se produit. Il faut donc être capable d'exposer les éléments nécessaires à sa compréhension. Il s'agit le plus souvent de s'interroger sur les causes du phénomène.

Exemple : Comment expliquez-vous la persistance du chômage en France ?

- **Analyser** un phénomène nécessite d'abord d'en donner les caractéristiques, c'est-à-dire de le décrire de manière rigoureuse. Mais cela ne suffit pas (sinon, on aurait demandé de « caractériser »). Il s'agit également d'en donner les principales causes, voire même les conséquences, lorsque cela est possible.

Exemple : Vous analyserez la précarisation de l'emploi dans les PDEM.

Remarques importantes : Parfois, le verbe « analyser » est utilisé dans un sens différent. Par exemple, si l'on demande d'analyser les causes d'un phénomène, on attend uniquement une réflexion sur les causes. S'il s'agit d'analyser les effets, il ne faut traiter que les conséquences. Enfin, on peut demander d'analyser les liens entre deux phénomènes, il faudra alors mettre en évidence les relations qui les unissent (et ne pas oublier que le plus souvent, le lien existe dans les deux sens).

- **Discuter** revient à confronter des arguments. Il s'agit de donner les arguments d'un débat pour / contre pour arriver à une réponse claire, précise, et nuancée.

Exemple : Vous discuterez la célèbre formule du Chancelier allemand Helmut Schmidt : « Les profits d'aujourd'hui sont les investissements de demain et les emplois d'après-demain. »

- **Comparer** deux phénomènes revient à mettre en évidence les ressemblances, mais aussi les différences.

Exemple : Vous comparerez le modèle tayloro-fordiste et le toyotisme.

Remarque : il arrive parfois que le verbe d'action soit plus vague (exemple : « vous réfléchirez, vous vous interrogerez, vous montrerez »). Efforcez-vous dans ce cas de le remplacer par une des 4 consignes vues précédemment : « analyser », « expliquer », « discuter » ou encore « comparer ».

Exemple : Vous montrerez que l'investissement est un facteur de croissance, peut être réécrit de la façon suivante : Vous expliquerez pourquoi l'investissement est un facteur de croissance. En réalité, « montrer » signifie ici « expliquer ».

- La consigne est **implicite** lorsqu'il n'y a pas de verbe d'action. Il faut alors trouver à quelle consigne elle fait référence.

Exemple : Existe-t-il toujours une classe ouvrière ? L'intitulé ne comporte pas de verbe d'action, mais l'expression « existe-t-il ?» sous-entend un débat. La consigne est donc « discuter ». Le sujet peut d'ailleurs être réécrit de la façon suivante : Vous discuterez l'affirmation selon laquelle il existerait toujours une classe ouvrière.

c) Le contexte spatio-temporel :

- Pour le trouver, il faut répondre à deux questions : où et quand ?
- Il est **explicite** lorsqu'il est clairement exprimé dans l'énoncé.

Exemple : Vous analyserez l'évolution de l'investissement en France depuis les années 1950.

- Il est **implicite** dans le cas contraire. Il faut alors essayer de deviner le cadre spatial et temporel en analysant le cœur du sujet.

d) Le cœur du sujet :

▪ Il contient tous les éléments qui vont vous permettre d'identifier le sujet à traiter, mais aussi la façon de l'aborder. Certains mots seront à définir dans l'introduction. Il s'agit du vocabulaire spécifique aux sciences sociales, que l'on appelle parfois les « mots-clés ».

Exemple :

« Depuis une vingtaine d'années, de nouvelles formes d'emplois se développent dans les PDEM, et notamment en France. Vous analyserez ce phénomène. »

➔ Cadre spatio-temporel

➔ Consigne

➔ Cœur du sujet

▪ **Remarque** : si vous avez l'impression que certains mots n'ont aucune utilité, supprimez-les et relisez le sujet, demandez-vous si il conserve le même sens.

e) Problématiser

▪ Lorsque le sujet n'est pas déjà formulé en question, il est nécessaire de problématiser. La lecture du sujet doit vous faire penser à un certain nombre de questions.

Par exemple, le sujet suivant : « Depuis une vingtaine d'années, de nouvelles formes d'emplois se développent dans les PDEM, et notamment en France. Vous analyserez ce phénomène », soulève plusieurs questions :

- Quelles sont les nouvelles formes d'emplois évoquées ?
- Le terme « nouvelle » suggère qu'il existe un type traditionnel d'emploi, quel est-il ?
- Comment ces nouvelles formes d'emplois se développent-elles ? Dans quelle proportion ?
- Pourquoi se développent-elles ?
- Quelles sont les conséquences économiques et sociales ?

▪ Ces questions constituent une problématique. Problématiser, c'est donc se poser les bonnes questions, celles qui ne sont pas hors-sujet et qui permettent de faire le tour du sujet, sans oublier l'une de ses dimensions principales. Le plan que vous allez ensuite élaborer devra répondre à l'ensemble de ces questions.

▪ Néanmoins, lorsque vous aurez à présenter votre problématique dans l'introduction, il est déconseillé de multiplier les questions. Il est préférable de se limiter à une, deux, ou trois questions, celles qui paraissent les plus importantes.

Exemples de problématiques à partir du sujet précédent :

- Quelles transformations a subi l'emploi dans les PDEM ces vingt dernières années ? Pourquoi les entreprises ont-elles de plus en plus souvent recours à ces nouvelles formes d'emplois ? N'y a-t-il pas des conséquences économiques et sociales ?

- Il est aussi possible d'employer la forme interrogative indirecte : Analyser le développement des nouvelles formes d'emplois implique de s'interroger sur les transformations qu'a connues l'emploi au cours de ces vingt dernières années, mais également sur les raisons qui ont conduit les entreprises à recourir à ce type d'emplois, sans omettre les conséquences économiques et sociales du phénomène.

▪ Lorsque le sujet est formulé en question, il est déjà problématisé. Il convient alors de reformuler la question en évitant de recopier le sujet, et en veillant à ne pas en modifier le sens.

Exemple : La croissance économique est-elle conciliable avec le développement durable ?

f) Elaborer un plan provisoire

▪ Une fois la problématique élaborée, choisir un plan provisoire (au moins les grandes parties) qui permettra de mobiliser intelligemment les connaissances personnelles.

▪ Pour chacune des consignes que nous avons vues précédemment, il existe un plan-type. Bien entendu, rien n'empêche d'essayer de trouver un plan plus original, mais dans le cas contraire, le plan-type est très utile.

Type de sujet	Plan-type
Analyser un phénomène	*I. Les caractéristiques du phénomène* *II. Les causes* *III. Les conséquences*
Discuter	- Plan en 2 parties : *I. Oui (ou non) II. Mais…* - Plan en 3 parties : *I. Thèse II. Antithèse III. Synthèse* (mais plus difficile, et pas toujours possible)
Expliquer Analyser les effets Déterminer les causes Etc.	Rechercher toutes les causes, ou tous les mécanismes explicatifs, ou tous les effets (selon la consigne) et trouver une façon de les diviser en deux parties. *I. Positif II. Négatif* *I. Direct II. Indirect* *I. Selon les libéraux II. Selon Keynes* *I. Conjoncturel II. Structurel,* etc.
Analyser les relations entre A et B	Eviter de faire une partie sur A et une sur B, puisqu'il s'agit justement de faire le lien entre les deux. *I. A agit sur B II. B agit en retour sur A*
Comparer A et B	Là aussi, il faut éviter de faire une partie A et une sur B. Dans chaque partie, il faut donner des éléments de comparaison. *I. Ressemblances II. Différences*

g) Mobiliser les connaissances personnelles

- Cette étape est primordiale et doit avoir lieu avant la lecture des documents. Ne faites pas confiance à votre mémoire, surtout le jour de l'examen. Une fois que vous aurez lu les documents, vous risquez d'oublier ce que vous saviez sur le sujet.

- Pour gagner du temps, notez vos connaissances dans un tableau à deux ou trois colonnes (une par grande partie) : concepts, mécanismes, théories, auteurs, exemples, données, dates, etc.

h) Analyser les documents

- Lisez chaque document en ayant toujours à l'esprit la question suivante : en quoi ce document permet-il de répondre à la problématique ? Relevez ensuite les informations qui apportent des éléments de réponse et complétez directement le tableau de mobilisation de connaissances, ou utilisez un brouillon spécifique.

- Concernant les **documents statistiques** : faites une phrase au brouillon donnant la signification des chiffres, recherchez une corrélation entre deux phénomènes en rapport avec le sujet ou au moins un chiffre qui prouve une idée en rapport avec le sujet, recherchez une explication (une analyse économique ou sociale).

- Concernant les **textes** : est-ce un texte d'analyse ou de fait ?
  - Pour les faits : relevez ceux qui ont un rapport avec le sujet. Demandez-vous quel argument ils permettent d'illustrer (ou de contredire).
  - Pour les analyses : relevez celles qui ont un rapport avec le sujet (n'hésitez pas à faire un schéma au brouillon). Demandez-vous à quel courant économique ou sociologique elles peuvent être rattachées, quels faits ou documents les appuient, les contredisent.

i) Elaborer un plan détaillé

- Cherchez, dans votre tableau de mobilisation des connaissances, les arguments qui vont ensemble. Il faut, dans chaque partie, regrouper les arguments en deux ou trois sous-parties. Chaque sous-partie doit à son tour être organisée en différents paragraphes.

- Les sous-parties doivent être articulées de façon logique (le constat avant les explications, les causes avant les effets, etc.). Plus c'est cohérent, et plus la phrase de transition est facile à faire.

- Donnez des titres explicites à vos parties et sous-parties, cela facilitera le travail de rédaction, puisque les transitions pourront s'appuyer directement sur les titres.

- N'oubliez pas d'introduire des références aux documents. C'est le meilleur moyen de ne pas oublier de les utiliser au moment de rédiger la dissertation.
- Le plan doit être le plus détaillé possible. Ce n'est pas du temps perdu, plus un plan est détaillé, et plus la rédaction est facile et rapide. Néanmoins, il faut garder suffisamment de temps pour rédiger la dissertation dans de bonnes conditions. Il y a un juste milieu à trouver, et plusieurs essais seront sans doute nécessaires avant de trouver le bon compromis.

j) Rédiger l'introduction et la conclusion

Comme les étapes précédentes, celle-ci se fait au brouillon.

k) L'introduction

- Faire une introduction n'est jamais facile. Surtout quand on ne sait pas quoi y mettre. Rappelez-vous qu'une introduction doit comporter 4 éléments :
  - **L'amorce du sujet** : une idée introductive (un fait d'actualité, un débat théorique ou une approche historique) doit amener le sujet.
  - **La présentation du sujet** : il faut montrer l'intérêt du sujet : pourquoi se poser cette question ? Il faut également situer le sujet dans son contexte spatio-temporel et définir les termes-clés.
  - **La problématique** : voir le point b.
  - **L'annonce du plan** : évitez la formulation «dans une première partie, nous montrerons ..., dans une seconde partie, nous expliquerons... » qui alourdit l'expression, et préférez une formulation plus adroite : « après avoir montré que..., nous expliquerons... ».

l) La conclusion

Elle comporte deux éléments :

- **La réponse à la probl**ématique : il ne s'agit pas de résumer chaque partie, puisque cela doit être fait à la fin des parties concernées. On attend une réponse claire et précise à la question posée dans l'introduction. Dans le cas d'un sujet de type « discussion », apporter une réponse précise n'implique pas de trancher. Il est au contraire important de répondre en nuance, de façon à montrer la complexité du problème.
- **L'ouverture** : Cela consiste à faire le lien avec un autre sujet, qui peut suivre le questionnement du sujet traité. Attention à ne pas revenir sur le sujet de départ ce qui serait le meilleur moyen de montrer que vous ne l'avez pas compris...

m) Rédigez la dissertation au propre

- Une dissertation est un devoir structuré. Il existe des règles formelles que l'on s'attend à trouver et qui ont pour avantage de faciliter la lecture :

- Chaque partie commence par une **introduction partielle** qui en présente le contenu. C'est essentiel pour indiquer au correcteur le fil directeur de votre réflexion.
- Chaque partie se termine par une **conclusion partielle**. C'est l'occasion de revenir sur le sujet, et de montrer en quoi la partie répond à la problématique. C'est fondamental, car cela permet de montrer que vous n'avez pas perdu le sujet de vue.
- La conclusion partielle est suivie d'une **transition** vers la partie suivante (sauf pour la dernière partie, évidemment). Une transition doit lier deux sous-parties successives. Un mot de liaison logique (donc, en conséquence...) est un minimum, une phrase qui part de l'idée précédente pour amener la suivante est meilleure.

▪ Toujours dans le souci de faciliter la lecture en donnant des points de repère au correcteur, on veillera à aérer suffisamment la rédaction, en sautant quelques lignes à la fin de l'introduction, puis entre chaque partie, et juste avant la conclusion. On pourra également sauter une ligne entre chaque sous-partie, de façon à les distinguer des simples paragraphes, qui ne nécessitent qu'un retour à la ligne.

▪ Il ne s'agit pas de consignes officielles. Vous pouvez modifier cette mise en forme, à condition de garder à l'esprit que le correcteur doit pouvoir identifier les différentes parties et sous-parties sans avoir à lire le contenu.

▪ Veillez à utiliser du vocabulaire économique et social et à définir les termes les plus importants.

▪ N'oubliez pas d'utiliser les informations issues des documents. Lorsqu'un document est utilisé, notez entre parenthèse cette utilisation (exemple : « (document 1) »).

▪ Veillez à la clarté de l'expression, à la grammaire et à l'orthographe.

▪ Soignez votre copie.

n) Relire la copie

Veillez à garder suffisamment de temps pour relire votre copie au moins deux fois. C'est le moment de corriger les erreurs d'inattention et les fautes d'orthographes.

B. La question de synthèse étayée par un travail préparatoire (QSTP)

1. Caractéristiques de l'épreuve

Elle se compose de deux parties d'égale valeur (10 points chacune) : le travail préparatoire et la question de synthèse.

a) Le travail préparatoire :

- Il comprend 6 à 8 questions. Celles-ci ont pour but d'évaluer vos connaissances (savoir) mais aussi tous les savoir-faire exigibles à l'issue de la terminale ES (calculs, interprétations de données chiffrées, lectures des tables de mobilité…).
- Les réponses sont limitées à 10 lignes maximum. Dans la pratique, les correcteurs sont assez tolérants avec cette consigne, mais une longueur excessive peut être sanctionnée.
- Les types de questions les plus fréquents sont :
  - Définition : la réponse doit être précise et rigoureuse ;
  - Chiffre à calculer et/ou à intégrer dans une phrase : attention à la méthode ;
  - Explication d'un mécanisme économique ou social ;
  - Commentaire d'un graphique, d'une courbe, d'un tableau ;
  - Explication d'une phrase soulignée, d'une partie d'un texte ;
  - Illustration d'un phénomène : donner des exemples ou contre-exemples.

b) La question de synthèse :

Les consignes sont proches de celles de la dissertation, mais il y a une différence majeure, puisque le plan est donné. Il n'y a donc pas à problématiser.

2. Les consignes officielles

- Le texte officiel qui suit est toujours rappelé sur les sujets, le jour du baccalauréat.

Il est demandé au candidat :

1. de conduire le travail préparatoire qui fournit des éléments devant être utilisés dans la synthèse.

2. de répondre à la question de synthèse :

- par une argumentation assortie d'une réflexion critique, répondant à la problématique donnée dans l'intitulé,

- en faisant appel à ses connaissances personnelles,

- en composant une introduction, un développement, une conclusion pour une longueur de l'ordre de trois pages.

▪ Ces deux parties sont d'égale importance pour la notation. Il sera tenu compte, dans la notation, de la clarté de l'expression et du soin apporté à la présentation.

Quelques remarques :

- La synthèse doit s'appuyer en partie sur le travail préparatoire, qui lui-même s'appuie sur les documents. C'est l'originalité de cette épreuve. Tous les documents doivent donc être utilisés dans la synthèse. Le candidat qui déroge à cette règle s'expose à des sanctions. Bien entendu, cela ne suffit pas et on attend du candidat qu'il soit en mesure d'apporter des connaissances personnelles.
- Contrairement à la dissertation, la synthèse est limitée à plus ou moins 3 pages. Dans la pratique, il est préférable d'en faire un peu plus qu'un peu moins, mais le dépassement excessif peut être sanctionné.
- La forme est importante, il faut prendre garde à ne pas négliger la présentation, à soigner l'orthographe et l'expression, et à respecter certaines règles formelles que nous verrons plus loin.

3. Les étapes clés pour réussir une QSTP

a) Analyser le sujet de la question de synthèse

Il faut analyser le sujet, comme on le ferait pour une dissertation (définir les termes-clés, délimiter le cadre spatio-temporel, comprendre la consigne).

b) Mobiliser les connaissances personnelles

Cette étape est primordiale et doit avoir lieu avant la lecture des documents. Ne faites pas confiance à votre mémoire, surtout le jour de l'examen. Une fois que vous aurez lu les documents, vous risquez d'oublier ce que vous saviez sur le sujet. Pour gagner du temps, notez vos connaissances dans un tableau à deux colonnes (une par partie) : concepts, mécanismes, théories, auteurs, exemples, données, dates, etc.

c) Répondre aux questions du travail préparatoire

▪ Il est préférable de lire toutes les questions du travail préparatoire ainsi que les documents, avant de commencer à répondre. Certaines questions sont parfois proches, et il est toujours désagréable de se rendre compte après-coup qu'on a répondu à la question 2 dans la réponse à la question 1…

▪ Eviter absolument la paraphrase. Efforcez-vous d'apporter des connaissances personnelles. Attention cependant à respecter la consigne, il ne s'agit pas de faire du hors-sujet.

- La longueur de la réponse est limitée à 10 lignes : réfléchissez avant d'écrire pour ne pas faire de hors-sujet, ne recopiez pas la question mais développez votre réponse.
- Si vous avez une phrase à faire avec un chiffre, attention à respecter les règles de lecture des données chiffrées. (Voir la fiche sur les calculs de base).
- Classez les réponses dans la bonne partie du tableau de mobilisation de connaissances. Cela évitera de les oublier au moment de rédiger la synthèse.

d) Elaborer le plan détaillé

- Cherchez, dans votre tableau de mobilisation des connaissances, les arguments qui vont ensemble. Il faut, dans chaque partie, regrouper les arguments en **deux ou trois sous-parties**.
- Les sous-parties doivent être articulées de façon logique (le constat avant les explications, les causes avant les effets, etc.).

A défaut de sous-parties, il faut au moins que chaque partie soit composée de plusieurs paragraphes. Chacun d'entre eux développe une idée en s'appuyant sur un exemple, une donnée statistique et/ou un raisonnement économique ou sociologique qui répondent au sujet.

e) Rédiger la synthèse

L'introduction

- Si on dispose de suffisamment de temps, on rédige une première fois au brouillon. Dans le cas contraire, on rédige directement au propre.
- Bien que plus rapide que pour une dissertation, l'introduction doit comporter les éléments suivants :
    - Une amorce du sujet ;
    - Une présentation du sujet qui contient la définition des termes-clés ;
    - Une problématique (optionnelle, puisqu'il n'est pas vraiment nécessaire de problématiser) ;
    - L'annonce du plan.

Le développement

- Il est constitué de deux parties reliées par une phrase de transition.
- Chaque partie contient plusieurs sous-parties.
- Lorsqu'un document est utilisé noter entre parenthèse cette utilisation (exemple : « (document 1) »).

La conclusion

- Elle rappelle la réponse au sujet en résumant la démonstration du développement.
- Cette conclusion doit être en accord avec ce qui a été démontré.

Relire la copie

Veillez à garder suffisamment de temps pour relire votre copie au moins deux fois. C'est le moment de corriger les erreurs d'inattention et les fautes d'orthographes.

C. L'épreuve de spécialité

1. Caractéristiques de l'épreuve

- Le candidat a le choix entre deux sujets portant sur des thèmes différents du programme.
- Chaque sujet comporte un ou deux documents (dont un document de l'auteur étudié), ainsi que 3 questions.
- L'épreuve dure une heure mais elle se déroule en même temps que l'épreuve d'enseignement obligatoire. Les candidats spécialistes ont donc une épreuve de 5 heures : 4 heures pour l'enseignement obligatoire et 1 heure pour la spécialité.
- Il est fortement conseillé de commencer par l'épreuve de spécialité, pour ne pas risquer de manquer de temps en fin d'épreuve.
- La calculatrice est interdite.

2. Réussir l'épreuve de spécialité

Remarque : Bien que cela ne soit pas demandé, on s'attend en général à ce que le candidat présente rapidement l'auteur avant de répondre aux questions (nationalité, dates ou siècle, courant de pensée, problématique centrale étudiée). Attention cependant à ne pas trop développer. On n'attend pas une biographie des auteurs. Rappelez-vous que vous n'avez qu'une heure !

a) 1ère question

- C'est la question la plus importante. Elle est en général notée sur 8 à 10 points.
- Elle porte toujours sur le premier document, celui de l'auteur étudié. Elle porte en général sur un concept central de l'auteur (voir à ce sujet les deux premières colonnes du programme de spécialité).
- Le candidat doit s'efforcer d'utiliser le document 1, mais il doit surtout montrer qu'il maîtrise les concepts sur lesquels il est interrogé. L'épreuve de spécialité

nécessite donc un bon niveau de connaissances sur chaque auteur du programme.

- Les concepts de l'auteur qui figurent dans la question doivent évidemment être définis rigoureusement.

b) 2e question

- En général, elle porte sur un aspect plus précis de la pensée de l'auteur que la 1ère question. Il s'agit souvent d'expliquer une phrase soulignée, un concept ou un mécanisme extrait du texte de l'auteur.

- La 2e question demandant de développer un aspect de la pensée de l'auteur, attention à ne pas y répondre dans la question 1. Vous risqueriez de vous répéter. Vous avez donc tout intérêt à lire l'ensemble des questions avant de commencer à répondre.

c) 3e question

- Elle porte sur l'actualité de l'analyse de l'auteur et son prolongement. Il s'agit le plus souvent d'une question sur le second document (lorsqu'il y en a deux). Celui-ci est en général un texte, un document statistique ou un schéma qui confronte la thèse de l'auteur à une thèse opposée, ou à l'actualité.

- Attention, il ne s'agit pas de commenter le document 2. On attend de vous que vous soyez capable d'utiliser vos connaissances personnelles pour faire le lien entre la thèse de l'auteur et le document (ou une autre thèse).

- S'il s'agit d'un document statistique, n'oubliez pas que l'on attend obligatoirement l'utilisation de quelques données dans la réponse.

- Il peut arriver qu'il n'y ait qu'un seul document. Dans ce cas, c'est un texte de l'auteur, et il est un peu plus long. On demande alors souvent, dans la question 3, d'illustrer un concept ou une théorie de l'auteur.

Index

Index

Index

Installation du logiciel

Configuration minimale
Plateforme : PC, MAC
Système d'exploitation : Windows XP, Vista, 7 ; MAC OS X 10.4 et supérieur
Ecran : 800 x 600 (16 bit)
Mémoire vive : 512 Mo
Espace disque disponible : 150 Mo
Connexion à internet (de préférence haut débit) pour le téléchargement.

Installation rapide du logiciel sous Windows

1) Connectez vous à l'adresse internet : **http://jemetestesur.fr/bac/ses/win/**
2) Cliquez sur **« Télécharger le logiciel »**
3) Acceptez les messages de sécurité du navigateur internet
4) Cliquez sur **« Exécuter »** et suivez les instructions à l'écran
5) A la fin de la procédure d'installation, démarrez le logiciel
6) Entrez la **clé d'activation** (*) et complétez la boîte de dialogue

Installation rapide du logiciel sous Mac

1) Connectez-vous à l'adresse internet : **http://jemetestesur.fr/bac/ses/mac/**
2) Cliquez sur **« Télécharger le logiciel »**
3) Acceptez les messages de sécurité du navigateur internet
4) Double-cliquez sur **jmts_bac_ses_install** et suivez les instructions à l'écran
5) A la fin de la procédure d'installation, démarrez le logiciel « **jmts_bac_ses** » dans le dossier des applications
6) Entrez la **clé d'activation** (*) et complétez la boîte de dialogue

Informations supplémentaires

- Instructions détaillées : **http://www.jemetestesur.fr/bac/ses/installation/**
- Licence d'utilisation : **http://www.jemetestesur.fr/bac/ses/licence/**
- Support technique : **http://www.jemetestesur.fr/support/**

(*) La **clé d'activation** est inscrite à l'intérieur de la couverture, à la fin du livre. Cette clé est unique et personnelle. Le logiciel ne doit être installé que sur un seul ordinateur à la fois (voir licence d'utilisation). L'utilisation de la clé est contrôlée par serveur de licence. Toute tentative d'utilisation frauduleuse pourra entraîner le blocage de celle-ci ainsi que des poursuites légales.

Achevé d'imprimer par Pulsio SARL en décembre 2010 à Sofia (Bulgarie)
Dépôt légal : janvier 2011